# 東方女人国の教育
モソ人の母系社会における伝統文化の行方

金　龍哲

大学教育出版

# はしがき

　1990年の夏、就職して初めての出張先が四川省の涼山(リャンサン)と決まった時、飛び上がって喜んだことを今も覚えている。中国西南は幼い頃から憧れていた神秘の場所だった。1986年に制定された義務教育法の農村部における実施状況を調べるための出張だったが、まるで遠足前夜の子どものように興奮していた。

　初めて訪れる西南、異なる民族衣装の人びとが行き交い、聞き慣れない言葉が飛び交う。日本留学を終え帰国したばかりの私には、何もかもが新鮮でエキゾチックに映った。しかし、にぎやかな町を離れて山奥の村に入るや否や、興奮は一気に冷めた。想像を絶する貧しさを目にしたからである。涼山はイ族が最も集中して居住する自治州だが、山岳地帯に点在するイ族の村は貧しく、児童の就学率、特に女子の就学率は低迷していた。現地の担当者は、就学率を妨げる要因として貧困、教育条件の不整備、保護者の不理解などを挙げて説明したが、特に興味深かったのは「民族の伝統」や「文化的背景」に関する説明だった。

　イ族の場合、1950年代後半にまで存在した奴隷制に基づく家支制度が義務教育の普及に大きな影響を及ぼしているのだという。奴隷制の影響に関する説明に首をかしげる筆者に対して、「ここはまだいい方です。西南高原の山奥には母系制の原始民族だってまだ残っていますからね。彼らは結婚でなく走婚(ゾウフン)(妻問い婚)をし、家では女が支配権を握り、財産も母から娘に継承されるらしいですよ」と言って笑った。しかし当時の私には、そのいわゆる「母系制の原始民族」などに興味を示す余裕はなかった。目の前の状況がショックで、「広い中国のことだから、奇妙なことの多さに驚くには及ばない」と相づちを打つことで精一杯だった。

　後になって、彼らがいう「母系制の原始民族」とは、雲南省と四川省の境界に住むモソ人を指していることを知ったが、当時はモソ人についてもっと知ろうとも思わなかったし、まさかのちに自分が、9回もモソ人の村を訪れて調査を行うことになろうとは、もちろん想像もできなかった。

　拙著『結婚のない国を歩く』においても触れたように、私がモソ人について興

味を持つようになった直接のきっかけは、「現代の文成公主」と呼ばれたある女性の存在だった。肖淑明さんである。「文成公主」とは、唐の太宗時代に吐蕃の王ソンツェンガンポに嫁いだ王女で、特に中原の文化をチベットの奥地に伝え、周辺民族との交流に功績を残したことで中国では知らない人がいないほど有名な歴史人物である。肖淑明さんは、いわば中央王朝と周辺民族との和親に貢献した文成公主や、王昭君（匈奴に嫁した漢の宮女）の史話の現代版なのである。彼女は周辺少数民族に嫁いだ「最後の王妃」だという。

日月山の麓に建てられた文成公主の石像（青海省）

1943年、四川省雅安の明徳女子中学に通っていた彼女は、軍部と省政府の斡旋で16歳の若さで20歳年上のモソ人の土司（トゥス）（支配者）に嫁ぎ、「掌印夫人」として内政事務を掌ることになったのである。華やかな結婚式を終えて間もなく、彼女はすぐに護送の数十人の兵士とともに生まれ育った町を後にし、険しい山道を馬で1カ月以上をかけて歩いて濾沽湖（ルーグーフ）に辿り着いたという。在学時に「ミス・明徳」に選ばれ、文学と音楽にたけていた才女の運命はここから狂い始めた。土司夫人としての地位は、1949年以降の社会主義体制の確立によって脆くも崩れ落ち、彼女はやがて人民に君臨した「搾取階級」として粛清の対象に仕立てられることになったのである。「土地改革」「文化大革命」など相次ぐ政治キャンペーンの中で「反革命分子」「地主分子」のレッテルを貼られた彼女を待っていたのは、長い刑務所生活と強制労働だった。

彼女が名誉回復を得て普通の生活を手にしたのは、文化大革命が終了してから10年も経った1987年のことである。彼女を取り巻く環境はようやく好転し始め、1999年には涼山州の政治協商会議の委員（議員に相当）に選出されるに至った。2001年の夏には、嫁に行ってから初めての里帰りを果たし、58年ぶ

金沙江峡谷に沿って進む濾沽湖への道

りに家族や同級生と再会した。

　この伝説的人物の帰郷は、たちまちメディアの注目を集めた。地元紙『雅安日報』が、「最後の王妃はもともと雅安の才女だった」という題で記事を連載（2001年8月4日と5日）したことで、彼女は一夜にして国中に知られる時の人となった。母系社会を営むモソ人の故郷として知られるようになった濾沽湖は、彼女の伝奇によっていっそう神秘的な色彩が加わったのである。

　2004年の秋、私は「最後の王妃」を訪ねる旅に出た。その波乱万丈の人生を書き残したかったからである。

　濾沽湖へは四川省の塩源県から入るルートと、雲南省の麗江（リージャン）から入るルートとがあるが、「麗江古城」が世界文化遺産に登録されてから、麗江経由で濾沽湖を訪れる観光客が増えた。麗江を出て標高4,000m級の山をいくつか越え、石畳の道を約4時間行くと寧蒗（ニンラン）に着く。そこからさらに狭い山道を乗り合いのバスで3時間かかる道程である。近年開通した麗江からの直通のバスでも、寧蒗で昼食のため1時間の休憩を取るので、結局6時間ほどの道程となる。バスが通らなかった頃は、徒歩で10日もかかったという。

　濾沽湖は、雲南省と四川省の境界を跨って広がる水面標高3,000mの美しい湖である。白い雲が澄み切った紺碧の湖面をかすめ、水と空がつながる幻想的なパノラマが広がる。所々に立つ黄色くなりかけた柳やポプラの木々は、湖畔に佇む村々をいっそう美しく幻想的に彩る。濾沽湖は「東方女人国」として知られるモソ人の母系社会のシンボルである。

　濾沽湖は、モソ語で「ヘナミ」あるいは「セナミ」という。「ヘナ」は「大きい水」の意味で、「ミ」は「女」「母」「陰」等の意味を含む。「母なる湖」の意味である。伝説によると、ここは元々「埧子」（バーズ）だったという。南の人は平原を「埧子」と呼ぶ。自然に恵まれた豊かな地域だったが、匪賊（ひぞく）が出没するようになってから、村の生活は苦しくなっていた。そんな村に不思議な事が起きた。土司家の牛飼い少年が、ろくに食べ物を与えてもらっていないのに、体は日

石畳の道の両側に木造家屋が軒を連ねる麗江古城

水面標高 2,700m の濾沽湖

増しに逞しくなっていく。首を傾げる村人に少年は秘密を明かした。実は、西にある獅子山に大きな洞窟があり、その中には食べきれないほど肉が詰まっているのだという。肉を切って焼いて食べても、翌日にはまた新しい肉は生えてくる。村の人たちは少年の幸運を喜んだが、噂はついに欲深い土司の耳に入る。土司は家来たちに、数十匹の馬で洞窟からその肉を引っ張り出すよう命令した。悪戦苦闘して引っ張り出してみると、それは洞窟の入り口に引っかかった巨大な魚だった。その魚を引っ張り出してしまったため、洞窟の中に溜まっていた水が一気に噴出し、たちまち「垻子」に散在していた村落を呑み込んだ。唯一、生き残ったのは豚に餌を与えていた婦人であった。洪水の波が迫ってくるのを見た婦人は慌てて猪槽（豚の餌を入れる桶）に乗り込んだ。水が引くまで漂流して難を逃れたこの女性が人類の祖先であり、その時に「垻子」に溜まった水が今の濾沽湖となったという。

　モソ人の「ノアの方舟」と呼ばれる「猪槽船（ズゥツォウツゥン）」は、湖での捕魚や水草刈りだけでなく、湖に浮かぶ島のラマ廟に観光客を運ぶ唯一の交通手段として今も現役で活躍している。濾沽湖は獅子山の麓から東南方向に落ちてきた水でできていることから、湖の東南に位置するこの村を「落水村」と呼ぶようになった。

　肖淑明さんの家は湖の四川省側の畔にあった。雲南省側の浪放村から猪槽

モソ人の「ノアの方舟」と呼ばれる猪槽船

船を約30分漕いで四川省側の大経堂村(ダージンタン)に着く。そこから現地の人が「草海」と呼ぶ湖を右側に眺めながら1時間歩いたところに、「王妃園」の看板の掛かった建物が現れた。彼女を訪ねてくる記者や観光客が多くなってきたので、新しく接客用の家を建てたのである。応接間に案内されてしばらく待っていると、「遠いところをお疲れさま！」という声とともに「王妃」が小走りで入ってきた。小柄で四川方言を話す「王妃」は、握手を交わすとすぐタバコに火をつけた。かつての「ミス・明徳」ももう76歳の高齢である。2時間に及ぶ長い談話の中で、彼女はほとんど笑顔を見せなかったし、進んで自分の過去を語ろうともしなかった。インタビューは、ほぼこちらで準備した手順で進めるしかなかった。

接客用に新しく建てられた「王妃園」

　私は、まず16歳だった彼女に軍部と省政府が自分をモソ人の土司に嫁がせた理由を理解できていたかどうかについて尋ねた。肖さんはあたかも質問を予想でもしていたかのようにすぐに答えた。

　「政府の"漢摩親善"（漢民族とモソ人の親善）の意図は当時の私にも分かっていました。だから嫁入り道具に小学校の漢語の教科書を数十冊とオルガンを入れるようにお願いしました。モソ人の子どもたちに漢語を教え、音楽を教えたかったからです。都会育ちで苦労をしたことのない自分に土司夫人が務まるか、不安でした。何か微かに悲壮感のようなものを覚えていました」。

　「政府の意図は分かりますが、秘境の地に愛する娘を嫁がせるなんて、ご両親にとっても大きな決断でしたね？」と尋ねたら、「父は軍部の将校だったから、ある程度覚悟ができていたかもしれません。私は嫁いでから里帰りをしたことがなかったし、父も50年ぶりに一度だけ瀘沽湖を訪れたことがありますが、もうカッコよかった軍人の姿ではありませんでした。一瞬話題が見つからなくて困りました」と寂しげな表情を見せた。

　応接間の壁には58年ぶりに里帰りした時にクラスメートと撮った記念写真が掛かっていた。

　「"ミス・明徳"あるいは土司夫人時代の写真などありましたら、見せていただ

けませんか」。

「子ども頃の写真や若い頃の写真は、もともと多くはなかったのですが、それさえも文化大革命の時に全部紛失いたしました。自分の手で燃やして処分したのもありますが…」。

文化大革命に話が及ぶと、彼女は無表情で続けざまに煙草に火をつける。

肖淑明さんと「王妃園」にて

「運命の悪戯に翻弄された王妃」は、かつて政府の協力要請に応じて匪賊を説得して下山させた経歴がある。周囲の反対を押し切り、彼女は女1人で馬に乗って匪賊が立てこもる山に入った。武器を捨てて新体制の下で新しい生き方をするよう説得したのである。最終的に男たちは全員下山して普通の生活をするようになった。土司夫人という特殊な立場がそれを可能にしたのである。しかし、この功績はその後に続く土地改革、文化大革命の中で彼女を守ることはできなかった。「王妃」は「人民の敵」として攻撃される側に身を置くはめになったのである。名誉回復を得た今は、議員として活躍し、また多くの孫たちに囲まれて幸せな晩年を送っているが、彼女は人生の大半を動乱の中で生きた。しかし、王妃は「それも自分の人生」だから瀘沽湖に嫁いだことを後悔はしていないという。

今は瀘沽湖のために、特にモソ人の文化を保護するために自分に何ができるかを考える毎日だという。新聞も数種類とっている。勉強を怠けるとすぐ時代遅れになるから毎日欠かさず新聞を読むようにする。仕事のないときは、書道を楽しんだり、家族や友人と麻雀をしたりして過ごす。交通不便もさることながら、高齢のこともあって出かけることはほとんどない。自然災害がなく気候温暖な瀘沽湖が自分にとって一番住み心地の良い所だという。

別れる際に「私の伝記はすでに出ていますので、それよりモソ人について書いてください。今、モソ人を誤解する人が多いです。外部の者が走婚ばかり取り上げ面白おかしく、好き勝手に書くからです。読んでいて腹が立つことが多いです。瀘沽湖周辺のモソ人の村をできるだけたくさん見て、モソ人の本当の姿を伝えてくださると有難いです」と「王妃」は言った。「モソ人のことについて無知ですが、頑張ってみます」と答えたら、「交渉成立ね！」と彼女は初めて笑顔を

見せた。

　「王妃」と別れてから、瀘沽湖周辺に2週間程度滞在して調査を進めることになった。雲南省寧蒗イ族自治県の永寧郷(ユンニン)、拉伯郷(ラーバイ)および四川省側の木里(ムーリ)は、モソ人が最も集中して居住する地域である。調査の中心となった永寧郷は、モソ人をはじめプミ族、イ族、チベット族、チワン族、ナシ族、漢族など12民族（85村、1万7,998人）が農業や畜産、観光業を営んで生活する、民族混住地域である。調査対象は、永寧郷のモソ人の村を中心としながら、必要に応じて、四川省側の達祖村(ダズゥ)、木跨村(ムークァ)、左所(ズオスオ)、リジャズイ村も入れた。仕事の関係上、長期滞在はできなかったが、現地入りの回数を増やすことにした。長い時は2カ月、短い時は2週間程度の滞在だった。

　調査は、小中学校の教師および生徒・保護者、地方政府関係者、宗教関係者（ラマ教の僧侶、ダバ教のダバなど）、村民等を含む約30人程度のインフォーマントに対して行うインタビューと、成人式、葬式、祭り、授業などの参与観察の方法で行った。また、必要に応じて会議の傍聴、家庭訪問、座談会の召集などの形式も併用した。家族の役割分担や生産労働の在り方を調べるために畑仕事にも意欲的に参加した。本書は、現地の皆さんの全面的な協力の下で行った計9回の現地調査を踏まえて完成したものである。

　モソ人に関する研究としては、神話と言語の視点からナシ族（モソ人を含む）のルーツを探ったもの（諏訪哲郎、1985）、現地で行ったインタビューを記録してモソ人の妻問い婚と母系家族の在り方を紹介したもの（遠藤織枝、2002）、モソ人の歌掛けを調査記録したもの（遠藤耕太郎、2003）などがある。しかし、これらの研究においては、モソ人の通過儀礼や家庭教育、文化の伝承などの課題にはほとんど言及されていない。

　本書は、9章立てになっているが、次の2つのモチーフを貫く内容構成となっている。

　1つは、通過儀礼の視点から捉えるモソ人の「教育文化」である。単なる生理学的営みの過程でなく、文化的にいくつかの段階に分けて表象されるモソ

山の祭りで焼香するモソ人の女性

人の通過儀礼を、出産前の「妊娠祈願」の慣習から出産後の「太陽拝み」「満月酒」「命名式」に至る「産育儀礼」（第2章）、大人の資格を付与する「成人式」（第3章）、人生で最も重要な儀式として位置づけられる「葬送儀礼」（第4章）等を中心に考察することで、子どもの成長をめぐる民族の「工夫」と「癖」を浮き彫りにし、制度化された教育からは見えてこないモソ人の世界観や人間観を集約した文化装置を明らかにした。また、「舅は礼を掌り、母は財を掌る」（舅掌礼儀母掌財）という役割分担システムの考察によって、「父親のいない」母系家族において、「父性」が母方オジに担われるというモソ人の家庭教育の特徴を明らかにした（第5章）。

　もう1つは、文化伝承の在り方である。従来の「伝統と近代の攻防」という命題に、「民族間の文化の葛藤と融合」という文化史的視点を加えて、①宗教、②学校教育、③イデオロギー、④近代化の4つの側面からのアプローチを試みた。まず、モソ人の「文化の源流」とされるダバ教が、チベット仏教の浸透とともに衰退している現状から、モソ人社会に内在した根源的な危機を指摘した（第6章）。

　次に、中国の民族学研究における進化主義家族史観の負の遺産を整理した上で、モソ人が開発した「民族教材」の編纂および実施過程を分析した。そして、文字を持たない民族にとって学校が必ずしも文化伝承の装置として機能しない問題点を指摘し、民族教育が直面している課題を整理した（第7、8章）。最後は、伝統的な家族観や価値観を揺るがす近代化の急速な進展の中で、モソ人が取り組んでいる文化保護の現状と課題を明らかにした（第9章）。

　濾沽湖は季節ごとに違う表情を見せ、人びとの生活も季節のリズムに合わせて移り変わる。濾沽湖の四季を体感できたことは幸運だった。春は住宅建設の季節であり、僧侶に家族の繁栄と無病息災を祈ってもらう季節である。暖かい日差しに包まれた村では、どこからともなく太鼓の音が聞こえてくる。夏は、女神を祭る「転山節」の季節である。獅子山の中腹に設けられた女神廟には濾沽湖周辺だけでなく遠くからも多くの人びとが鮮やかな民族服装を着飾って訪れる。女神に一年の平安と繁栄を祈願するのである。秋になると、永寧盆地は黄金色に覆われる。海抜3,000mの高原で収穫される赤米、そして周辺の山々で採れるマツタケと、モソ人が大自然の恵みを満喫する季節である。濾沽湖は、冬は暖かく、夏は涼しい。緯度は低く、海抜は高いからである。湖は冬でも凍ることはない。村の

入り口や道の両側に立つポプラの木は葉っぱが落ちて寂しいが、山々には依然として緑が茂る。春節（旧正月）にはモソ人の成人式が行われる。日の出と同時に太鼓の音が一定のリズムで響く家では、13歳になる少年あるいは少女が民族衣装に着替えて、大人の仲間入りを果たす。この日に村の入り口に立つと、成人式を終え、父親の家を訪問する新成人の姿が目立つ。

「高原米」の産地としても有名。秋の盆地は黄金の色に染まる。

　本書は、こうしたモソ人の日常の表情とその生の声を忠実に伝えることに努めた。本書がモソ人の社会と文化への理解を深めることによって、家族の在り方、民族の伝統、文化の伝承、異文化の共生、文明の在り方等について考えるきっかけとなることを願っている。できるだけ多くの方に読んでいただき、違う文化を楽しむ手がかりとなれば幸いである。

　近年、モソ人に関する研究が着実に増えつつある。しかし、モソ人の母系社会は、依然「謎」の多い未知の領域といわざるを得ない。4,000m級の険しい山に隔てられた秘境の地には、人を簡単には寄せつけない厳しさがある。モソ人は言葉を持つが、文字を持たないため、研究の手がかりとなる文献はほとんど漢文であり、研究のほとんどがモソ人以外の研究者によって蓄積されてきたということができる。近年、高等教育を受けたモソ人出身の研究者が増えるにつれ、モソ人自身による研究成果が見られるようになってきたが、まだ始まったばかりといわざるを得ない。

　こうしたなか、多くの宿題を残しながらも本書を世に送ることができたのは、文中に名前を挙げさせて頂いたインフォーマントの皆さんのご協力のおかげであることはいうまでもない。こちらからの無理な注文や、失礼にあたるような質問に対しても好意的に受け止め、全面的に協力してくれたのである。今、振り返ってみて自分がいかに幸運に恵まれていたかを感じずにはいられない。心より感謝申し上げたい。

　2011年　夏

著　者

雲南省の位置

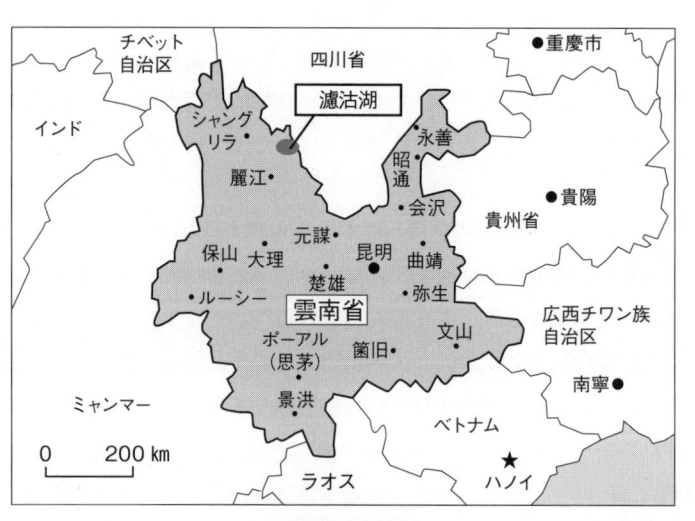

濾沽湖の位置

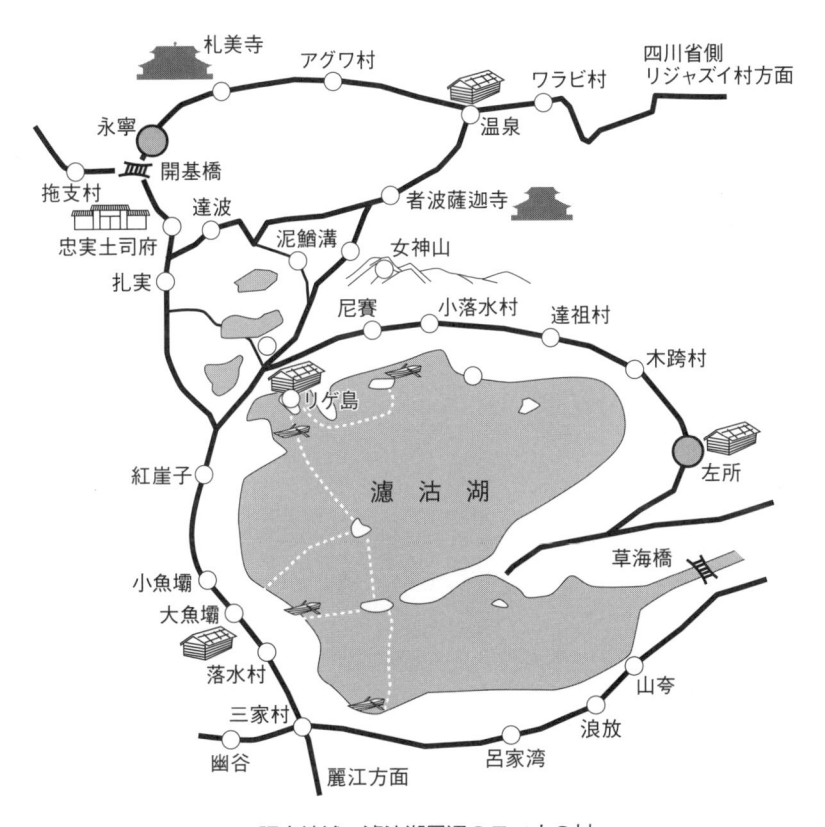

調査地域：濾沽湖周辺のモソ人の村

## 調査日程

第1回：2004年10月1日～10月20日
第2回：2005年3月19日～4月5日
第3回：2005年8月22日～9月11日
第4回：2006年7月30日～9月24日
第5回：2007年2月8日～2月24日
第6回：2007年10月7日～10月30日
第7回：2008年3月22日～4月2日
第8回：2008年9月28日～10月19日
第9回：2009年8月19日～9月13日

## 東方女人国の教育
――モソ人の母系社会における伝統文化の行方――

### 目　次

はしがき ……………………………………………………………………………… i

  濾沽湖の地図　*x*

  調査地域と調査日程　*xi*


## 第1章　「未然形」の民族
### ——モソ人のルーツとアイデンティティ—— …………………… *1*

1. 中国における民族の概念と「民族識別」　*1*
2. 民族名称をめぐる攻防——モソ人とナシ族の関係——　*6*
3. 「指路経」が示す民族発祥の地　*10*
4. 「東女国」と「女国文化帯」と「東方女人国」　*15*


## 第2章　モソ人の産育儀礼
### ——母系社会を生きる子どもたち—— ……………………… *21*

1. 祝福されて受ける生　*22*
2. 「女児選好」の生育観　*25*
3. 「私は鶏が鳴く前に生まれた」——誕生日を知らない子どもたち——　*28*
4. 「太陽拝み」と「満月酒」の儀式　*30*
5. 命名式と宗教　*34*
6. 学校教育と制度としての漢名——文化大革命の「遺産」——　*36*


## 第3章　モソ人の成年儀礼
### ——童から大人へ—— ………………………………………… *43*

1. モソ人の成人式の由来——なぜ13歳なのか——　*44*
2. 記憶に残る唯一の通過儀式　*47*
3. 少女が大人の仲間入りを果たした日　*51*
4. モソ人が語る成人式の意義　*58*

5．「大人に成る」ことと「人に成る」こと　*62*

　　6．試練型の成人式と祝賀型の成人式　*65*

第4章　モソ人の葬送儀礼
　　　　── 先祖の地に帰る日 ── …………………………………… *72*

　　1．葬式のある村　*73*

　　2．「プズ」── 葬儀の準備 ──　*75*

　　3．「洗馬」と接客の儀礼および追悼行事　*78*

　　4．先祖の地に帰る日 ── 雨の中の火葬 ──　*84*

第5章　「養いて教えざるは、舅の過ちなり」
　　　　── 母系家族における母方オジの役割 ── ……………… *92*

　　1．父と子の特殊な関係 ──「父を知らない」子どもたち ──　*93*

　　2．親族名称に見る家族関係　*96*

　　3．養いて教えざるは、舅の過ちなり　*100*

　　4．父親の役割と舅舅の役割 ── モソ人の男の役割選択 ──　*105*

　　5．母系制と母方オジ　*109*

第6章　枯渇の危機に瀕した文化の源流
　　　　── 土着宗教の行方 ── …………………………………… *114*

　　1．祈りと儀式に生きる人びと ── チベット仏教の伝来と浸透 ──　*114*

　　2．永寧におけるラマ教の特殊性　*118*

　　3．現代の「玄奘法師」── 聖地を目指す僧侶の旅 ──　*121*

　　4．危機に瀕した土着の宗教 ── 漂流する心の故郷 ──　*124*

　　5．伝統をめぐるジェネレーションギャップ　*127*

　　6．「出家」知識人の挑戦　*131*

第7章　モルガンの呪縛
　　　　―モソ人の母系社会は「活きた化石」か― ……………… 137
　1．母系制先行説と「活きた化石論」　138
　2．中国における進化主義家族史観の受容　144
　3．モルガンの呪縛は解けたか　148
　4．母系制の合理性を探る ― 若手研究者の台頭が意味するもの ―　151


第8章　文字を持たない民族の文化伝承と学校教育
　　　　―他民族の言語で自文化を伝えられるか― ……………… 159
　1．言葉と文字と学校教育　160
　2．モソ人の母系社会への異文化の影響　164
　3．「民族教材」の開発 ― 内容構成と位置づけ ―　166
　4．学校外の諸要因　172


第9章　モソ人の母系社会は余命20年か
　　　　―注目される伝統文化の行方― ……………………………… 178
　1．「母系制優越論」の台頭　179
　2．故郷の異変 ― 動揺する母系社会 ―　184
　3．もはや秘境は存在しない ―「世界の屋根」に及んだ変化の波 ―　188
　4．民族意識の喚起と迫られる選択　190


参考文献 ……………………………………………………………………… 195
あとがき ……………………………………………………………………… 209

## 東方女人国の教育
― モソ人の母系社会における伝統文化の行方 ―

# 第1章　「未然形」の民族
## ―モソ人のルーツとアイデンティティ―

### 1．中国における民族の概念と「民族識別」

　中国語の「民族」とは、日本から輸入された和製漢語である。
　中国で初めて「民族」という言葉を用いたのは、清末民初の政治家で歴史学者の梁啓超とされる。「戊戌の政変」に失敗して日本に亡命（1898～1911年）した梁啓超は、日本語を通じて西洋の思想と学問を吸収しては、それを文章にして中国に紹介した。「民族」という言葉は彼が中国に伝えた和製漢語の中の1つだった。1899年の「東籍月旦」に掲載した論文を皮切りに、梁啓超の文章には「民族」という用語が頻繁に登場し、さらに20世紀の初頭から章太炎、孫文らも「民族」を多用したことで、「民族」が中国で完全に定着するようになったという[1]。いずれにしても、中国でいう「民族」とは、19世紀の末から20世紀の初めにかけて日本語から来た外来語である[2]。それまでの中国の史書では、「民」「族」「人」「種」「部」「類」、また、「民人」「民種」「民群」「種人」「部人」「族類」は見られるものの、「民族」という言葉の使用はなかったのである。
　「民族」の概念の定着が清末民初に「中華民族」、あるいは「中国民族」という概念の提起につながったことは注目に値する。つまり、「民族」は国民意識の統一と高揚、新しい国家体制の確立、国際秩序における中国の位置づけを模索するための、ある種の「原理」として用いられた感がある。もちろん、当初の「民族」は概念的にも、また実態としても限定的であったことはいうまでもない。孫文が20世紀の初めに唱えた「五族共和論」をその例と見ることができる。そこでいう「五族」とは、漢、満、蒙、回、蔵、すなわち漢族、満州族、モンゴル族、回族、チベット族の五大民族を指していた。また、孫文が「中華民国臨時

大総統宣言書」において呼び掛けた「民族之統一」も、「漢、満、蒙、回、蔵の諸地を合して一国とし、漢、満、蒙、回、蔵の人を一人とすること」だった[3]。

「五族共和論」は、のちに他のすべての少数民族の漢民族への同化を前提とした「中華民族論」に修正された。孫が提出した「中国国民党第一次全国代表大会宣言」では初めて「少数民族」という用語が用いられ、国内各民族の民族自決権を認め、自由で統一のとれた「中華民族」が提唱されることになる[4]。しかし、それらはあくまでも漢民族中心主義に立脚したものであって、少数民族の文化や特性に配慮がなされていたとはいいがたい。1930年代に入ると少数民族地域に対する研究調査が見られるが、周辺地域の弱小民族が政策課題に上ることはほとんどなかったのである。

### 新中国の誕生と「民族識別工作」

中国に果たしてどれくらいの民族が存在するかは、1949年に新中国が成立するまでは完全に未知の領域であった。それまで特定の民族に対する調査と研究は進められてきたものの、民族の区分、規模およびその分布等を把握するための国家規模の実態調査は行われなかったからである。そもそも、ほとんどの少数民族が「大雑居」「小集居」といわれる複雑な居住形態をしていたこと、歴代の支配者の民族差別政策によって抑圧された少数民族が自分の民族的出自を隠していたことで、その全容の把握は容易なことではなかった。

また、少数民族の名称が自称他称を含めて数種類もあったことも事態をさらに複雑化させた要因の1つといえよう。雲南省に居住する民族だけを見ても、その名称は実にさまざまである。まず、すべての民族は例外なく複数の自称と他称を持っている。例えば、イ族は自称だけで41種類、ペー族は他称だけで60種類を超えているといわれる[5]。それにとどまらず、その自称と他称が内部でも外部でも一致しない場合が多い。同じ民族に対して漢族と少数民族の呼び名が異なる場合が多かったのである。漢文書に記載される少数民族の名称も、著者によって、また時代によって常に異なっていた。

新政府は、「民族は大小にかかわらず一律に平等」「各民族はすべての権利において完全に平等」「国は弱小民族に対して特別の配慮を施す」ことを内容とした民族政策を打ち出すが、その具体策の1つとして民族自治区域を確定し、人民

代表（議員）に占める少数民族の割合を決める必要があった。そのためにはまず、全土に分布する民族の種類と人口規模、そしてその居住地域を正確に把握することが必要となり、いわゆる「民族識別工作」が全国規模で推し進められることになったのである。

政府は、1950年から1953年にかけて、各民族グループに「民族登記」を要請する一方、1953年6月には建国後初となる「人口普査」（センサス）を実施した。この段階で登録された民族の数は実に400種類に上ったという。政府は、「民族登記」および「人口普査」のデータに基づき、民族学者と有識者等で構成された調査団を各地に派遣して大規模な実態調査を実施した。調査は、①エスニック・グループの呼称（自称と他称）、②人口規模と居住地の分布、③言語の使用状況とその範囲、④漢族との関係、⑤民族所属に関するエスニック・グループの要望の把握などを主な内容として進められた[6]。識別作業は、まず少数民族と名乗るグループが漢族かそれとも漢族以外の民族かを判別し、次にそれが独立した民族であるか、それとも他の少数民族の1グループであるかを見極めた上で、最終的に民族として認定するかどうかを決め、認められれば独立した民族として認定し、その民族名を確定するというプロセスで進められた。

ほぼ30年の時間をかけることになったこの民族識別は、大まかに次の3つのステップに分けて進められた。

◎第1段階（1949～1954年）

建国当初においてすでに民族として公認されていたモンゴル族、回族、チベット族、ウイグル族、ミャオ族、ヤオ族、イ族、朝鮮族、満州族の9民族に加えて、新たにチュワン族、プイ族、トン族、ペー族、カザフ族、ハニ族、タイ族、リー族、リス族、ワ族、高山族、トンシャン族、ナシ族、ラフ族、スイ族、チンポー族、キルギス族、トゥー族、タジク族、ウズベク族、タタール族、エヴェンキ族、ボウナン族、チャン族、サラール族、オロス族、シボ族、ユーグ族、オロチョン族の29のエスニック・グループが独立した民族として認定され、少数民族の数は計38となった。

◎第2段階（1955～1964年）

1950年代の後半に始まる「反右派運動」[7]、地方民族主義への批判、そして「大躍進」[8]などの影響を受けて、「民族識別工作」は一時棚上げにされる

が、1960年代の初期に再開され、新たにトゥチャ族、ショオ族、ダフール族、ムーラオ族、プラン族、コーラオ族、アチャン族、プミ族、ヌー族、ドゥアン族、キン族、トゥルン族、ホジェン族、メンパ族、マオナン族の15の民族が認定され、少数民族の数は計53となる。

◎第3段階（1965～1979年）

　文化大革命直前の1965年、西蔵自治区東南部に居住するロッパ族が民族として認定された。1966年から1976年までの文化大革命の間、民族識別工作は完全に中断されるが、1979年11月に四川省、西蔵自治区、雲南省、貴州省、広東省において「民族識別」に関する通知が出されたことをきっかけに、民族識別が再開される運びとなった。1979年に認定を受けたチノー族が55番目の少数民族となった。

### 「民族識別工作」の後遺症

　少数民族として最後に認定されたチノー族の確定により、中国における民族識別は基本的に終了したとするのが大方の認識である。しかし、独立した民族として認定されていないが、明らかに漢族ではないエスニック・グループは文化大革命以降も数多く存在した。建国以降、中国において用いられた民族の定義は、おおむねスターリンの民族定義そのものだった。例えば、1986年に編纂された大百科全書の『民族』の巻にはスターリンの定義がそのまま記載されている[9]。つまり民族とは、「共通言語、共通地域、共同の経済生活および共通の心理資質（民族意識）」という4つの要因から構成される共同体という定義である[10]。

　建国後の民族識別は基本的にこれを基準に進められたが、作業は多くの混乱を伴った。既成の民族定義の単純明解さに比べると、実態は遙かに複雑多様だったのである。そもそもこの4つの条件を完全にクリアした民族など、漢族を含めても存在しなかった。のちにこの旧ソ連モデルの影響を「中国の悲劇」として位置づける見方さえ現れた[11]。

　民族の定義や識別方法をめぐって、中国の実情に合う道が模索され、結果として民族構成の枠組みが完成したことは評価すべき成果といえるが、少なからぬ後遺症を残したこともまた事実である。

　社会人類学者の費孝通も指摘しているように、1980年代に入って、中国にま

だ「未識別」のエスニック・グループが数多く存在していた。費によれば、いわゆる「未識別」のエスニック・グループとは、漢族と認定できない人たちと、どの少数民族に属するかが確定されてない人たちを指すが[12]、その背景の複雑さゆえ、彼らの民族出自の識別ははかどらなかった。政府の統計によると、民族的に「未識別」状態にある人たちは、1953年の138.6万人から1964年度の3.4万人へといったん減るが、1982年に再び88.2万人に膨れ上がった[13]。

明の町並みが残っている麗江古城。世界文化遺産に登録されている。

さらに、1980年代の初頭になると、すでに認定済みの民族出自や民族名称について変更を求める人たちが現れた。特に、遼寧省と河北省の満州族、湖南省、湖北省、貴州省、四川省のトゥチャ族、湖南省と貴州省のミャオ族とトン族、そして雲南省の一部の少数民族の中から、民族所属あるいは民族名称の変更を求める人が増え、1982年度には、その数が500万人を数えるに至った[14]。これは単に人口の自然増加の要因のみならず、1970年代の末に実施し始めた産児制限政策が少数民族を対象外としたことから、当初は漢族と申告した人たちの中から新たに民族出自を表明する人たちが現れたことによる。加えて、すでに少数民族として認定された人びとの中からも自分の民族所属に異議を唱えるグループが現れたことも要因と考えられる。

1982年の人口調査を前にして、政府は「民族所属の回復・改正に関する通知」の中で、「自分の民族所属を正しく申告できなかった少数民族に対しては、その時期や理由の如何にかかわらず、その要望はすべて認められるべきである」[15]とする方針を打ち出した。最終的には満州族とトゥチャ族の要求がほぼ全面的に認められる結果となった。1980年からの10年間に、河北省と遼寧省に13の満州族自治県が新設され、満州族の人口も1953年度の241.9万人から1990年の984.7万人に増加している[16]。トゥチャ族の場合も多くの県で自治区域の設置が認められ、人口も1964年の52.5万人から572万人へと、10倍を超える増加が見られた[17]。

政府は1980年代の末に「民族識別は基本的に終了」し、「民族所属の回復・修正も基本的に完了」[18]という見解を示している。しかし、民族的に「未識別」の状態にある人口がなお73.4万人（2000年）も存在するとした政府統計[19]からも明らかなように、すべての人の民族出自が確定したわけではない。現在、中国において「＊＊族」でなく、暫定的に「＊＊人」と呼ばれる人びとは、たいてい民族的所属が確定されていないグループと見てよい。

## 2．民族名称をめぐる攻防 ── モソ人とナシ族の関係 ──

### モソ人とナシ族

モソ人（摩梭人）は、建国初期の「民族識別工作」による民族認定に異議を唱えたグループの1つである。

モソ人がナシ族の1つの支系と認定されたのは1961年のことである。ナシ族とは、主に雲南省の麗江（リージャン）地区に居住する少数民族で、民族識別の第1段階で独立した民族としての地位を勝ち得ている。しかし、同じモソ人でも、ナシ族の一グループとして認定されたのは雲南省側の寧蒗県永寧地区のモソ人で、四川省塩源県のモソ人はモンゴル族に認定されている[20]。

現在では、モソ人とナシ族の居住地域は明確に分けられている。モソ人は濾沽湖を挟んで雲南省側の永寧地区と四川省側の塩源県等を中心に居住しているのに対して、ナシ族は雲南省の麗江地域に集中している。モソ人がナシ族の一部として認定された当時から、ナシ族とモソ人の違いは多くの人に認められ、民族呼称の際にもモソ人を「永寧のナシ族」とするなど、「麗江のナシ族」と区別して呼ぶ場合が多かったようである。特に、学問の世界においては、基本的には国家の民族識別工作において確定された民族区分に従いつつも、モソ人を「永寧ナシ族」「永寧ナシ人」「濾古湖地区ナシ族」という風に限定して呼称する場合がほとんどであった[21]。

1980年代に入ってから、モソ人の中からはナシ族との差別化を図り、独自の民族的アイデンティティを確立しようとする動きが活発化した。自分たちを「ナシ族とは違う」民族と主張する声が高まったのである。フリー・カメラマン沈（シェン）

第1章 「未然形」の民族 ― モソ人のルーツとアイデンティティ ― 7

澈の『西南秘境万里行』には、「好奇心や野次馬根性」だけで瀘沽湖に訪れては、モソ人を「淫売をする民族」のように歪曲したり、自分たちのことをナシ族と呼んだりする「文人墨客」に激怒するモソ人の様子が次のように描かれている[22]。

> モソ人がナシ（納西）族の傍系であるかどうかといった問題に話が及ぶと、彼の怒りは頂点に達した。寧蒗県ではナシ族はナシ族であり、モソ族はモソ族なのだ。…（彼から見れば）両者はまったく風俗・習慣の異なる別の民族なのである。彼はナシ族の婦人はズボンをはき、モソ族の婦人はスカートを穿くといったことから、ナシ族は死ぬと土葬をし、モソ人は火葬にするといったことなど、さまざまな例を挙げて両者の違いを説明した。彼は、目的を達するために、口を開けばモソ族はああだこうだと言い続けながら、記事にしたときには一転して、自分たちをナシ族と呼んでいる言行不一致な連中をこきおろした。彼はこうした連中を断固とした口調で「ペテン師」と決めつけ、さらに今後は誰であろうと、再び自分たちの民族を騙したものは、どんなところに逃げようと必ず見つけ出し、白黒をはっきりさせると断言した。ここまで言い終わると彼は、あたかもペテン師を見るような目つきで私を見据えた。

筆者は2004年度から数回にわたって瀘沽湖を訪れ、いく度となく「モソ人」と「ナシ族」の違いについて議論したが、このような激しい反応に出くわしたことは一度もなかった。「私たちは一貫して自分たちのことをナシ族でなく、モソ人であると主張してきました」と説明するゴワ・アピンさん（寧蒗県婦女連合会主席）の表情は穏やかだった。すでに「モソ人」という民族呼称を勝ち得たためだろうか、その表情からは余裕さえ感じられた。しかし、1980年代においては、これは彼らにとって重大な問題であったに違いない。

校門の壁にナシ語とトンパ文字で書かれた毛沢東の語録（方国瑜小学校）

背中に七つの星を飾ったナシ族女性の民族衣装（麗江市）

同じく「チベット・ビルマ語群」に属し、同一の民族的ルーツを持つモソ人とナシ族の間では、ほぼ同様の創世神話を持ち、言葉もある程度通じるなど、共通点も多い。しかし、険しい山脈に隔てられ、長期にわたる分離状態が続いた結果、それぞれに独自の文化が育まれてきた今日では、部外者の目にも共通点よりむしろ相違点の方が多いように映る。

　例えば、ナシ族はトンパ教を信仰し、象形のトンパ文字を持つ。父系家族を営み、一夫一婦制の婚姻形態を維持している。そして、女性は背中に七つの星を飾った民族衣装（「披星戴月」：月の光を戴き、星の光に照らされて夜道を急ぐという意味から、早朝から夜遅くまで仕事に励む意味）を纏う。これに対して、モソ人はチベット仏教と土着の宗教であるダバ教を信仰している。そして、男は娶らず、女は嫁がないいわゆる「走婚」（妻問い婚）を営み、ダブと呼ばれる女家長が母系家族の運営に当たるのである。

### 「モソ人」となる

　モソ人のように、すでにある民族の１つのグループとして認定されながら、のちに異議を申し出るエスニック・グループの出現は、政府に何らかの対応を迫るものであった。特に、1980年代に導入された「身分証」は、その内容に「民族欄」が含まれていたため、その記載のあり方が問題とされた。そこで、政府は1986年に、少数民族が民族認定に異議を唱え、「身分証」等に自称の民族名を記入することを要望した場合、国家認定の民族名の後に括弧付きで自称の民族名を付け加えることができるとした。例えば、モソ人の場合は、「納西族（摩梭人）」、つまり「ナシ族（モソ人）」のようにである。

　また、省政府、あるいは自治区が少数民族としては認定したものの、それが独立の民族か、それとも他の少数民族の一部かが未定の場合には、「××人」と記入することも認められた[23]。モソ人は、1990年の雲南省人民代表大会（議会に相当）において少数民族として認定され、「モソ人」という呼称を用いることが認められている。小学校の教師をしている楊学英さんの「身分証」を見せてもらったところ、その「民族欄」に記載されていたのは、「ナシ族（モソ人）」でなく、「摩梭人」（モソ人）だけだった。永寧だけでなく他の地域に住むモソ人の場合でも、例えば、寧利郷のソンナピンツォさん（73歳）のように民族欄に

第1章 「未然形」の民族 ― モソ人のルーツとアイデンティティ ― 9

「モソ人」のみを記載する場合が多いという。

　1990年代に入って、モソ人が営む走婚をベースにした母系家族制度と彼らの故郷である瀘沽湖の美しい景観がメディアに取り上げられるようになり、「摩梭人」という名称は徐々に定着してきた。モソ人も、そのユニークな婚姻家族制度が世間の注目を集めるにつれて、「モソ」を「前面に出して売り物にする」ようになった。

　瀘沽湖を挟んで四川省側の塩源県に居住し、1960年代の民族識別でモンゴル族と認定された人たちの中にも、自分たちのことをモソ人と主張する人が多い。例えば、木跨村のワン・ジャチェさんは、身分証に「モソ人」と登録し、モソ人と名乗る。家の正門のところには「摩梭大家族」という看板を掛けて観光客にアピールし、また、モソ人の伝統的な機織りを母親が実演するなどして、モソ文化の紹介に努めていた。実際、彼らは言葉や生活習慣等を含めて雲南省側のモソ人とまったく同様の生活を営んでいた。

　同じく、四川省の木里チベット自治県屋脚郷にあるリジャズイ村は、かつてはモンゴル族の人たちが住む村として知られていた。銭鈞華(チェンジュンファ)が著した『女人国―中国母系村落リジャズイ』は、リジャズイ村民の自称を尊重して彼らを「チンギスハンの末裔」として記述している[24]。しかし、この村は現在、モソ人の伝統文化が最も完全な形で残された村として注目されている。筆者がこの村を訪れた際、取材に応じてくれたアポ・スランさんは、「身分証にはモンゴル族と記載していますが、自分はれっきとしたモソ人だと思っています。本当は、どっちでもいいことですが…」と言った。村民たちは、最近、寧蒗や香港から嫁いできた2人の漢族の女性を除けば、村は全員モソ人であると口を揃えていたし、事実、妻問い婚の風習、女家長を置く母系大家族制度、住宅の構造と居住様式、そして言語や服装等のいずれを見ても、筆者の目には彼らはモソ人以外の何者でもなかった。

　一方、学界においては、例えば『ナシ族文化史』（和少英著）、『ナシ族文化大観』（雲南省民族事務委員会編）のように、依然、国家認定の正式の民族名称を用いながら、ナシ族の一支系としてモソ人の文化を単独に取り上げる形態も見られる。しかし1990年代以降は、モソ人という名称をそのまま用いた論文が確実に増えてきている[25]。人文社会系雑誌に掲載された関連論文のタイトルに使わ

れた民族名称を検索してみても、1990年代の後半から「摩梭人」(モソ人)の多用が目立っている。

現在、モソ人は雲南省寧蒗県の永寧郷、拉伯郷、四川省の塩源県、木里を中心に4万人いるとされるが、最も多く居住しているのは雲南省の永寧郷と拉伯郷である。

## 3.「指路経」が示す民族発祥の地

中国西南のほとんどの民族は、民族大移動の歴史を持つ。ギ・リシャールは人類の移住を、戦乱によるもの、飢餓など自然災害によるもの、理想の地を求めての移動という3つの形態に分類している[26]。中国古代における西北諸民族の移住は、戦争の一環として軍事力行使を伴った「強制型」と、戦乱から逃れて安全な場所に移動した「生存型」の2種類とされるが[27]、西南においても例外ではなかった。

これらの民族の移動は、その路線、時期、規模等に不明な点が多く、またその移動が往々にして周辺民族との文化的融合をもたらしたことなどから、移動路線の特定は容易なことではない。特に、文字を持たない民族の場合は、なおさらである。こうしたケースでは、その民族に伝えられる神話、故事、伝説、物語などの口承文化を手掛かりとする手法がよく用いられるが、その中でも特に注目されるのは、「指路経」である。

「指路経」とは、葬儀において死者の魂を祖先の所に送り帰す儀式(送魂帰祖)で唱える経文の一種で、祖先崇拝の文化と民族移動の歴史を持つ雲南少数民族において特に多く見られる。人は死ぬと、魂は祖先の住む所に戻るが、道を間違うとそこに辿り着くことができず、「野鬼」に化けて人に害を及ぼすと考えられている。だから、「指路経」は死者に先祖の地に帰る路を教えるのである。その路は絶対に間違ってはいけないし、勝手に変更することもできないとされる[28]。「指路経」が教える先祖の地に帰る路線は、ちょうど民族移動の路線を遡る形で示されるから、その民族の発祥の地を探るのに有力な手掛かりとなるはずである。

モソ人の葬儀では、ダバ(モソ人の土着宗教であるダバ教の司祭)が「指路

経」を唱え、死者に先祖の地に至るまでの路を細かく教える。当然、死者の居住地によってその路線も異なってくるが[29]、たいてい雲南省の永寧から出発して四川省の左所（ズオスオ）、木里（ムーリ）丫口（ヤコウ）、渓龍（シーロン）、雅礱江（ヤルンツァン）、大渡河（ダードゥホ）沿岸を経て最終的に四川省の茂汶（モーウェン）羌族自治県（あるいは松潘（スンパン））で合流し、終点は「スボアナワ」（中国語で「斯波安那瓦」）となる。モソ語で「黒い石山」の意味の「スボアナワ」の所在は依然不明だが、恐らく四川省阿壩（アーバ）チベット族自治州内にあると推定される。

モソ人女性の民族衣装（落水村）

「指路経」に登場する地名は実在するものが多いので、その逆コースがモソ人の祖先が北から南遷してきたルートと見ることができる。1943年、このコースを8カ月かけて、地名を一つひとつ確認しながら踏破した人がいる。中国美術史を専門とし、トンパ文化にも造詣の深い李霖燦（リーリンツァン）である[30]。101の地名の確認を終え、最終段階に入ったところで戦乱に見舞われ、目的を果たせなかったという。

さらに1980年代と1990年代に「指路経」の示すルートを確認しながら北上を試みた者が数人いたようだが、いずれも失敗に終わった[31]。多くの地名が年月の推移に伴って変わった可能性があるし、また、文字でなく口承で伝えられる「指路経」が正確にその原初のルートと地名を伝えているという確証もないので、検証は困難である。しかし、筆者がモソ人の「指路経」の教えるルーツを辿りながらその地名を一つひとつ確認し、最終的にモソ人の祖先の源流を突き止めたいという構想をモソ人の友人に打ち明けたところ、すぐ多くの人から賛同を得た。永寧郷の郷長は自分も是非参加したいので、その際は声を掛けてくれと意欲を示した。「指路経」が示すルートを遡れば祖先の所に辿り着くことを疑う人は1人もいなかったのである。

「指路経」の他に、モソ人の「奠酒調」「祭山神古歌」「創世古歌」などからヒントを得ることができる。例えば、葬儀で死者を後室に安置した後にダバが歌う「奠酒調」には、「美酒」を醸造した先人、祖先について言及して「昔、昔、大昔、高山で犛牛を放牧していた息子が…」「岩子頭の上で羊を放牧していた人が…」[32]というくだりがある。モソ人が北高原の遊牧民族にルーツを持つことを仄めかす

ものと見てよいであろう。また、モソ人の祭事において北が常に重要な意味を持つことも注目に値する。例えば、祭壇は北に向けて設けられるし、供え物も常に北に向けて並べられる。死者も葬儀の際、北に向けて安置されるのである。

### 史書に見る「摩沙夷(モサイ)」

一方、史書からもモソ人が残した微かな足跡を確認することができる。
古代の中国では、中華文明の中心地である洛陽や長安（現在の西安）の周囲に存在する異種族、異民族を「四夷」、あるいは「東夷、南蛮、西戎、北狄」などと称していた。「華」と「夷」を区別する唯一の基準は、「礼の有無」であった。つまり、中華の「礼」の秩序に反するものやあるいはその中に含まれないものは、「夷」とされたのである。これは、王朝の勅命を受けて編纂される正史や地方史のみならず、他の書物にも共通して見られる傾向である。
現在、モソ人を「羌(チャン)」の末裔とする説が最も広く受け入れられている。「羌」は、古代中国の西域に栄えた主要遊牧民族の1つで、中国最古の字典である『説文解字』では「西戎の牧羊人」と説明されている[33]。章太炎は『西南属夷小記』において「唐の時期の所謂么些(モセ)蛮、即ち羌種之流入者なり」と記しているが、「么些」とは、「摩梭(モソ)」の同音異字である。モソ人が同じく「羌」のグループに属する叟(ソウ)、昆明(クンミン)（現在は雲南省の省都名であるが、当時は民族グループ名であった）から独立したグループとなったのは、東漢の時代だといわれる[34]。
モソ人が登場する最も古い史書は、史実の豊富さと西南少数民族の記述で知られる『華陽国志・蜀志』である。紀元348年から354年の間に常璩(ツァンチュ)によって編纂されたとされる『華陽国志』は、現在の四川、雲南、貴州三省および甘粛、陝西、湖北省の一部の地域における歴史、地理、人物を記述した最古の地方誌とされるが、そこに「摩沙夷」に関する記述がある。その後の史書には、「么些」「磨些」「摩些」「末些」「么西」「摩娑」「么娑」「摩挲」「摩西」など、さまざまな名称の記録が残されている[35]。ただし、これらは今の「モソ人」のみならず、麗江の納西族をも含めたエスニック・グループの名前であることに留意する必要がある。
上記のさまざまな民族名称は、今日の「摩梭」（モソ[mosuo]）の同音異字である。また、「么些」「么梭」の「么」の発音me、「末些」の「末」の発音

mo、「磨些」の「磨」の発音 mo、「摩沙夷」「摩些」「摩娑」「摩挲」「摩梭」の「摩」の発音 mo は、いずれも「牦牛」の「牦」の発音「mao」から来ていると見られている[36]。ちなみに、「牦牛」とは西南高原に生息するウシ科の動物、ヤクのことである。史書に頻繁に登場する「牦牛種」「牦牛羌」あるいは「越巂羌」は、「羌」を指す。

### 羌人の末裔

李紹明によると、紀元前4世紀ごろ、現在の四川省大渡河以南と金沙江以北に移動してきた羌人の一部が、漢の時代に「牦牛羌」あるいは「越巂羌」と呼ばれ、漢の末期にその中の一部が今日のモソ人の先民である「摩沙」となったという[37]。『三国志・蜀志・張嶷伝』には、紀元240年に定筰（現在の四川省塩源県および瀘沽湖一帯）に「牦牛夷種類四千戸」が定住していたと記されている[38]。

ナシ族の歴史学者の方国瑜は、ナシ族（モソ人を含む）を「河湟地域から南下して来た古羌人」であると見る。方によると、夏の時代から商、周の時代にかけて「羌人の東への移動」（羌人東遷）が繰り広げられるが、黄河中流に入った羌人は原住民と融合して「漢族」の一部（漢民族の始祖となった説もある）となり、西に向けて移動した羌人はチベット族に、南に向けて移動した羌人は現在のナシ族を含めた西南地区の諸民族となったという[39]。

この民族移動のルートをめぐってはさまざまな説が立てられ、現在も議論が交わされているが、近年の研究では、移動路線が1本でなく複数であったとする説が主流を占めつつある。そして、同じルーツを持つ民族が異なる文化を持つようになったのは、彼らの祖先が違うルートで移動したためと説明されている[40]。いずれにしても、ナシ族とモソ人をともに羌人の末裔とする「羌人説」が最も支持されていることには変わりはない。

中国では、通常、中華民族の祖先のことを「炎黄」という。「炎黄」とは、

フビライの元軍が南征の際架けたとされる「開基橋」。後ろはモソ人が女神の山と拝む獅子山。

伝説上の人物である「炎帝」と「黄帝」を指すが、「炎黄の子孫」が中国人を意味することは周知の通りである。「炎帝」は、農業の祖とされる「神農氏」で、その姓は「女の牧羊人」を表す「姜」とされる。「姜」は羌人の中から最も早く農業に転じたグループで、民族移動の中で他の民族と融合して漢族の前身である「華夏族」となったのである。夏王朝は主に羌人によって構成され、夏王朝の創設者とされる禹も羌人だとする説がある[41]。司馬遷は『史記』に「禹、西羌より興す」(禹興於西羌)と記している。

　李紹明は、中国の古書、例えば『淮南子』や『墨子・墨子後語』等における「禹、昆石より産れ、啓、石より産れる」とした記述に注目して、西南少数民族の石崇拝の風習との関連を指摘している。それによると、羌族とプミ族、そして嘉絨(ゲロン)・免寧(ミェンニン)・康定(カンディン)・九龍(ジュウルン)・石綿(スゥミェン)・道孚(ドーフ)・丹巴(タンパ)一帯に住むチベット族は共通して白い石を崇拝する風習があり、これらの民族がそのルーツにおいて接点があったことを示唆するという[42]。

　近年、雲南省に居住する少数民族の民族的ルーツをめぐって、かつて定説とされた「氐羌支系南遷説(ディチャン)」に対する異議申し立てが増えているが、一民族のルーツは1つでなく多源的であるという立場に立ち、移動してきた民族と土着の民族との融合を重視したところにその特徴があるように思われる[43]。

　一方、四川省側の瀘沽湖周辺に住むモソ人をモンゴル族の末裔とする見方は、元朝の初期、フビライの軍隊が南征の際、木里、寧蒗を通過したことと、明朝の初期に雲南の建昌に駐屯していたモンゴル軍が反明朝クーデターを起こして失敗し、モソ人の居住地域に逃げ込んでモソ人に融合したという史実に基づいている。しかし、当地の信仰、祭りなどに関する調査では、モンゴル軍の移入がモソ人の主要なルーツになったことを証明する根拠が見つからなかったという[44]。

　また、1956年に行った民族言語調査、1962年に行った「塩源、木里の"モンゴル族"識別調査」のいずれにおいても「モンゴル族説」は否定されている[45]。また、モソ人の葬儀でダバが読み上げる「指路経」を記録したモソ人の作家ラム・ガトゥサは、そこに示される「先祖の地に戻る路」が漢文で書かれた史書の記述とほぼ一致していることや、彼自身が整理したあるダバの族譜が元軍南下以前の時代に及んでいる点などを根拠に、「モンゴル人説」を否定している[46]。

　「ナシ」(納西)とは自称で、「モソ」(摩梭)とは他称であることから、漢民

族の書いた史書には当然ながら「摩梭」のみが登場し、公式名称とされていた。明や清の時代では、麗江のナシ族の文人は皆「摩梭」を名乗っていたし、新中国成立後の1950年代にも麗江のナシの幹部の中には履歴書等の書類の民族欄に「摩梭」「么些」「摩西」を記入した人が多かった。このような状況は、1954年に「ナシ族」という民族名称が確定するまで続いたという[47]。しかし、モソ人がいつから、またなぜ自称としての「ナシ」を放棄して、他称であった「モソ」を自称として使うようになったかは定かでない。「ナシ族の一グループ」という認定に対抗するため、敢えて「モソ」という他称を自称に転用した可能性は十分考えられるが、そうだとすると、それは1950年代半ば以降と推定することができる。

## 4.「東女国」と「女国文化帯」と「東方女人国」

　中国の史書には、しばしば「東女国」に関する記述が散見される。南北朝時代から唐にかけて、現在の青蔵高原の西と東にそれぞれ女性を中心とした「女権国家」が存在し、そのうち東に位置したのが「東女国」だったという。「女権制」が人類の歴史上、本当に存在したかどうかについては、現在、否定的見方が主流を占めているが、『唐会要』にある「東女、西羌の別称なり」という記述が「東女国」と羌人の深い関係を示唆していることは興味深い。

　『西遊記』に描かれている「西梁女国」[48]、玄奘三蔵の『大唐西域記』に記述された「大雪山の中」の「東女国」など[49]は、『好色一代男』の主人公が「つかみどりの女を見せん」として渡ったとされる「女護島」と同様、ほとんど神話の世界だが、「東女国」そのものは確かに実在したらしい。歴史学者の任新建（レンシンジェン）の『西域黄金』によると、「東女国」の中心地は現在の四川省丹巴県一帯だという。「東女国」は、東は茂州（現在の四川省茂県（モウ）、汶川（ウェンツァン）一帯）と、

チベット族の服装で盛装した少年（海玉角村）

東南は雅州（現在の四川省の雅安一帯）に接したところに位置し、女性を崇拝し、女王を頂点とした女性中心の社会制度を営んだという。

「東女国」は、隋や唐の王朝とは使者を派遣したり、貢物を献上したりして、良好な関係を維持していたが、吐蕃（チベット族）の勢力が強大になり、青蔵高原を支配するようになってからは吐蕃政権下に入った。しかし、「東女国」の旧部は依然として唐から絹物などを受け取り、唐と吐蕃のシルク貿易の中間商人の役割を果たしていたので、『旧唐書』では「両面羌」と記載されている。

仏具を手にしてマニ堆を回る信者たち。モソ人はほぼ全員チベット仏教を信仰している。

「東女国」の一部だった現在の中路郷にはかつて温泉が湧いていて、女王が常に多くの男従を侍らせて入浴したという伝説が残っている。女王は現地産の梨を好んで食べ、梨の花を温泉に浮かべて入浴したことがその美貌の秘訣とされた。国中の女性がその真似をしたことから、「東女国」は「美女、雲の如し」（美女如雲）といわれるほど美人を多く輩出したという。筆者はここに住むチベット族の成年礼を調べるために数回現地入りしたことがあるが、当地は今でも「美女多出する谷」（美人谷）として知らない人がいないほど有名だった。丹巴県文化館長の桑丹はこの美色が「東女国」滅亡の原因となったという[50]。

丹巴県宣伝部長の衛林は、別の見方をする。衛によると、7世紀に東女国が吐蕃政権に合併されたが、依然女王の統治が続いた。女王が男の子を王位に就かせることを条件に唐から国土を与えられたが、これを知った吐蕃が先手を打って東女国を傘下に入れたため、女王は慌てて金川に逃亡する。「東女国」が最終的に滅んだのは、清の乾隆皇帝の金川討伐が原因だという[51]。この他に、紀元8世紀末に東女国内部で男たちによる反乱が起こり、女王が金川に逃れ、金川人の協力で「東女国」を復興させたという説もある。

丹巴や扎坝に住むチベット族の一部は、婚姻と家族制度においてモソ人と共通しているところが多い。一家の家長が女性であること、「妻方居住」をすること、女の子が一定の年齢になると成人式を行うこと、母方オジに強い権限が与えられ

第1章 「未然形」の民族 ― モソ人のルーツとアイデンティティ ― *17*

ていること、妻問い婚の習慣があること、崇拝の対象となる山と河は、女神の山、女王の河とされることなど、母系社会の痕跡を色濃く残しているのである。王懐林は、古くから民族移動の通路として機能し、複数の民族が衝突と融合を繰り返してきたこの高原地帯を「女国文化帯」を呼び、この地域に居住する諸民族の生活からは「女国文化」の影響を随所に見ることができると指摘する[52]。

　唐と吐蕃の狭間で翻弄され、最終的には金川に逃れて滅んだとされる「東女国」と、現在の濾沽湖の畔で営まれているモソ人の母系社会とがどのような関係にあるかは、まだ不明である。ただ、同じく羌の支系であるならば、何らかの関連があると見ることが可能だし、また自然である。実際、モソ人の中には『唐書』の「東女国」がモソ人の祖先を記述したものであるとする学者もある[53]。
　王孝廉（ワンショウリェン）は『隋書』の「女国」に関する記載の中で、女王の「姓は蘇毗（スビ）、字は末羯（モセ）」という記述の「末羯」が「摩些（モセ）」の同音の可能性があると指摘し、「父系、母系、走婚の並存、異なる婚姻制度と婚姻の風習が1つの家庭あるいは1つの部族に同時に存在することは、羌にルーツを持つ諸民族に古くから伝わって来た婚姻家族の慣習である」[54]として、モソ人の妻問い婚、女家長などの風習と東女国の関連性を示唆している。現在、濾沽湖を中心としたモソ人の居住地は、かつての「東女国」に因んで「東方女人国」と呼ばれる場合が多い。
　モソ人の母系制とその文化が周囲から完全に隔離された孤立の状態で形成されたものでなく、周辺諸民族との交流、衝突の歴史の中で形作られたものと見た方が自然であろう。現在、雲南省だけでも羌の末裔とされる民族が計13を数えるが[55]、モソ人の以外にもプミ族、チベット族、チャン族、チノー族、ヌー族、ラフー族、イ族のように母系社会の遺風を残す民族が少なくない。婚姻形態も一夫一妻、一妻多夫、一夫多妻、レヴィレート、掠奪婚、妻問い婚、母方交叉イトコ婚、母方並行イトコ婚など実に多様化している[56]。例えば、チベット族の場合、一夫多妻、一妻多夫の婚姻形態は依然として機能している。チベット自治区が1981年に定めた「『婚姻法』実施条例」では、「一夫多妻」「一妻多夫」の婚姻形態の廃止を定めているが、「本条例を実施する以前に形成された婚姻関係に対しては、本人自らが婚姻関係の解除を申し出ない限り、その関係を維持することが認められる」（第2条）とある。類似の規定は、四川省のチベット族自治州でも見られる[57]。しかし筆者の調査では、『婚姻法』施行以降にも新たに発生し

た一夫多妻、あるいは一妻多夫の婚姻形態が数例確認されている。

【注】
1) 黄光学、施聯朱主編『中国的民族識別——56個民族的来歴』民族出版社、2005年、2-3頁。
2) 陳連開「中国・華夷・蕃漢・中華・中華民族」、費孝通等著『中華民族多元一体格局』中央民族学院出版社、1989年、110頁。
3) 『孫中山選集』人民出版社、1981年、90頁。
4) 同上、591頁。
5) 郭浄、段玉明、楊福泉朱編『雲南少数民族概覧』雲南人民出版社、1999年、4頁および58頁。
6) 潘光旦『民族研究文集』(民族出版社、1995年、338頁) には、1956年に湖南省の「土家族」に関する調査報告書が収録されているが、当時の現地調査のプロセスを窺い知ることができる。
7) 1957年、民主諸党派や文化・学術・教育の分野を中心に起こった体制批判を、ブルジョア右派思想として追及し、多くの知識人を追放した政治運動を指す。1978年以降、右派分子のレッテルを貼られ迫害を受けた知識人のほとんどが名誉回復を得た。
8) 1958年から1961年にかけて中国全土に広まった大衆運動による経済建設キャンペーン。毛沢東の提唱で始まるが、現実からかけ離れた諸政策が行き詰まり、失敗に終わる。
9) 中国大百科全書編集委員会編『民族』中国大百科全書出版社、1986年、302頁。
10) 斯大林「民族問題和列寧主義」『斯大林全集』人民出版社、1955年、286頁。
11) 徐傑舜主編『中国民族団結考察報告』民族出版社、2004年、529頁。
12) 費孝通等著『中華民族多元一体格局』中央民族学院出版社、1989年、32頁。
13) 国家民委経済司、国家統計局総合司編『中国民族統計(1949-1990)』中国統計出版社、1991年、42頁。
14) 前掲『中国的民族識別——56個民族的来歴』、202頁。
15) 国務院人口普査領導小組、公安部、国家民族委員会「関於恢復或改正民族成分的処理原則的通知」1981年11月28日。
16) 前掲『中国的民族識別——56個民族的来歴』204頁。
17) 同上、206頁。
18) 国家民委弁公室、国家民委政策研究室編『国家民委文献洗編(1985-1995)下』、中国民航出版社、1996年、595頁。
19) 国家民委、国家統計局編『中国民族統計年鑑』民族出版社、2004年、488頁。
20) 前掲『最後的母系家園——濾沽湖摩梭文化』、3頁。
21) 例えば、モソ人母系社会に関する先駆的研究と見なされる詹承緒、王承権等の『永寧ナシ族のアチュウ婚姻と母系家庭』、詹承緒、宋兆麟等の『永寧ナシ族の母系制』、厳汝嫺「家庭産生和発展的活化石——濾沽湖地区納西族家庭形態研究」などがそれである。
22) 沈澈著、譚佐強訳『西南秘境万里行』恒文社、1993年、14-15頁。

第 1 章 「未然形」の民族 ― モソ人のルーツとアイデンティティ ―

23) 国家民委弁公室・政策研究室編『国家民委文件選編（1985-1995）』（下）中国民航出版社、1996 年、574-575 頁。
24) 銭鈞華著『女人国 ― 中国母系村落利家嘴』中国青年出版社、2004 年、42 頁。
25) 本書の 202～205 頁に掲げた「参考文献」を参照。
26) ギ・リシャール監修、藤野邦夫訳『移民の一万年史 ― 人口移動・遥かなる民族の旅』新評論、2002 年、9 頁。
27) 李吉和「論中国古代西北少数民族遷渉的主要特徴」『西北民族大学学報』（哲学社会科学版）2003 年、第 5 期、74-77 頁。
28) 蒼銘著『雲南民族遷徙文化研究』雲南民族出版社、1997 年、231 頁。
29) 雲南省民間文学集成弁公室編『雲南摩梭人民間文学集成』（中国民間文芸出版社、1990 年、147-157 頁）に収録されている永寧地区の八珠村、瓦拉片村、拉伯郷の草落窩村に伝わる「指路経」(1-3) を参照。
30) 李霖燦氏は、国立杭州芸術専科学校を卒業し、中国美術史を専門とするが、ナシ族のトンパ文化研究においても『麼些象形文字字典』『麼些経典訳注九種』など優れた業績を残している。後に台湾故宮博物院の副院長を歴任している。
31) Charles F. Mckhann. "Naxi, Rerkua, Moso, Meng: Kinship, Politics and Ritual on the Yunnan-Sichuan Frontier", in M. Oppitz and E. Hsu (eds.), Naxi and Moso Ethnography, University of Zurich Press, Zurich. 1998. pp.23-45.
32) 前掲『雲南摩梭人民間文学集成』161 頁。
33) 許慎著『説文解字』中華書局、1963 年、78 頁（『説文解字』は、後漢の許慎が撰んだ漢字の字典で『説文』ともいう。100 年（永元 12）に成立したもので、漢字の意味（字義）、字形、発音が記されている。中国において最古の字典であり、漢字を体系的に解説した画期的な著作として中国学術史上、特筆すべきものとして評価されている）。
34) 尤中著『雲南民族史』雲南大学出版社、1994 年、29 頁。
35) 陳烈、泰振新は、その著『最後的母系家園 ― 濾沽湖摩梭文化』（雲南人民出版社、1999 年）において、摩梭人の呼称は、唐で「么些」「磨些」、宋で「么些」「摩些」、元で「摩沙」「么些」、明で「摩些」「么西」、清で「摩娑」「摩挲」と表記されてきたとするが、史書によってはかなりの混用が見られる。
36) 郭大烈主編『納西族文化大観』雲南民族出版社、1999 年、8-9 頁。
37) 李紹明「川填辺境納日人的族別問題」『中国社会科学』（第 1 期）1984 年、48 頁。
38) 陳烈、泰振新著『最後的母系家園 ― 濾沽湖摩梭文化』雲南人民出版社、1999 年、6 頁。
39) 方国瑜・和志武「納西族的淵厳、遷徙和分布」『民族研究』(1)1979 年、33-41 頁。
40) 趙心愚「納西族先民的遷渉路線及特点」『西南民族大学学報』（人文社科版）2004 年、第 2 期、17-20 頁。
41) 劉海琦、李自然『少数民族史話』（下）中央民族大学出版社、1994 年、61 頁。
42) 李紹明「从石崇拝看禹羌関係」『阿壩師専学報』（第 2 期）2005 年、1-4 頁。
43) 郭浄、段玉明、楊福泉朱編『雲南少数民族概覧』（雲南人民出版社、1999 年）で紹介される雲南省の少数民族の「族源」を参照。例えば、ハニ族の場合、かつては「氏羌支系南遷説」が

支配的であったが、近年、青蔵高原から南下して来た北方遊牧民と北上してきた南方稲作民族が融合して形成したとする「遊牧農耕民融合説」が有力とされ、支持を得ている。

44) 前掲「川填辺境納日人的族別問題」、48頁。
45) 前掲「納西族的淵厳、遷徙和分布」、36頁。
46) 拉木・嘎吐薩「摩梭人不是元代蒙古人後裔 — 与王徳祥、羅仁貴先生商権」拉他咪・達石主編『摩梭社会文化研究論文集』(下) 雲大出版社、2006年、325-338頁。
47) 楊啓昌「"摩梭"称謂応還其歴史本来面目 — 兼談納西族的他称和自称」『今日民族』1994年、第6期、26頁。
48) 呉承恩著『西遊記』第54回を参照 (長春出版社、2006年、440-448頁)。
49) 中国大百科全書総編集委員会が編集した『中国大百科全書 民族』(中国大百科全書出版社、1986年、357頁) では、「女国」として紹介されている。
50) 労少萍「神秘東女国」『人民日報』(海外版) 2006年2月23日。
51) 同上。
52) 王懐林「神秘的女国文化帯」『康定民族師専学報』2005年第4期、1-5頁。
53) 拉木・嘎吐薩著『走進女児国—摩梭母系文化実録』雲南美術出版社、1998年、18頁。
54) 王孝廉著『嶺雲関雪—民族神話学論集』学苑出版社、2002年、346-347頁。
55) 羌の末裔とされる民族は、イ族、ペー族、ハニ族、リス族、ナシ族、プミ族、チベット族、チャン族、チノー族、ヌー族、ラフー族、チンポー族、アチャン族である。前掲『雲南民族遷徙文化研究』13-29頁。
56) 厳汝嫻主編、江守五夫監訳『中国少数民族の婚姻と家族』(中、下巻) 第一書房、1996年、「西南地区1、2」を参照。
57) 王懐安、顧明、林准、孫琬鐘主編『中華人民共和国法律全書』(第1巻、吉林人民出版社、1989年、308-310頁) に収録されたチベット自治区および四川省甘孜チベット族自治州の関連規定を参照。

## 第2章 モソ人の産育儀礼
― 母系社会を生きる子どもたち ―

　諸民族の教育には、国の政策や制度化されたカリキュラムなどからは見えてこない独自の「振る舞い」や「癖」がある（教育文化）。その「振る舞い」や「癖」というものは、実はその民族の文化的個性を反映させたものであり、それらはその民族独自の「伝承装置」によって次世代に伝わっていく。いかなる民族も例外なく何らかの形でこうした「装置」を持っていると見ることができる。

女神の山とされる獅子山

　人の一生を単に身体の生理学的営みのプロセスではなく、文化的に規定されるいくつかの段階に分けて表象する通過儀礼は、教育をめぐる民族独自の「振る舞い」や「癖」を映し出す鏡として、当該民族の社会構造や文化的背景等と深い関わりを持つ。教育は、こうした社会の全体的文脈において初めて理解されるのである。

　教育や子どもの成長の問題を通過儀礼の観点からみていく場合、次の2つの枠組みが有効である。1つは、これを「人間形成およびその支援としてはたらく文化装置と考える枠組み」であり、もう1つは儀礼対象としての子どもや若者の存在様式や発達段階を「当該社会の世界観や人間観に照らしながら解釈していこうとする表象論的な枠組み」である[1]。本章で取り上げるモソ人の「妊娠祈願」「太陽拝み」「満月酒」「命名式」など、赤ん坊や幼い子どもを対象とした産育儀礼は、教育の制度や政策、明文化されたカリキュラム等からは見えてこない民族の「教育文化」の骨格を形作るものであり、モソ人の生育観、子ども観、人間像等

を理解するための貴重な手掛かりとなるのである。

## 1．祝福されて受ける生

### 妊娠祈願

　獅子山の頂上近くに、「ゲムニカ」と呼ばれる洞窟がある。「ゲムニカ」とは、モソ語で「女神の住む所」という意味である。洞窟の入り口から見下ろすと、青々とした山々に囲まれて紺碧の水をたたえた濾沽湖のパノラマが遠くまで広がる。標高の高い「女神洞」では、頭痛や眩暈などの高山病の症状が現れるが、現在はロープウェイが設けられているので簡単に登頂することができ、濾沽湖の全景を最も美しく見せるスポットとなっている。

獅子山から眺める濾沽湖

　毎月の5日、15日、25日になると、子宝に恵まれることを祈願する女性たちが「女神洞」を参拝するという。洞窟の中では、仙女、仙鶴、神獅等の神の名が付けられたさまざまな形の「怪石」が顔を覗かせるが、さらに奥の方に進むと、地面から突き出た鍾乳石が現れる。男性の生殖器に似ているこの石は、男性石祖と見なされ、モソ人の女性が子宝に恵まれるよう祈願する対象となっている。石に白い紐を巻いたり、その上に座ったりすると子宝が授かると信じられている。近年、洞窟を訪れる女性の参拝客が減ってきたという。筆者が訪れた時も参拝の女性は1人もいなかったが、石には数本の紐が巻かれていた。

　女神にお祈りを捧げる他に、女神山の窪みや洞窟に石を投げ込むこともあるという。あるいは困っている人を助け

子宝に恵まれることを願って女性たちがお参りする女神洞

たり、傷んだ路を修繕したりするなど、良い行いをすれば子を授かると信じられている。かつてモソ人は「出産は女性のことで、男性とは関係がない」と考えていたとされるが[2]、さまざまな「妊娠祈願」の風習の中で、男性の生殖器に似た石を拝む風習や性行為を連想させるしぐさなどは、モソ人が生殖における男性の役割を認識していたことを表している。「男がいて、女がいて、子どもが生まれる」という諺もある。

　妊娠を祈願する場所は、女神洞以外にも濾沽湖周辺に数カ所ある。

　健康で賢い子どもが生まれることは、直接、家族の存続と繁栄につながるゆえ、モソ人は妊婦に対して細心の注意を払う。例えば、妊婦は山での薪集め、重荷運びなどの重労働を控え、他所の人が送ってきた食べ物を口にしないよう注意される。悲しみや恐怖等の強い精神的刺激によって胎内の子どもの発育に影響を及ばさないようにするため、葬儀への参加や夜の外出も控える。また、妊婦には刺激の強い食べ物を与えない。妊娠後は、寝所も2階の「花楼」から1階の母屋に移される。ちなみに、「花楼」とは、モソ人の成人女性が夜になると自分の恋人の男性を迎え入れるために設けた部屋のことで、モソ語では「ニザル」(「二階の部屋」という意味）という[3]。

　そして、出産の予定日が近づくと、石や樹に安産を祈る儀式が行われる。石や樹が祈願の対象とされるのは、石のように丈夫で、樹のようにすくすく育つ元気な子が生まれますようにという願いが込められているからだという。

### 自宅出産

　モソ人の出産は、たいてい「ドゥパ」と呼ばれる後室で行われる。母屋の男柱が立つ側の壁に設けられた後室に通じる門はモソ語で「ドゥパキ」と呼ぶ。「ドゥパ」は後室、「キ」は門の意味であるが、現在は中国語で「生死門」と呼ぶ場合が多い。子どもの出産だけでなく、死者の仮埋葬の場所としての機能をも持ち合わせている後室は、まさに生死交替の場所なのである。モソ人の自宅出産とは、

永寧郷中心衛生院

実はこの後室での出産のことである。

　モソ人は、今でも自宅出産が多い。ムワ・ツアルピンツォさん（男、31歳）によると、彼の年代は「間違いなくほぼ全員自分の家で生まれた」という[4]。現地での30人余りのインフォーマントは、12歳から79歳までの幅広い年齢層だが、その全員が自宅で生まれており、病院で生まれた人は1人もいなかった。そもそも近くに病院そのものが存在しなかったから、自宅出産をせざるを得なかったともいえよう。A・Zさん（女、28歳）も自宅で生まれた1人で、しかも「家の者が外出している間、母が自分一人で出産した」という。しかし、その彼女は自分の子どもを病院で出産している。近年、政府は産婦と嬰児の安全を確保するため、病院出産を呼び掛けているからだ。彼女は、2番目の子どもは自分の家で産んでみたいと考えていたが、心配だからやはり病院で産みなさいと母親に言われ、第2子も病院出産となったという[5]。

　ダスラツォさん（女、33歳）は、永寧郷役場の婦女主任という立場から、出産の安全、嬰児と産婦の健康などの面から、病院出産のメリットを積極的に宣伝し、公務員や教師が率先して模範を示すよう呼び掛けていると言う。「こういう立場だから、もちろん、自分の子どもを病院で産みました。一日入院して、翌日、家に帰りました。この郷の幹部たちはみなそうしています。産婦と赤ちゃんの安全を考えるとやはり病院出産がいいと思います。あるいは、病院の医者に出張してもらってもいいでしょう。今、永寧郷では病院出産が増えています。経済的に可能な家庭では医者に来てもらったりもします。医者に来てもらうと料金は掛かりますが、貧しい家庭だと料金を低くしたり、あるいは免除したりする場合もあります。でも、まだ山奥の田舎では助産の経験のある女性に頼んで出産することが多いです」[6]。

　永寧郷には「中心衛生院」という医療施設が設立され、常時、3、4人の医者が勤務し、産婦人科も置かれているため、病院出産が徐々に定着しつつある。しかし、筆者が訪れたリジャズイ村をはじめ、交通不便な山奥の村では依然として自宅出産が主流だという。

母系の大家族（泥鰍溝村）

## 2.「女児選好」の生育観

**「女は一家の根」**

　生まれてくる子どもの性別に対する家族や社会の期待の在り方を示す「性別選好」は、①男児選好（男児の出生を期待する）、②女児選好（女児の出生を期待する）、③バランス選好（男女同数の出生を期待する）、④特に関心を持たない、4つの類型に分けられるとされる[7]。

　中国は伝統的に「男児選好」の傾向が強い社会である。孟子は「不孝に三あり、後なきを大なりとす」（不孝有三、無後為大）とし、親不孝の最たるものは、跡継ぎをつくらないことだと言った。この「後なきを大なりとす」でいう「後」とはもちろん、男子であって女子ではない。家は父系を辿って継承されるからだ。こうした「孝」の倫理観は、中国において仏教の普及を妨げる要因となるほど強力であった。仏教の出家、修業は、両親、兄弟、妻子など家族を超越したもので、受け入れ難かったからだ。したがって、中国では仏教も「孝」を突出した位置に置かざるを得なかったのである[8]。

　「後」がないと家が続かないことは、モソ人の家にもいえることだが、モソ人の場合の「後」は女子である。家系が女子によってのみ継承されるゆえ、家の存続は何よりもまず女児の出生が前提条件となる。モソ語に「女は一家の根」という諺がある。したがって、モソ人はどちらかといえば、女児選好の傾向が強いように思われる。Y・Cさん（男、43歳）は、子どもの頃、「この家も、もう終わりかな」と母が呟くのを聞いたことがあるという。「頼りになる息子が3人もいるのに、なぜ終わる？」と聞いたら、「根がないじゃないか。女の子がいないと家も終わりだ」と母が言ったという[9]。

　女児に恵まれず、家系が途切れる危機に瀕した場合には、養女を引き取って継承者とするのが最も一般的である。家族の存続に関わるような重大な事柄は、「ダブ」という女家長のイニシアティブ

子守りをする女の子（リジャズイ村）

の下、家族会議で協議して決められる。出自集団の存続が目的だから、養女は母系の出自集団からの選択が優先される。つまり、分家した姉妹の子どもが最優先され、次に同一母系親族、最後に男性成員の配偶者およびその間で生まれた子どもという順になる。こうした縁組は引き取る側と送り出す側の双方にメリットがあり、双方の合意が得られれば直ちに成立する。養女は1人を引き取る場合もあるが、その姉妹兄弟の数人、あるいは全員を引き取る場合も、また養女となる女性とその子どもを全員引き取る場合もある。これはモソ人の養子縁組の大きな特徴の1つで、他の社会にはあまり見られない現象である。

養女は、引き取られた家族の家名を引き継ぎ、家を継ぐ者として社会からも認められる。

### 出生率の動向

かつて、モソ人の生育観は必然的に人口の膨張を招くと主張した人がいた。例えば、楊学政はモソ人の生育観の特徴を①女児選好の価値観、②子女共有、③早産多育、④養女による継嗣という4点にまとめ、その中の「女児選好」と「早産多育」を「モソ人の生育観の核心」と位置づけた[10]。楊によると、モソ人は育児において男の子より女の子に対して細心の配慮を施すので、女児の死亡率が男児より低い。

また、女性は夫の家族のためでなく自分の母系家族のために出産し子育てをする。「父権制の下では、女性は貞操観念の規制を受け、婚前に私生児を儲けることはできない。結婚してからも夫の監督下に置かれ、子どもは必ず夫側の血統であることが求められ、夫不在の期間は生育活動を中止するので、出産は明らかに父権制の伝統的倫理観の制約を受ける。しかし、母系制の下でのモソ人女性の生育目的は母系血縁の継承であるから、彼女たちは貞操観念によって拘束されることはまったくない。なぜなら、彼女たちは父権制において初めて存在し得る貞操観がまだ形成されていないからである。彼女たちの一生において、青春期から

永寧郷に設置されている計画産児を担当する部門

すでに生育活動が始まり、途中、配偶者不在の期間中でも生育活動は休むことなく続く。したがって、彼女たちが一生涯に産む子どもの数は、父権制下の女性より多いのが一般的である」。

楊はさらに続ける。「総じていうならば、伝統的な生育観はモソ人の人口動向に影響を及ぼしている。つまり、人口における女子人口の割合の増加と、女性の一生における出産率の増加である。この二者の結び合わせは必然的にモソ人全体の高い出産率と増加率をもたらし、人口の増加を盲目的、無計画の状態に陥れるのである」[11]。

しかし、楊の論文には、その根拠を示すデータが一切提示されていない。例えば、女児の死亡率が本当に男児より低いか、女児選好の価値観が実際に女子人口の増加をもたらしているか、モソ人女性の出生率は他民族の女性のそれより高いのか、モソ人の人口は本当に増加しているか、これらに対して著者は何のデータも提示していないのである。というより提示しようがなかったといった方が正しいかもしれない。なぜなら、モソ人の女児選好が事実だとしても、モソ人は男児の誕生を同じく喜ぶし、男児の誕生を制限する習慣も実態もないからである。

また、モソ人の人口は膨張するどころか、伸び悩んでいるのが現状であり、永寧郷ではモソ人の人口が減少に転じている。後章でも触れるが、郷政府の関係者やモソ人の有識者は、周辺民族に比べて著しく停滞している人口動向を懸念する。永寧郷長は、モソ語の「人が増えても土地は増えない」という諺を紹介しながら、モソ人は「人口抑制について自分なりの文化設計ができている」と言った[12]。

翌年の同じ時期に再度、郷長にインタビューする機会を得たが、その時、郷長は今、国に対してモソ人を「特小民族」として認定してもらうための申請を行っているところだと言う。「モソ人の生育観は独特で、国が産児制限を課していないのに、自ら制限してきました。子どもを1人しか産まない人が多くなっています」[13]。

県庁で役人を務めるアルチェ・ザスツティさんは、母系家族と走婚のメリットとして人口抑制力を挙げるべきではない

計画産児を呼び掛けるスローガン

と主張する。「母系家族の在り方や走婚という婚姻形態が事実上、人口膨張を抑制する力があると、一種のメリットとして挙げる人が多いです。これは人口抑制策を推し進める国にとっては都合のよいことかもしれないが、民族にとっては必ずしもプラスにはならないことです。周辺民族に比べてモソ人の人口は完全に停滞していますから」[14]。つまり、モソ人のエリートたちが懸念しているのは、人口の膨張でなく停滞なのである。

楊の論理が破綻せざるを得なかったのは、彼がまた次のような事実を見逃したことにもよる。モソ人の女性は、家族に必要な数だけの子どもが生まれると、他の姉妹たちは子どもを産まない傾向がある。女児の出生は、家族内の女性成員の子どもであれば誰の子どもでもよいとされる。つまり、必ず自分の子どもを出産したいとは思わないのである。姉妹の子どもはすなわち自分の子どもであり、子どもたちもまた母と母の姉妹を同じく「アミ」（お母さん）と呼んで区別しないし、生母とまったく同等に老後の面倒を見る。子どもの有無に関係なく、老後の心配などないのが、モソ人の大家族の誇りの1つとされるのである。


## 3．「私は鶏が鳴く前に生まれた」
　　── 誕生日を知らない子どもたち ──

自宅出産の場合、病院での出産記録のようなものが残らないこともあって、モソ人のほとんどは自分の誕生日を正確に覚えていない。モソ人の著名な歌手であるヤンアルチェ・ナムは、自分は「鶏が鳴く前」に生まれたという[15]。現地で出会った人びとの生年月日というものは、自他ともに認める「適当なもの」である。

ラム・ガトゥサ（男、44歳）は、次のように言う[16]。「モソ人は自分の誕生日を知らないし、誕生日を祝う習慣もありません。モソ人にとってみれば、誕生日は"母難日"（母受難の日）だからです。子どもが生まれて"満月酒"の儀式が過ぎると、誰も子どもが生まれた日など気にしないのです。だから多くの人は自分の誕生日を知りませんし、覚えようともしません。小学生の頃、学校の先生に誕生日を聞かれて答えられませんでした。漢族の先生は、首を傾げて不思議がっていました。私もかつて祖母に自分の誕生日を聞いたことがあります。祖母は、

『確かにその日、みんな蚕豆で酒を飲んだから、豆が取れる時期だね』と言いました。母は農暦の4月だろうと言う。父は『わしははっきり覚えている。6月20日だ』と言うのです。しかし、私はどちらかというと母の言葉を信じたい。農暦と西暦では1カ月の時差があるから。身分証では一応X月XX日になっています」。

村の入り口の空き地で遊ぶ子どもたち（リジャズイ村）

　H・Rさん（男、43歳）の生年月日は1963年×月××日となっている。年度は間違いないが、誕生日は「まったくの嘘」だと言う。母親に「お正月の前後」と言われたので、就職する時、適当に×月××日と書いて書類を提出している。「身分証も一緒」だと言う。G・Dさん（男、35歳）は自分の身分証の生年月日は「派出所（交番）の人が適当に記入したもの」で、しかもその「適当に書いてもらった」誕生日ももう忘れて覚えていないと言う[17]。

　近年、自分の誕生日は適当に扱っていても、子どもの誕生日は正確に記録し、また祝ってあげようとする親が増えてきている。テレビが他の民族の誕生日を祝う習慣を紹介する番組を流したり、店ではバースデー・ケーキやロウソクを売ったりしている状況が背景にあろう。

　夫婦ともに教職に就いているM・Cさんは言う。「うちの子の場合は、ケーキを買ってきて、校内に住む同年齢の子どもたちを呼んで来て遊ばせています。やつらは誕生日の歌も歌うのです。『ハッピーバースデートゥーユウ』とか言って。親父は誕生日を祝ってもらったことがないのに」。尼賽村に住むナジンラツォさん（女、12歳）は「私たちモソ人は誕生日を祝いませんから」と言いながらも、同級生がケーキを買い、ロウソクをつけて、誕生日の歌を歌い、願い事をしているのを見たことはあるので、自分も一度はやってみたいと思っていると言う[18]。

　ダスラツォさんは、誕生日というのは、実は母にとっては受難日だから祝おうとは思わないと言う[19]。「子どもが生まれた日は、母にとっては受難の日」という理由がよく語られる。出産は女性にとって確かに一種の「受難」かもしれな

い。母親を大事にする母系社会で「母の受難日」を祝うはずがないという論理である。この「受難日説」は、確かにモソ人の文化を紹介する本でもよく挙げられているが[20]、その真偽は確かではない。この件についてリジャズイ村で数人の長老に尋ねたところ、全員「母の受難日だなんて、そんな話を聞いたことはない」と口を揃えた。寧蒗県婦女連合会主席の

観光客を湖中の島に運ぶため準備を進める女性（落水村）

ゴワ・アピンさんは「"受難日説"はややできすぎた話に聞こえますね。母系社会、女神の伝説、母親崇拝などの文脈から後で誰かが新しく付け加えたものではないでしょうか」と否定的だった[21]。

　モソ人が誕生日を知らないことは、自宅出産のため記録が残っていないこと、自分たちの文字を持たず、字が書ける人が少ないこと、時間の観念が異なることなど、さまざまな要因が考えられるが、多くの場合は誕生日を覚えなくても特に不都合が生じなかったということも背景にあると思われる。誕生日を知らないことで困ることなどないかと尋ねたら、「誕生日を聞かれると困る」と答える人もいるほど、特に困ることがないのである。町の学生数人に「誕生日を知らないと困ることとは？」と聞いたら、「出生の届け」「住民登録」「社会保険」「旅券」「運転免許」などが挙げられ、ほとんど社会システムの管理と結び付くものばかりであった。こうした管理とは無縁の社会では、誕生日は、「知らない」と言われて不思議に思うほど、大きな意味を持たなかったのである。

## 4.「太陽拝み」と「満月酒」の儀式

**「太陽拝み」**

　子どもが生まれると、家族、特に産婦の母親と姉妹たちは、赤ちゃんの母親に対してきめ細かい配慮を施す。卵、砂糖、鶏肉など栄養豊かな食品は産婦に優先的に与えられる。昔は、男が産婦の食べ物を口にすると口内炎に罹ったり、落馬

してケガしたりするといわれたという。ラム・ガトゥサも指摘しているように、これは食品の乏しかった時代に産婦に必要な食品を確保し、栄養補給を十分に行うための習わしであろう[22]。出産の吉報が届くと、遠くの親戚や近隣の女性たちが出産祝いに訪れるが、彼女たちが持参する物もやはり鶏、卵、紅砂糖、甘酒、お茶など産婦に必要なものばかりである。モソ人は、子どもが生まれてから最初に訪れる「来客」が子どもの運命と将来、そしてその性格にも大きな影響を及ぼすと考えている。だから、子どもが産声を上げてから家族は「貴人」の到来を待ち望むという[23]。

　子どもが生まれると必ず行う儀式がある。「太陽拝み」である。モソ人の子どもがこの世に生を受けて初めて参加する儀式といってよい。モソ人は、太陽を女性と考える。万物は太陽の恩恵を受けて成長するのと同様、人間にとっても太陽の恵みは重要な意味を持つ。子どもは、生後、太陽の光をたっぷり浴びて初めてすくすく育つのである。その儀式を行う具体的な時期は、子どもが生まれてから3日後に行うところと、7日後に行うところがあり、地域によって異なるようである[24]。なかには「天気が良い時」とする人もいた。落水村では9日や19日など9がつく日に行うことが多いという。その理由は「9のつく日は世の中の悪霊が地下に潜る」からである[25]。

　生後欠かすことのできないこの儀式は、通常、産婦の母親が進行役を務める。太陽が昇って日差しが中庭に注がれる時、産婦の母親は庭に絨毯を敷いて赤ん坊とその母親を迎える。赤ん坊を抱いた母親は、左手に香、右手に鎌とラマ教の経文を持つ。それらは邪気を追い払う武器やお守りを象徴する。香を門柱に挿してから絨毯に着席する。母親は、赤ん坊のお包みをはずして、日光を浴びさせて太陽の加護を乞う。最後に温かい水で体を洗い、健康で賢い子どもが着ていた古着を着させる。赤ん坊のために服を新調しないのが慣わしである。子どもの柔らかい肌には新しい服より、古着の方が優しいという配慮からだという[26]。太陽を拝む儀式には村の年配の女性が招かれるが、この時も来客はたいてい、鶏や卵、豚肉など産婦の栄養補充のための食品を持参する。産婦は皆の前で子どもに乳を与えるが、豊満な乳房を見せることで一人前の母親をアピールすることもあるという。この儀式を経てから、赤ん坊とその母親は後室から母屋に移って生活し、外の人と接触することができる[27]ようになる。

太陽を拝む儀式は、太陽の恵みを受けて成長する万物と同様、赤ちゃんが女性が太陽とされる母系社会ですくすく育つことを祈願する儀式であることは、儀式の全過程から簡単に読み取れる。しかし、先行研究でも、また現地のモソ人の意識においても、この太陽を拝む儀式が産婦が隔離された後室でのリミナルな生活を終え、常態の社会生活に統合される儀礼であることを見逃していることを指摘しておきたい。妊娠中の女性を不浄視して、公共の場から隔離された特別な場所に閉じ込め、出産後、一定の儀式を経て再び普段の生活場所に戻すケースは、多くの民族誌の調査で報告されている[28]。

太陽を拝む儀式は、現在大きく様変わりしてきた。濾沽湖を中心としたモソ人の居住地では、この儀式の大半が省略され、産婦と赤ちゃんの初日光浴のようなシンプルなものになっているところが多かったのである。

## 「満月酒」のメッセージ

子どもが生まれて満月になると、「満月酒」の儀式を盛大に行う。「満月」といっても、実際は生まれてから満月になった日でなく、満月となる数日前に行うのが一般的なようである。この儀式の特徴は、儀式の行われる場所は子どもの生まれた家に設定されるが、儀式に必要な物はすべて子どもの父親側の親戚の女性たちによって準備され、運ばれて来ることである。子どもの父親側で用意するのは、子どもの家の神棚に備えるための豚肉、お茶、お酒、お菓子、煙草、そして赤ん坊とその母親および祖母のための衣服類、訪問客を接待する宴会用の羊（通常は1匹）、豚肉、米、酒などである。

この「満月酒」の在り方も、地域によってかなり異なるようである。例えば、永寧では、子どもの母親側の家族から父親側の家族に用意すべき物の種類と量を事前に知らせるが、落水村では父親側がすべてを自らの判断で用意しなければならない。また、永寧では「満月酒」を数日にわたって行うが、落水村では1日で済ませている。したがって、永寧の「満月酒」では来客のために潰す「鶏の数」が当然多くなる。観光地として潤ってきた落水村では、羊や鶏では物足りなくなり、現在は「旄牛2頭」を屠るのが相場だという[29]。

ムル・チェラツォさんによると、長女の「満月酒」は子どもが生まれて満月となる数日前に行っている。「夫」の母親が親戚の女性を10人あまり連れてやっ

て来たという。羊2匹、豚1頭を運んで
きて中庭で屠り、宴会を催して村人を招
待した。宴会に招かれた村人は、子ども
を見て「賢そうね」とか「きっと出世す
るね」とか縁起の良い言葉を残して帰る
のである[30]。翌日、今度は村人が夫の母
親一行を宴会に招き、結局、「夫」の母
親一行は4日間泊まったという。帰る時、
「夫」の母親に衣服一式をプレゼントし
ている[31]。

長女の「満月酒」について語るムル・チェラ
ツォさん（落水村）

　「満月酒」では、子どもの父親側家族の母親（子どもの祖母）が最も注目される人物となる。この儀式には、通常、女性と高齢の男性が参加し、子どもの父親と村の男性（老人を除く）は普通、参加しないとされる。しかし、泥鰍溝村などでは近年、男女を問わず村人全員が「満月酒」に出席するようになったという。「参加者が多い方が楽しいし、賑やかだから」と村人はその理由を説明した。

　中国の著名な社会学者費孝通（フェイシャオトゥン）によると、婚姻は「社会が子どもたちの父母を確定するための手段」である[32]。あらゆる社会において、生まれることが許されて生まれる子どもは、生まれる前に養育団体がすでに形成されていることが求められる。親になる予定の男女は、生まれる子どもに対してともに養育の責任を担うために公に約束を交わすのである。つまり、費によれば、結婚する男女に課される手続きの義務、当事者以外の者を巻き込んで行う煩雑な儀式などは、男女双方が子どもの養育に当たる義務や責任を明確にするために「人類が考案した工夫」なのである。

　モソ人の走婚は、費孝通のいう、社会が「男女双方が子どもの養育に当たる義務や責任」を明確にするための手段としてはそれほど機能的とはいえないし、事実、「夫婦」がともに子どもの養育に当たることもまれである。走婚で子どもが生まれると、一律に母親の姓を受け継ぎ、母親の責任の下で母系家族の成員として育てられる。子どもの父親は、家族の成員ではないので、子どもを養育する義務は課されない。子どもの父親には、自分の生家で舅舅（デュウジュ）（母方オジ）として自分の姉妹の子どもを養育する責任がある。母系家族における子どもの養育は、母

親のみでなく、女家長をはじめ、舅舅、母親の姉妹など家族全員の責任と義務とされる[33]。つまり、費のいう「子どもの養育団体」は、ここでは「夫婦」でなく母親の家族なのである。しかし、だからといってモソ人の母系制が父と子の関係を確認する必要性を否定することを意味するのではない。

この「満月酒」は、男性側の家族にとっては「嫁」と「孫」を正式に認め、「嫁」の母親および村の年長者に感謝の意を表明する儀式であり、「夫婦」にとっては2人の婚姻関係と両家の親戚関係を公にする「結婚式」ということになる[34]。つまり、赤ちゃんも出席するこの「満月酒」は、子どもの父親を確認するために用意された儀式ともいえるのである。

## 5．命名式と宗教

子どもの命名式は、ヘネップによると「統合の儀礼」に属する[35]。モソ人は、命名式を重要な通過儀礼の1つとみなし、落水村のモソ民俗博物館では、命名式を成人式、葬式とともに「モソ人の三大通過儀礼」の1つとして位置づけられている。

モソ人は、普通、複数の名前を持つが、その中で儀式を伴って付けられるのは、モソ名である。命名式を行う時期についてはさまざまな言い方がある。シジャダンジュは「男の子は生まれた当日、女の子は生まれた翌日にダバ（土着の宗教であるダバ教の司祭）あるいはラマ僧を招いて命名式を行う」という[36]。一方、子どもが生まれてから行う「太陽拝み」や「満月酒」の儀式の時に命名するという人も、また「3歳の時」に行うとする人もいる[37]。しかし、筆者が落水村、泥鰌溝村、忠実村、開基村、小落水村、尼賽村、達波村などで行った調査では、儀式を伴う命名式あるいはラマやダバによる命名は、生後初の春節（旧正月）に行うのが最も一般的であった。泥鰌溝村のチェアル・ユゾさん（女、76歳）の言葉を用いるならば、「生まれた時期を問わず、生後初めて訪れる春節に命名するのが最も一般的」となる[38]。

命名式の最大の特徴は、その命名者が家族や親族でなく、モソ人固有の宗教であるダバ教のダバ、あるいはチベット伝来のラマ教の僧侶（ラマ）であること

第 2 章　モソ人の産育儀礼―母系社会を生きる子どもたち―　35

だ。ダバが著しく減少してきた現在では、ダバよりラマによって名前を付けられるケースが断然多く、チベット語の名前が多用されるようになった[39]。僧侶といってもほとんどの場合、「活仏」[40]である。「活仏」に名前を付けてもらうことは、本人にとっても家族にとっても「名誉なこと」とされる[41]。しかし、後にも触れるが、その「活仏」に付けてもらった名前をまったく使わないケースも見られた。

　伝統的な命名式は、ダバ（あるいはラマ、以下同様）が上炉の席で経を読むことから始まる。その時、産婦の母親（通常はダブ）は、皿に山の形をしたご飯を載せ、その上に5対の箸を挿す。これらは高い山と青い松の象徴である。その周りに鶏、ソーセージ、卵、豚肉などを置き、焼香する。経を読むダバの前に供えられたこれらのものは、神と祖先への供養となる。経読みが半ばに差し掛かった時、ダブあるいは産婦の母親が赤ん坊を抱き、跪いて手を合わせる。ダバは経を読みながら子どもの頭部に手を置く動作を繰り返す。経を読み終えると、ダバはすでに決められていた子どもの名前を3回呼び、子どもの母親が子どもに代わってそれに答える。ダバは、子どもの額にスユ油を付け、子どもの健やかな成長を祈る。最後に、ダブが子どもの分として分けておいた食べ物を、母親が赤ちゃんに代わって食べるが、これは家族に新しい生命が加わったことを意味するものである[42]。

　その後、産婦の母親（あるいはダブ）が供え物を入れた皿を持ってダバの前を通る。ダバは供え物の上に3回ほど手を伸ばして縁起の良い言葉を掛ける。神に対する供養はこれで終了する。

　続いて、母親は供え物を分けて茶碗に入れ、家族の祖先の名前を呼びながら焼香する。焼香が終わると、母屋を出てその供え物を屋根に撒く。鳥に与えるのである。祖先のための供養である。これが終わると、今度は家の中の上炉と下炉の神棚に供え物をする。式終了後、供え物の中から鶏肉やソーセージ、お酒などを分けて子どもの父親の家に届ける。子どもの父親の家族とその祖先に命名の吉報を伝えるのである。

　子どもの名前は、基本的に母親の干支とその方位、子どもが生まれた時刻によって決められる。ダバは、方位分布を東西南北の4つの方向と1つの中心に分け、それぞれの方向に土、木、火、鉄、水を配する。中心は土、東は木、西は

鉄、南は火、北は水とされる。さらに東西南北の四方向を基準に、北東、東南、南西、西北の四方向が加えられた計8つの方位に十二支が配される。東は寅と卯、南は巳と午、西は申と酉、北は亥と子、北東は丑、東南は辰、南西は未、北西は戌である。十二支と五行の転回は毎年相応の位置に至るが、その転回の方向は、男は時計回り、女はその逆とされる。

　ダバは、これに基づいて子どもの名前を決めるのである。例えば、子どもの母親の十二支が属した方位が南西の場合、男の子なら「ユーノ」(羊児の意味)、女の子なら「ユーム」あるいは「ユノマ」(羊女の意味)となる。父親の干支が聞かれることはない。ダバとラマによる命名は、方位に配する名称などの違いを除けば、ほぼ同様の原理で行われる[43]。モソ人歌手のナムは、生まれてから15日目にラマ教の僧侶に名前を付けてもらっている。ラマはしばらく指算し、考え込んでから「ヤンアルチェ・ナム」という名前を付けたという。チベット語で「宝石の仙女」という意味である[44]。

　命名は、今日においても重要な行事であることには変わりはないが、儀式そのものはかなり簡素化されてきた。前述の命名式は「伝統的な命名式」として紹介される場合が多く、現在はむしろ儀式を行わない命名の方が多いように思われる。春節に活仏に付けてもらう名前もほとんどの場合、儀式らしいものがない。最近、子どもが生まれると、インドに修行に行っている僧侶に頼んで、現地の名僧に付けてもらうケースが落水村を中心に多くなっている。筆者はインドの名僧に名前を付けてもらっている子どもに数人会っているが、その中にはインドに亡命中のダライ・ラマに名前を付けてもらっている子もいた。「ありふれた名前ですが、ダライ・ラマに名前を付けてもらったことはわれわれにとってとても名誉あることですよ」と子どもの父親は誇らしげに言った。

## 6. 学校教育と制度としての漢名 ─ 文化大革命の「遺産」─

　モソ人は、普通、いくつもの名前を使い分ける。出生後に祖母や村の長老に付けてもらった名前、前述した命名式でダバあるいはラマによって付けられた名前、入学に伴って学校の先生に付けてもらった漢名、仕事仲間に付けてもらった

名前などであるが、場所と相手によって異なる名前が使われるのである。

　モソ人は、「粗末に呼ばれる子はよく育つ」「名前が立派すぎると子どもの負担が重くなる」といって、生まれたばかりの子どもには、わざと粗末で悪い意味の名前を付ける。ムル・チェラツォさんによると、長女が生まれた時、祖母が「ハミミ」という名前を付けたという。「ハミミ」とは「乞食」という意味である。「過分な褒め言葉」は、生まれた子どもには重すぎるので、慎むことが望ましい[45]。彼女の場合、1カ月経ってから今度は100歳を超える村の長老の女性にお願いしたところ、老人は自分の名前「スゲ・ドゥマ」を授けてくれたという。長女の「アチェ・ラム」というモソ名は、生まれて3カ月経った時、つまり最初の春節に活仏が付けた名前である。彼女が学生証などで正式の名前として使用しているのは「曹麗雅」という漢名である[46]。これは、モソ人の最も一般的なケースである。つまり、生まれたばかりの子どもに付ける控えめな名前、その後、村や家族の長老が付ける名前、春節に活仏に付けてもらう名前、入学手続きに伴って付ける漢名が続くのである。

　ゴワ・ソンナピンツォさん（男、73歳）が「落水村初の漢名を持ったモソ人」といわれていることからも明らかなように、モソ人が漢名を持つ歴史はそう古くない。「曹文彬」という漢名は、当時の私塾の先生に付けてもらっている。「名は文彬、字は志高」と「字」まで入れた本格的な漢名である[47]。それまでモソ人は、ほとんど漢名を持たなかったのである。

　今の若者は、たいていモソ名と漢名を使い分けている。公務員や教師、企業の職員などの場合は漢名を使うケースが多い。例えば、ハイ・ルルジャチェさんの場合、ルルジャチェという名前は活仏に付けてもらっているが、それを「漢語風」に「ハイ・ルル」にアレンジして「海魯汝」という漢字を当てている。しかし、ラマを招いて念仏してもらう時とか、宗教的な儀式の時などは、モソ名のルルジャチェが用いられる。ルルは、たいてい、腕白坊主の子どもによく使われる名前だという。「ル」は石、つまり石の子どもという意味である。高校卒業後、ハイ・ルルさんは小学校の教師、校長を歴任し、現在は永寧郷で教育部門担当（教育弁公室主任）の職にあるので、身分証、戸籍登記、運転免許証、公文書など、公式にはすべて漢名を使っている[48]。

　現在、学校に通っている子どもたちは、漢名とモソ名を居場所に合わせて使い

分けている。ナジンラツォ（女、12歳）は、「学校では漢名、家ではモソ名」というふうに使い分けている。「家の中ではモソ語を使い、小さい頃からの名前で呼ばれているから、家で漢名を使うことはほとんどありません。家族が子どもの漢名を知らない家も多いです」と言う[49]。「学校では漢名、家ではモソ名」というのが最も一般的なケースといえる。

家ではモソ名、学校では漢名を使うナジンラツォさん

ゲータ・ダロンさんのケースも面白い。ゲータは家名で、ダロンは自分の名前だが、村の人びとが付けた「ニックネームのようなもの」だという。「私は漢名を持っていませんし、本当のモソ名も覚えていません。ダロンとは、たいてい、いたずら坊主に付ける名前で、ふざけてばかりいた私に付いたニックネームのようなものです。村の人がそのように呼んでいたので、それが自分の名前になってしまったのです。家の人も母もこの名前を使っています。活仏が付けた名前などは、母ですら覚えていません。村の人たちがダロンと呼ぶようになって、それが本当の名前になったのです」[50]。多くの人に呼ばれて本当の名前となり、活仏に付けてもらった本名は本人も母親も家族も覚えていないのである。

ラマがつけるチベット語の名前は、「ツアル」とか「ルル」とか「ザシ」とかいうように同じ名前が多い。活仏にもすべての人に違う名前を与えられるほど多くの引き出しを持っていないからだ。筆者には現地で親しくしている7、8人の飲み仲間いるが、その中の3人が「ルル」という名前である。家名を付けたり、「上村のルル」「背の高いルル」と呼んだりして区別するしかない。

ラム・ガトゥサは、モソ名を使う最も著名な文人である。モソ名はダバに、漢名は学校の先生に付けてもらっている。彼は自分の名前について次のように述べた[51]。

　　私の生まれたラーバイ地方は、ラマ教の影響が相対的に小さいところでしたので、名前はモソ人の固有の宗教であるダバ教の最高位のダバに付けてもらいました。「アル・アニャニ」という当地では有名なダバでしたが、私が小学校5年生の時に亡くなりました。文化大革命の時に群衆の前で批判される姿を見たことがあります。モソ人にはもともと

姓というものがありませんでした。漢族には族譜があり、姓があるが、普通のモソ人にはそれがありませんでした。モソ人はたいていダブの姓を名字とします。ラムという姓はやはり女系の名字です。数代以前はわが家も女系だったと思います。

モソ人の漢名には、楊、曹、石などの姓が多く使われます。私の場合、学校の先生の姓が「石」だったので、生徒全員が「石」となりました。学校では「石高峰」という漢名を使いました。小学校から高校まで、モソ名を使いたいと思ったことはありませんでした。ところが大学に入ってから、モソ人としてモソ名を使うべきだと考えるようになったのです。私のすべての公的な記録は「石高峰」となっていますが、ペンネームはずっとモソ名を使うことにしています。もちろん、こうした使い分けは面倒なことを起こす場合もあります。ある作家が勤め先に尋ねてきて、「ガトゥサに会いたい」と言ったら、守衛に「そういう人はいない」と言われ、帰ってしまったことがあります。銀行や郵便局などでも面倒です。原稿料や郵便小包を受け取る時、身分証の「石高峰」と郵便物受取人の「ラム・ガトゥサ」が同一人物であることを証明しなければならないからです。

すでに述べたように、モソ人の漢名は入学する際、学校の先生に付けてもらうケースが多い。ルヘン・ロンプによると、モソ人が漢名を多く使うようになったのは「文化大革命」の時からである。「村の小学校の教師を招いてその場で漢名を付けてもらう場合がほとんどだった。だから村の全員が1つの姓になったり、あるいは先生と同じ姓にしたりするケースも多かった」と言う[52]。

ペンネームにモソ名を用いるモソ人の詩人ラム・ガトゥサさん（左）と著者（右）

文化大革命の時には、漢名を付けるよう強制されたことがあったようだ。あるモソ人の青年が「工作隊」[53]に何度も呼ばれて新しく漢名を付けるよう促されたので、「どうしても漢名を付けなければならないというのなら、これから私を"和沢東"と呼んでください」と言ってしまったために、数年間の労働改造をさせられたという。身のほどを知らず、当時、全国民の偶像であった「毛沢東」の名になぞったからである[54]。

アルチェ・ザスツティさんの漢名「郭懐忠」は、本人も言っているように「典型的な文革期の産物」である。「毛沢東への忠誠心を懐（いだ）く」という意味である。

彼は、貧農や下中農のように「出身の良い」人たちに多かった「楊」という姓をもらうことができなかった。なぜなら、彼は「富農」という「悪い家庭の出身」だったからである。富農や地主などの「有産階級」の子どもは、貧農や下中農などの「人民」や「一般大衆」と同じ姓にしてはいけなかったのである。結局、彼には「郭」という姓が与えられた。文革期の影響は、婚姻制度や家族制度のみならず、こうした命名の在り方にも及んだのである。

公私ともにモソ名を使っているダスラツォさん（永寧郷婦女主任）

　ダスラツォさんのように公私ともにモソ名のみを使うケースは珍しい。実は彼女にも学校の先生に付けてもらった「楊小花」という漢名があった。小学校4年生の頃、外から赴任して来た先生が彼女のモソ名が長くて呼びにくかったので付けたという。「今は背が高いですが、当時は背が低かったから」という理由で付けたという「楊小花」という漢名は、本人も好きではなかったし、家でも誰も呼んでくれなかったので、小学校を卒業してからずっと使っていない。活仏に付けてもらったモソ名は、チベット語で「吉祥の女神」という意味だという。「今は生活の上でも仕事の上でも、ずっとモソ名を使っています」と言いながら、彼女は身分証を見せてくれた。そこには「達史拉措」（ダスラツォ）というモソ名が記載されていた[55]。因みに、筆者は、彼女の父親にもインタビューをしたことがある。永寧区党委員会書記という重役を担ったこともある楊亜納（66歳）さんだが、その名前は文化大革命の時に仕事の仲間で話し合って決めたもので、その後もずっと公式の名前として定年退職をするまで使っていたし、現在も使っているという[56]。

　近年、民族名を好んで使う人が徐々に増える傾向にある。例えば、ゴワ・アピン（女、50歳）の代は全員、公私ともに漢名を使用しているが、子どもの代になると全員モソ名を使用している[57]。民族名に誇りを持つ若者が増えてきたのである。落水村希望小学校の曹振文校長は言う。「モソ人はこれから民族名を使うべきです。私は学校で漢名を付けることに賛成しませんし、その必要性もないと

思いますので、学校ではできるだけモソ名を使うことを奨励しています」[58]。

【注】
1）坂元一光著『アジアの子どもと教育文化 ― 人類学的視覚と方法』九州大学出版会、2006年、40頁。
2）厳汝嫻、宋兆麟著『永寧納西族的母系制』雲南人民出版社、1983年、131頁。宋兆麟著『走婚的人們 ― 五訪瀘沽湖』団結出版社、2002年、45頁。
3）拙著『結婚のない国を歩く ― 中国西南のモソ人の母系社会』大学教育出版、2011年、31頁。
4）永寧郷でのインタビューより（2006年9月6日）。
5）落水村でのインタビューより（2006年8月26日）
6）永寧郷でのインタビューより（2006年9月3日）。
7）前掲『アジアの子どもと教育文化 ― 人類学的視覚と方法』、117頁。
8）葛兆光著『中国思想史 ― 七世紀前中国的知識、思想与信仰世界』（第一巻）復旦大学出版社、2001年、431-435頁。
9）「モソ文化保護と教育改革フォーラム」（2004年7月）での発言より。
10）楊学政「摩梭人伝統生育観与人口規律試探」『雲南社会科学』（第1期）1985年、59頁。
11）同上、60頁。
12）永寧郷でのインタビューより（2005年8月30日）。
13）永寧郷でのインタビューより（2006年8月23日）。
14）泥鰍溝村でのインタビューより（2007年2月18日）。
15）楊二車娜姆、李威海著『走出女児国――一個摩梭女孩的闖蕩経歴和情愛故事』中国社会出版社、1997年、15頁。
16）落水村でのインタビューより（2006年8月19日）。
17）落水村でのインタビューより（2006年9月13日）。
18）尼賽村でのインタビューより（2006年8月27日）。
19）永寧郷でのインタビューより（2006年9月3日）。
20）周華山著『無父無夫的国度？』光明日報出版社、2001年、26頁。
21）麗江市でのインタビューより（2006年8月16日）。
22）拉木・嘎吐薩著『夢幻瀘沽湖 ― 最後一個母性王国之謎』雲南美術出版社、1996年、112頁。
23）和紹全著『女神之恋』雲南人民出版社、2001年、23頁。
24）宋兆麟著『走婚的人們 ― 五訪瀘沽湖』団結出版社、2002年、49頁、拉木・嘎吐薩著『走進女児国 ― 摩梭母系文化実録』雲南美術出版社、1998年、78頁。
25）落水村でのインタビューより（2007年2月15日）。
26）拉木・嘎吐薩著『走進女児国 ― 摩梭母系文化実録』雲南美術出版社、1998年、78頁。
27）前掲『永寧納西族的母系制』、135-136頁。
28）ジョイ・ヘンドリー著、桑山敬己訳『社会人類学入門 ― 異民族の世界』法政大学出版局、

2004年、83頁。
29）落水村でのインタビューより（2007年2月13日）。
30）落水村でのラム・ガトゥサとのインタビューより（2006年8月20日）。
31）落水村でのインタビューより（2007年2月14日）。
32）費孝通著『郷土中国　生育制度』北京大学出版社、1998年、125頁。
33）前掲『結婚のない国を歩く — 中国西南のモソ人の母系社会』、39-43頁。
34）汝亨・龍布著『濾沽湖　摩梭人』中国民族撮影芸術出版社、2001年、23-24頁。
35）アノルト・ファン・ヘネップ著、綾部恒雄・綾部裕子訳『通過儀礼』弘文堂、1995年、54頁。
36）李達珠・李耕冬著『未解之謎：最後的母系部落』四川民族出版社、1999年、23頁。
37）例えば、ラム・ガトゥサはインタビュー（2006年8月19日）で「太陽を拝む儀式」や「満月酒の時」とするが、ルヘン・ロンプ（汝亨・龍布）はその著『濾沽湖　摩梭人』（中国民族撮影芸術出版社、2001年、29頁）で「3歳の時」に行うとしている。
38）泥鰌溝村でのインタビューより（2007年2月18日）。
39）前掲『濾沽湖　摩梭人』、30頁。
40）仏、菩薩、聖僧などの生まれ変わりと信じられている者。
41）前掲『走進女児国 — 摩梭母系文化実録』、77頁。
42）前掲『夢幻濾沽湖 — 最後一個母性王国之謎』、114頁。
43）命名の手順や方法に関して、モソ人の間でも一部の違いが見られる。前掲『未解之謎：最後的母系部落』（23-26頁）および『夢幻濾沽湖 — 最後一個母性王国之謎』（110-115頁）を参照。
44）前掲『走出女児国 — 一個摩梭女孩的闖蕩経歴和情愛故事』、15頁。
45）前掲『濾沽湖　摩梭人』、29頁。
46）落水村でのインタビューより（2007年2月15日）。
47）落水村でのインタビューより（2006年9月11日）。
48）自宅でのインタビューより（2005年3月2 2日）。
49）尼賽村でのインタビューより（2006年8月27日）。
50）落水村でのインタビューより（2006年9月13日）。
51）落水村でのインタビューより（2006年8月20日）。
52）前掲『濾沽湖　摩梭人』、29頁。
53）土地改革、文化大革命などの大規模な運動に際して、政策遂行・宣伝のため現地に派遣され、一定期間、現地の生産、行政等を指導するために組織されたチーム。
54）前掲『走進女児国 — 摩梭母系文化実録』、214頁。
55）永寧郷でのインタビューより（2006年8月31日）。
56）自宅でのインタビューより（2006年8月24日）。
57）寧浪でのインタビューより（2007年2月20日）。
58）落水村でのインタビューより（2007年2月13日）。

## 第3章 モソ人の成年儀礼
― 童から大人へ ―

　宗教史学者のエリアーデは、「近代世界の特色の1つ」として「深い意義を持つイニシエーション儀礼の消滅」を挙げた[1]。
　臨床心理学者の河合隼雄は「現代社会におけるイニシエーションの欠落は、社会的、教育的に大きな問題である」と見る。つまり、「未開社会」のように、ある個人が「根源的体験を持って大人に成ったことを自覚すること」が非常に困難になり、「永遠の少年」が増加したからである。河合からすれば、近年、度々新聞を賑わす不可解な「事件」は、儀式として昇華されない「失敗に終わったイニシエーション儀礼」に他ならない。「消えうせたはずのイニシエーションが近代人の無意識の中に生命をもち続け、ある個人にとって、ある成長段階において、その人にとってのイニシエーションを演出する」が、若者たちは「自ら個人のためのイニシエーションを演出するほどの力はなく、さりとて社会的制度としてのイニシエーションもない現状」において、「無意識のうちにそれを求めて右往左往」する。そして、このような自覚のないままに、根源的な体験を求めて行動しても、結局それは儀式として昇華されない「事件」へと落ち込んでしまうのである。それらの事件を、「失敗に終わったイニシエーション儀礼」としてみると理解できることが多いという[2]。
　イニシエーションの持つ潜在的意義を再発掘し、若者たちの無意識的な希求を、何とか高次のものへと発展せしめるための努力をすべきと主張するのは、臨床心理学者のみでない。例えば、教育学者の潮木は、イニシエーションの消滅とともに人間形成の過程から「成人への跳躍の契機」が消滅し、「その結果として生じたのが、永遠の未成年期であり、永遠の未成熟状況であり、更にはこの耐えがたい状況からの脱出の企てである」とした上で、その脱出方法として「たとえ

それが擬制的なものであれ聖なる神話を再興する以外に方法がない」と指摘する[3]。潮木のいう「聖なる神話」とは、前近代的教育形態としてのイニシエーションであることはいうまでもない。潮木によると、前近代的教育形態としてのイニシエーション（カリスマ的教育）が、近代の「官僚制的教育」によって完全に取って代わることは絶対にない。「カリスマ的教育」という教育類型は、すでに消滅してしまった過去のものでは到底なく、官僚制的教育が支配力をおさめたこの近代社会の中で、現に存在し、絶えず「再生の機会をうかがっている」という[4]。また、フォスター（Foster. S）とリッター（Litter. M）によって開発された「ビジョン・クエスト」（The Vision Quest）は、北米インディアンにおいて広く見られる、子どもに大人への成長を促す儀礼的習俗を、現代の青少年たちに「成長あるいは成熟のための適切な文脈」を提供するために再構築されたイニシエーション儀礼として注目される[5]。

## 1．モソ人の成人式の由来 ── なぜ13歳なのか ──

### 消え去る儀礼と復活する儀礼

　中国でも近年、成人式に関する議論が活発化している。それは、教育的見地から中国の古代に存在した「冠礼」や「笄礼」[6]を現代風にアレンジして活用しようという論議である[7]。学校現場に目を向けると、「冠礼」は1990年代に入ってから大都市を中心に18歳の青年を対象とした「宣誓式」などの形で継承されるものや、寧波（ニンポ）市の慈湖（ズフ）中学が孔子廟で行った成人式のように、冠や衣装も古代のそれを真似て「冠礼」の「復活」を印象づけるようなものが見られるなど、多様な様相を呈している[8]。「弱冠」でなく「18歳」で行うのは、法定上の成人年齢が18歳であることによる（『憲法』第34条）。政府も若者の公民意識と責任感の涵養、青少年教育のための社会全体の環境づくり等の立場から成人式の復活には前向きである[9]。また、1990年代以降、学問の分野において「冠礼」「笄礼」に関する研究が実際に増えていることも注目に値する[10]。

　青木保は、「時代の経過と社会の変化に応じて、儀礼は"復活"する」という[11]。前述した中国の大都市に見られる成人式の試みは、まさに、いったん歴史の舞台

から完全に姿を消した「冠礼」や「笄礼」の復活である。しかし、中国の少数民族に見られる成人式、つまり、子どもから成人への移行を社会的に認知する儀礼は、多くの場合、長い歴史を生き延びて今に至った通過儀礼の一種である。

成人と見なされる年齢、儀式を行う時期、そしてその内容と形式等はさまざまだが、西南地域に居住する少数民族の中に多く見られる風習である[12]。もちろん、なかにはその内容と形を大きく変えているものや、あるいは完全に形骸化してしまい、本来の姿を確認できないもの、あるいは観光開発の一環として「見せる儀式」に特化されたものも見られる。そうしたなかで、成人式を保護すべき民族の伝統として位置づけ、またその人間形成的役割に注目して儀式を見直そうとする動きが見られるようになってきたのである[13]。

### 犬と寿命を交換した人間

成人式は、中国語では「成人礼」「成年礼」「成人儀礼」「成年儀式」など、呼び方はさまざまである。「成丁礼」という場合もある。しかし、「丁」は成年男子を意味し、「成丁」は「成年の男子」あるいは「男子が成年になること」を表すことから、男子の成人式に限定して用いられる。モソ人の成人式を「成丁礼」と呼ぶ人も、モソ人を含めて少なくないが[14]、これは正しい呼称ではない。なぜなら、モソ人の成人式には女子を対象とするものもあるからである。

厳密にいうと、モソ語には成人式そのものを表す言葉は存在しない。モソ人の成人式は、性別によってその名称が異なるのである。例えば、男子の成人式は「ヒゲー」といい、「ズボンを穿く儀式」を意味し、女子の成人式は「タゲー」といい、「スカートを穿く儀式」を意味する。

札実村のナカ・ドゥマ（78歳）三姉妹は、「私たちが子どものころは、成人するまでは男の子も女の子も皆同じ服を着ていました」と口を揃えた[15]。男の子も女の子も一律にワンピースのような服装をして区別をつけなかったのである。違うのは髪の形だけだったという。男の

少女たちは、成人式を経てから民族衣装を着て、村の行事に参加することができるようになる

子が丸坊主が多く、女の子は1本のお下げを結い、珠串を飾ることで男女を区分したのである[16]。現在は、辺鄙な山奥の村でも男女を区別しない服装をした子どもに会うことはない。筆者の見る限り、そのような服装は、宋兆麟が1960年代の初期に現地で撮影した写真でしか確認できない[17]。

　モソ人は、13歳になって服装を変える。男の子は上着を着て、ズボンを穿き、女の子は上着を着てスカートを穿くが、これらは「ヒゲー」と「タゲー」と呼ばれる一連の儀式を伴う。少年はズボンを穿いて「男」に成り、少女はスカートを穿いて「女」と成る。子どもの服を脱ぎ、大人の服を着ることでもって、子ども時代との決別と大人への仲間入りが表現されるのである。子どもの服を脱ぐことは、エリアーデの表現を借りるならば、「加入礼的死」で、「文化的ならざる人間の終焉」を表し、大人の服を着ることは「新しい存在様式への過渡」となろう[18]。

　モソ人の成人式は、子どもが13歳を迎えた年の春節（旧正月）に、家族単位で行うのが一般的である。家族に、あるいは親族に、同じ年に13歳になる子どもが複数いる場合、あるいは13歳でなくても年齢が近い場合、同時に行うケースも見られる。年齢そのものに対しては必ずしも厳格でないようである。ラーバイ郷では9歳に行う場合もあるというし、永寧郷でもシャンヌン・ツアル君のように、12歳に成人式を行うケースも必ずしも珍しいことではない[19]。

　なぜ13歳に成人式を行うかについては、モソ人は決まって次の伝説を用いてその理由を説明する。

　遥か遠い昔、人間を含めて生き物の世界には寿命というものがなかったので、生き物はいつまでも生き延びることができた。そのため動物は増え続け、弱肉強食の事態を招いてしまった。それを見かねた神は、すべての動物に寿命を与えることを決め、それを授けるべく、大晦日の夜にそれぞれの動物を呼んだ。その夜、神が「1,000歳」と呼んだ時、一番先にそれに答えたのは鶴だった。そこで鶴は1,000年の寿命をもらった。次に神は「100歳」と呼び、雁がそれに応じた。そうして雁は100年の寿命をもらう。次に神が「60歳」と呼んだ時、それに応じた犬は60年の寿命をもらった。人間が深い眠りから目覚めたのは、神が「13歳」と呼んだ時だった。慌ててそれに答えた人間は13年という短い寿命を与えられることになったのである。13年の寿命は短すぎるとして、人間は神に寿命の延長を願い出たが、神はそれに応じなかった。しかし、他の動物と交渉して寿

命を交換することはできると、神は言った。そこで人間はすべての動物と寿命交換の交渉を試みたが、応じてくれたのは犬のみだった。ただし、人間が犬を大事にし、犬の生涯の面倒を見てくれることを交換条件とした。こうして人間の平均寿命は 60 年と長くなり、犬の寿命は 13 年と短くなった。それ以降、人間は 13 歳の時に成人式を行い、寿命の交換に応じてくれた犬に感謝するようになったという[20]。

成人式では「ブッチャ」と呼ばれる豚の干物（猪膘肉）と米袋の上に立って衣替えをする

　犬と寿命を交換して、60 年の長い寿命を得たモソ人は、犬を大事にし、「汚い言葉で罵ったり、暴力でいじめたりすることをしない」という[21]。成人式を行う前においしい食事を与えたり、式を終えた後また犬に感謝の言葉を掛けたりする場合もあるという。


## 2．記憶に残る唯一の通過儀礼

### 成人式の準備

　モソ人の三大通過儀礼の中でも、成人式は「満月酒」や葬式と違って、当事者が意志をもって参加し、しかも本人にとって唯一忘れがたい記憶として人生に刻まれる儀礼である。

　女の子にとって「タゲー」は、「生涯で最も神聖で、最も重要で、しかも最も厳かな儀式」であり、「女の子の成熟と重大な転換」を意味する儀式である[22]。

　成人式を迎える子どもを持つ家では、先祖から代々伝えられてきたネックレス、ブレスレット、イヤリングなどを整理して磨いておく。成人式は、春節の早朝に行われるが、成人式で穿くスカートやズボン、靴など、そして来客をもてなすためのお酒や肉類などは事前に準備して置かなければならない。モソ人の習慣では大晦日の夕方の 4 時から「年飯（ニェンファン）」を食べる。外はまだ日差しが眩しく明

るい。「年飯」とは、大晦日に一家団欒して食べるご馳走であるが、日本の年越し蕎麦にお節料理をプラスしたようなものである。「年飯」を食べる前に祖先に感謝し、神様に新年の加護を乞う儀式を行う。儀式はたいてい、家の長老の女性が仕切るが、筆者が訪れた家ではダブ（母系家族の女家長）が終始進行役を務めていた。儀式が終わるまではご馳走に

大晦日に、祖先に感謝し加護を乞う儀式を取り仕切るダブ（女家長）

お箸をつけず、皆、静かに見守る。この日は遠くに出稼ぎに行った若者も、都会に住んでいる人も皆、故郷の家に戻ってくる。

　翌日に成人式を控えている家は、食事を終え、新年のカウントダウンが始まるまで、家族の皆が囲炉裏の周りに集まって翌日の儀式のことについて最終確認を行う。また、子どもが幼かったころの思い出話に花を咲かせながら、子どもの成長を喜ぶ。少女は、囲炉裏の炎の光を受け、間もなくやってくる成人式に胸を膨らませながら、改めて家族の愛情が注がれた自分の成長過程を振り返る。少女は始終話題の中心人物となる。

　昔は、大晦日の夜になると、成人式を迎える少年少女が男女別に１カ所に集まって食事をした後、夜通しで歌ったり踊ったりして、翌朝に家に戻って成人式に参加したという[23]。しかし、このようなことは現在ではほとんど見当たらず、少なくとも筆者のインフォーマントからは確認することができなかった。札実村のナカ・ドゥマさん（78歳）は、成人式を行う１カ月前から母や舅舅にできるだけ外出を控えるよう言われ、自分はむしろ普段より行動を制限されていたという[24]。

　成人式は、かつては「モソ人の通過儀礼の中で最も重要な儀式」と位置づけられていた。１年前から一家を挙げてその準備に取り掛かるから、子どもは家族が自分のために靴を買ったり、衣装を作ったりするのをそばで見ており、自分が家の中で最も注目される人物であることを肌で感じる。母は、成人式の時にピアスを掛けることができるよう、事前に娘の耳たぶに穴を空けておく。ダスラツォさん（女、33歳）は、成人式は「幼い頃の最も印象に残る大きなでき事」だったと振り返る。「人生で最も注目された日々だったと思います。その年は自分が主

人公でした。1、2年前から成人式のために大人たちがいろいろ準備していることを知っていました。大人たちが資金のことを心配したり、式次第等のことで相談したりするのを聞いていましたから」[25]。

　成人式の進行役は事前にダバ（あるいはラマ）に占って決めてもらう。干支を「丑、巳、酉」「寅、午、戌」「申、辰、子」「亥、未、卯」の4グループにわけ、同じグループに属する者が「相性が良い」とされ、成人式の進行役を任される[26]。例えば、成人式を迎えた子どもが「丑」である場合、「丑、巳、酉」のいずれかに属する同性の大人のみが進行役になるのである。スカートを穿く儀式は女性、ズボンを穿く儀式は男性が進行役を務め、一部始終を仕切るのがルールであるが、たいてい、当事者の祖母や母親あるいは舅舅がその役を務める。ムル・チェラツォさん（女、39歳）は、長女の成人式で自分の手でスカートを穿かせてあげたかったが、ラマの占いで長女と相性が合わないと判断されたという。「仕方がないから、村人の中から相性のいい女性にお願いすることになりました。結局、村長の奥さんにお願いしました。次女の場合は、自分と相性が合っていると言われたので、履かせてあげることができました」[27]。

### 成人式を迎えた少女の夢
　海玉角村（35世帯、人口310人）は、永寧郷では平均的規模の村である。1軒の漢族の家を除けば、全員がモソ人であるが、その漢族の家も完全にモソ人化しているという。

　春節の自由市場は年末の買い物客で賑わい、各家では正門に春聯[28]を貼るなどお正月の準備で忙しい。葉っぱが落ちてカササギの巣が目立つポプラの並木と、所々に奇麗に咲いている梅の花が、季節の変わり目を感じさせる。

　友人の手配で海玉角村の2人の少女の成人式を見せてもらうことになった。モソ人の成人式は、普通、日の出と同時に始まるので、2つの成人式を見るためには、どちらかに儀式の開始時刻をずらしてもらわなくてはならない。結局、友人の調整で2軒目の成人式の開始時刻を1時間ほど遅らせていただくことになった。モソ人にとって特別な意味を持つ儀式だが、両家ともよそ者のわがままを気持ちよく受け入れてくれたのである。

　成人式の前日に、まず当事者に会って、家族構成、生活や学業の状況、間もな

く成人式を迎える心境などを聞かせてもらうことにした。ドゥマ・ラツォさん（以下「ドゥマ」）とゲール・ユンジョンさん（以下「ゲール」）である。2人は同じ小学校に通っている13歳だが、ドゥマは4年生、ゲールは5年生である。

ドゥマの一家は12人家族で、決して規模が大きい方ではないが、家族構成は複雑である。ドゥマの祖父（57歳）と祖母（56歳）は文化大革命（1966～1976年）の間、強制的に結婚させられた夫婦である。濾沽湖周辺のモソ人の村には、1960年代の末から1970年代の半ばにかけて、強制的に結婚させられたカップルが少なくない[29]。一方、ドゥマの母親（37歳）は結婚でなく走婚の形をとっているので、ドゥマは父親と同居していない。また、ドゥマには4人の舅舅がいるが、一番上の舅舅（32歳）と二番目の舅舅（29歳）は結婚して嫁を家に迎え入れている（三番目の舅舅は26歳でラマ教の僧侶、一番下の舅舅は23歳で独身）。つまり、ドゥマの一家は、祖父の代で一夫一婦制、母親の代で走婚と一夫一婦制が混在する、いわゆる「双系家族」である。

ドゥマは9歳の時から皿洗いをしたり、豚に餌をやったり、芝刈りをしたり、庭の掃除をしたりして家事を手伝った。2日後に控えた成人式について、ドゥマは言う。

「私たちモソ人は、みな成人式を経て大人になります。私はずっと前から成人式を待ち望んでいました。早く民族衣装を着たいです。兄は成人式を経てから、だいぶ大人になったような気がします。あまり悪戯をしなくなったし、家事の手伝いもするようになりました。馬の放牧をしたり、山に薪刈りに出かけたりして」。

両親はいずれも農民だが、自分の将来の夢は、小学校の教師になることだと言う。ドゥマは儀式の式次第など詳しいことはあまり知らない様子だった。だが、祖母が進行役を務めること、三番目の舅舅が僧侶だから、外からもう1人僧侶を招いて一緒に経を読んでもらうこと、式を終えてから父親の家を訪問して成人式の報告と新年のあいさつをすること、夜はクラスメートや村の友だちを招いてダンス・パーティーを行うことなどは、もう決まっていると言う。

一方、ゲールの家は、規模こそ小さいが、典型的な母系家族である。ゲールの祖母（75歳）は走婚で2人の子どもをもうけている。つまり、ゲールの舅舅（52歳）と母親（38歳）である。ゲールの母親も走婚なので、父親とは別居である。

第 3 章　モソ人の成年儀礼 ── 童から大人へ ──　51

　ゲールは三人姉妹の末っ子で上に 18 歳と 15 歳になる姉が 2 人いるが、いずれも母親の姓を受け継いでいる。舅舅は走婚なので「妻」を家に迎え入れていないし、その子どもたちは母親の姓を受け継ぎ、母親家の成員として母親と一緒に生活している。
　ゲールも成人式が待ち遠しいという。「成人式に穿くスカートをすでに買ってあることを知っています。きれいなスカートだから早く穿いて見たいです。姉が成人式で穿いているのを見て、自分も早く穿きたいなと思いました」。
　儀式の手順などはほとんど知らないから「祖母や母の指示通りに動けばいいと思います」というゲールだが、儀式を終えてから父親の家を訪問することだけははっきりと答える。「式を終えてから父の家に新年のあいさつに行きます。父は同じ村に住んでいるから私は普段もよく遊びに行っています。そこの弟 2 人がとても面白いから。当日、多分、母が連れて行ってくれると思います」。ゲールによると、父親はいつも家に来るが、今まで一緒に食事をしたことはないと言う。走婚する男は、夜遅くやって来て、朝早く帰ってしまうからだ。
　ゲールも将来学校の教師になることを夢見ている。
　初めは恥ずかしがっていた 2 人だが、時間が経つにつれて気持ちもほぐれ、学校のことや家族のことについて、聞かなかったことまで話してくれるようになった。最後に、翌日の成人式で会う約束をして 2 人と別れた。以下はその観察記録（2007 年 2 月 18 日）である。

## 3．少女が大人の仲間入りを果たした日

### ケース 1　　ドゥマの成人式
　朝 6 時、携帯電話の目覚ましベルが鳴る。
　今日は、「大年初一」（旧正月初日）、2 人の成人式を取材することになっている。外はまだ真っ暗だ。遠くから鶏の鳴き声が聞こえてくる。7 時に迎えのジープがやってきたので、定刻通りに出発した。ドゥマの家がある海玉角村に着いた頃には、獅子山の頂上にかかっていた雲の縁が赤く染まりかけていた。でもまだ暗い。

正門をくぐると、ドゥマの一家が笑顔で迎えてくれた。ドゥマとは前日にインタビューをしたことがあり、もう顔なじみである。はにかみながら「おはようございます」とあいさつする。かなり早くから起きていたのだろうか。皆、表情が明るく、テンションも高い。囲炉裏も勢いよく炎を上げていて、母屋は暖かい。

成人式で経を読むラマ僧（海玉角村）

自家製のスリマ酒が出され、お正月の食べ物を勧められた。ドゥマの祖母や祖父からは昔の成人式の話を聞く。昔の粗い麻布の服に比べると、今の子どもたちが成人式で着る服は豪華だという。今朝は、ドゥマの母親は普段着だが、祖母は民族衣装である。ということは、ドゥマにスカートを穿かせるのは母親でなく祖母であることが推測できる。

　成人式は、太陽の日差しが部屋に差し入った時に始まるというが、招いたラマがまだ来ていない。ドゥマの舅舅の1人はラマで、他から招いたもう1人のラマと一緒に経を読んでもらうことになっている。その舅舅も他の家に呼ばれて出たきりまだ帰ってきていない。成人式は、ラマやダバを招く場合と招かない場合とがある。ダバが少なくなってきた今ではラマを招くのが一般的だという。ドゥマの母親は、時間を気にして心配そうに何度も窓の外を眺める。その間、ドゥマの舅舅が「ブッチャ」と呼ばれる豚の干物（猪膘肉）[30]と米袋を女柱の傍に並べておいたりして、準備を進める。その間、ドゥマはもう1人の舅舅と外に出て、裏庭の隅に設けられた焼香塔で焼香する。日が昇って白い壁を眩しく照らす。

　中庭に戻ると、突然、2階の廊下から経を読む声が聞こえてきた。いつの間にか、2階の経堂の前で2人のラマが経を読み始めている。1人はドゥマの舅舅で、もう1人は筆者の顔見知りのラマで、昆明の仏学院に通っている大学生の僧侶である。目が合うと軽く会釈をし、経読みを続ける。3年前に成人式を済ませているドゥマの兄がチベット族の服装で正装し、ラマの傍に立って法螺貝を吹く。

　いよいよ儀式が始まる。スカートを穿く儀式（タゲー）は、囲炉裏と女柱の間の空間で行われる。ドゥマは、女柱の傍に置いた「ブッチャ」と米袋の上にそれぞれ右足と左足を置いて立った。「ブッチャ」と米袋などは、子どもの将来の豊

かな生活を表し、手に持つ物は女性の美しさと女性の仕事や役割を象徴する。民族衣装を着たドゥマの祖母が「子どもの服」を脱がし、「大人の服」を着せる。まずは鮮やかな赤色の上着である。これからの成長を考えて服は大きめのものが用意される。次にスカートだが、まず右足を入れて穿くのが習わしだという（男は左足から入れる）。

先祖代々伝わってきたブレスレットを着けてもらう

　新しい服は、事前に入り口に掛けておき、着せる前に数回敲いて厄払いをする。女性の服装は、少女にとっては初めての体験であるし、特に帯の結び方が難しいので、自分で着られるようになるには時間がかかるという。

　下着を着ているので、一部の本などに書かれてあるように裸を露出することはなかった。少女が皆、裸を露出することを「成人式の重要な内容の１つ」で、「モソ人の成人式の最も独特で精彩を放ち、感動する一幕」という人もいる。女性として成熟し、異性と交際するための条件が備わったことを知らせるためだという[31]。それを見て恥ずかしがることは、かえって不自然でよくないこととされる[32]。雲南省の永寧郷の場合は、このような習慣がないようで、実際に取材した２件の成人式ではそのようなプロセスはなかったし、周辺の村での調査でもそうした事例は見つからなかった。

　着替えが終わると、母親が登場して服装を整え、少女に鮮やかな髪飾りを着けてあげた。ドゥマの瞳はうれしさと未来への希望で輝いて見える。祖母と母親は、祝福の言葉を掛けながら、先祖から伝えられてきたネックレスやブレスレット、イヤリングなどを着けてあげる。この時、少女は一番嬉しそうな表情を見せていた。ピツォさん（男、29歳）によると、ラーバイ郷では少女にキーの束を渡す場合があるという[33]。将来、いずれ女家長として家計を支えていく自覚を促すのである。ダブが身に着けているキーの束は女家長の地位を示すシンボルだからだ。

　成人女性の衣装を着飾ったドゥマは、もう子どもではない。ドゥマは舅舅に案内されて２階の経堂に向かう。清潔に磨かれた銅器に立てられたロウソクに火

をつけ、床に額をつけて祈る。母屋に戻ると、今度は祖先に祈りを捧げる。この時、地域によっては、少女の首に羊の毛で編んだ紐を結んであげる場合もあるという。縁起の良いものとされるこの紐は、式が終了してから神棚に供える。少女の健康と長寿を願う意味と遊牧民であった祖先を忘れないようにするためともいわれる[34]。

式後に経堂でロウソクを点して祈りを捧げる

　ドゥマは、母親に案内されて祖先を祭る神棚にお祈りをしてから、祖父、祖母、舅舅という順であいさつをして回る。参加者は、新成人にお祝いの言葉を掛け、お年玉を渡す。この日のお年玉は普段のお正月より大きな額となる。地域によっては、来客からプレゼントを渡される場合もあるという。少女はそのプレゼント中のいくつかを選んで神棚に供え、正月15日以降にそれを身に着けたり、一生の宝物として大事に保管したりするという。

　式を終えてから、家族は囲炉裏の傍に集まって食事などするが、その時にダブは神棚にお酒を捧げ、「ジードゥ（家族）に新しい成員が加わったこと」を先祖に報告する。

　食後、新成人は母親あるいは家族の年長者とともに父親の家を訪問する。ドゥマの父親は同じ村に住んでいて、普段もよく遊びに行くという。「夜は、村の同級生や友だちを招いてジャツォ舞を踊ります。この衣装は少なくとも3日間は着ます」。ドゥマは前日のインタビューの時とは違い、やや興奮気味である。

　「お正月の朝、食事もせずにお帰りになるというのですか」といって、女主人は筆者の袖をつかんで放さない。でも、同じ村にあるゲールの成人式を取材する約束だったので、事情を説明して急いで家を出た。

## ケース2　ゲールの成人式

　2軒目の成人式は、開始時刻を1時間ほど遅らせてもらっている。遠くから僧侶が経を読む声と太鼓の音が聞こえてきた。ラマがすでに来ているのだ。中庭に入ると、母屋の縁側に臨時の祭壇が設けられ、その前に僧侶が座ってチベット語

第3章　モソ人の成年儀礼 ― 童から大人へ ―　55

で書かれた経を見ながら、一心不乱に経を読み、前日、インタビューしたことのあるゲールがその様子を見ている。今日の主人公だ。「おはよう」と恥ずかしそうに小さな声であいさつする。「うれしいか」と聞いたら、笑みを浮かべて「うん」とうなずく。

　すでに読経が始まっているから、式はじきに始まる。

「福は内！」と叫びながら、中庭を一周してから入室し、神棚に供え物をする

　僧侶は読経を止めて何か指示する。やや怒りっぽい性格の僧侶は、たまに皆に怒鳴りかけることもあった。「でも根は優しいですよ」と友人が笑いながら教えてくれた。なるほど、僧侶は式が終わって帰る時、もらった謝礼をゲールにお祝いとして渡していた。

　ゲールの舅舅をはじめ数人の大人たちは、僧侶の指示通り、祭壇から供え物を分けて持つ。それから法螺貝を吹く者を先頭に列を作って「福は内！」と叫びながら、中庭を一周して回る（ちなみに「鬼は外！」とは言わないという）。それから母屋に入って供え物を上炉のある神棚に陳列する。いよいよスカートを穿く儀式が始まるが、ドゥマの家とは違って、猪膘肉の上に米袋を重ねて置き、その上にゲールが立つ。この家でも祖母が進行役を務めた。

　式の流れはドゥマの家とほぼ一緒である。印象的だったのは、祖母が指輪をはめさせながら祈りの言葉を掛けるシーンだ。成人した孫娘を満足げに眺める老人の目は優しさと喜びに満ち溢れていた。祝福の言葉は、「健やかに育って大学に行けますように。大金を稼いで幸せになりますように」だった。どちらかといえば今流の祝辞である。普通、こうした祝福の言葉は決まった内容のものが多いらしい。例えば、八珠村のジュマ・ラムさん（女、42歳）は、母に言われたお祝いの言葉を全部覚えている。なぜなら、彼女は他人の成人式に出席したことがあ

衣替えをして家族の祝福を受けるゲールさん

るが、どこでも同じ内容の祝辞だったからだ。それはたいてい、「昇り始めた朝の日があなたを照らす。あなたは咲き始めた花のように美しい。これからどこへ行ってもみんなに好かれ、みんなに助けられるだろう。そして多くの子どもに恵まれるだろう」という内容のものだったという。

式後に父親の家を訪問して祖母に迎えられたゲールさん

ゲールの成人式で、ある40代の男性が気になった。ゲールが教えてくれた家族構成に含まれていない男である。彼は儀式の初めから終わりまで実に手際よく動き回った。初めは村人か親戚の誰かと思っていたが、式の終わりに確認したところ、なんとゲールの父親だという。父親は自分の家で成人式の報告と新年のあいさつに訪れる娘を待つものとばかり思っていたのでびっくりした。父親が式に出席しているから、父親訪問のプロセスは省かれるのかと聞いたら、祖母をはじめ親族のこともあるので、訪問は予定通りに行うという。彼女たちについて行くことになった。

ゲールの父親の家に着くと、祖母が満面の笑みを浮かべて迎えてくれた。民族衣装を着て見違えるほど美しくなった孫娘を眺める祖母の優しい表情が印象的だった。ゲールは祖母をはじめ、家中の年長者に額をついてあいさつする。あいさつされた人は祝いの言葉を掛け、お年玉を渡す。1日に親族の家を数軒訪ねる場合もあるという。

この日は、村の入り口に立つと、民族衣装を着飾った少年少女が大人に同伴されて三々五々歩くのを見ることができる。母に連れられて、父の家に成人式の報告と新年のあいさつに行く新成人の姿である。

夜は、同級生や村の友だちを招いてジャツォ舞を踊る。村に成人式を迎えた少年少女が複数いる場合には、村長が日程を調整して順番を決める。筆者は、達波村のドゥズ・ツアル君のジャツォ舞を見に行く約束だったが、実際に行ってみると翌日に振り分けられていたので、他の家で行われるダンス・パーティーを見に行くことになった。その家は、中庭にすでに焚火が勢いよく燃えていて、縁側には見物する村人が大勢集まっていた。成人式を迎えた少年が主役となって村の若

第3章　モソ人の成年儀礼 ― 童から大人へ ―　57

者とジャツォ舞を踊りながら焚火を中心にして回り、列の後部には4、5歳から7、8歳前後のちびっ子たちがそのまねをして一緒について行く。民族の芸能はこうして伝わっていくのである。

　母屋の囲炉裏の周りには、村人が集まってお酒を飲みながら談笑する。女主人は来客にお酒や肴を出したり、向日葵の種やリンゴを出したりして接待に忙しい。家全体が慶祝ムードで賑わう。それを見ると、やはり成人式はモソ人にとって人生の一大イベントであることが実感できる。成人式を迎えた少年少女のダンス・パーティーを集団で行わず、別々に行う理由がここにあろう。村に新成人が多いとダンスは何日も続くことになる。シャンヌン・ドゥマ（女、16歳）の場合、お正月が過ぎてから7日目に村人とクラスメートを招いてジャツォ舞を踊ったという。もちろん、ダンスの主役は自分が務め、パーティーは夜中11時30分まで続いた。夜通しで踊る場合もある[35]。

成人を祝うダンス・パーティーに出席した少年（達波村）

　男の子のための成人式 ―「ヒゲー」も基本的には「タゲー」と同様の手順で進められる。つまり、成人式のための準備活動、進行役の選定および式次第などには変わりはないのである。シャンヌン・ツアル君（男、15歳）の場合は、成人式は連続2日間続いた。1日目は、服を着替えてからあいさつ回りをし、翌日は村人とクラスメートを招いてパーティー、夜は自分が主役を務めてジャツォ舞を踊ったという[36]。

　男子の成人式は、舅舅が進行役を務める。舅舅がいない家族の場合には、ダバの占いで選定された男子が務めることになる。男の子は男柱の傍に並べられた「プッチャ」と米袋の上に立ち、左手に銀製品、右手に短刀を持つが、それらは生活の豊かさと男らしさを象徴するものである。短刀などは舅舅から授けられる。

ジャツォを踊る新成人と村の子どもたち

昔、一部の地域では、少年に長矛、弓、矢筒を与えていたようだが、現在はほとんどしなくなったという。
　モソ人は、長男あるいは長女の成人式と一番末っ子の成人式を特に盛大に行う。ザシ・ドゥマさん（女、75歳）によると、それは「その世代の初まりと終わりを象徴する」からだと言う[37]。
　昔は、成人式で「スプトゥ」という祝福の経が読まれることもあったようである。祝福の経は、人の道を教えてくれた先祖の功徳を称え、育ててくれた家族の長老に感謝の意を表すとともに、成人の日を迎えて「鋭い剣のように強くなった若者と輝く玉のように美しくなった娘」が、やがて「空に逞しく羽ばたき、大黒柱として家族を支える」ことを希望する内容等が含まれている[38]。ダバが歌うことが多かったようだが、ダバ自体が著しく減少した現在ではこうした祝福の経はほとんど読まれていないという。実際、筆者が参与観察した2つの成人式でも見られなかったし、その他のインタビュー調査でもそうした事例はなかったのである。

## 4．モソ人が語る成人式の意義

　儀礼は「誰かがそれを通過しつつあることを広く社会に知らしめるパブリシティの役割を果たす」だけでなく、「通過する本人の心理にも実存的な変化を与える」といわれる[39]。成人式は、「満月酒」や「命名式」、そして葬式とも異なって当事者の記憶に残る儀礼なので、本人の意識、特にその心理的変化が関心事となるが、それを測定することはたやすいことではない。ここでは、成人式を体験した若者の声を聞いてみることにしよう。
　ダスラツォさんはモソ人の成人式について次のように言う。「モソ人の成人式は、春節に服装を着替える儀式だけを取り上げられがちですが、実は長い過程です。儀式の前から多くのことが行われるからです。成人式に着るための服を作ったり、ラマを招いて占い進行役を務める者を決めたり、経を読んでもらったりして。成人式を迎える年の年中行事の焦点は成人式を迎える子どもに置かれます。自分が家族の皆から注目されている、重視されているということを実感

する毎日です。私は、大晦日の夜、明日、スカートを穿くことを考えると眠れませんでした。モソの子どもたちはみな同じ体験をしていると思います。成人式の到来を待ち望む。その時になって初めて民族衣装を着ることができるからです。子どもにはそれが許されません。成人式の後、自分の身に何か極端に大きな変化が起きたとは思いません。13歳といってもまだ子どもですから。ただ、何か悪戯をしたり、何かを間違えたりするとすぐ周りから"もう大人なのに"とか、"スカートを穿いたのに"などと言われました。大人としての振る舞いが求められたのです」[40]。

　ナジンラツォさん（女、12歳）は、数カ月前に成人式を繰り上げて行っている。「小さい頃から、成人式が一日でも早く来ますようにと待ち望んでいました。早くモソ人の服装を着てみたかったからです。モソ人は成人しないと民族衣装を着ることができませんから。成人式の後、自分が大きくなったと思えるようになりました。自分のことはできるだけ自分でするように努力し、できるだけお婆さんやお母さんに心配をかけないようにしています」[41]。

　ピマ・ラツォ（女、25歳）さんも成人式を待ち焦がれていた一人である。「私は、すでに私のために民族服装を買って置いているのを見ていたので余計に待ち望んでいました。成人式の後、自分が少し大きくなったような気がしました。大人になったので、自分がやりたいことをしても親が許してくれることもありました。それまでは許されなかったことを。周りの言い方も少し変わりました。"もう大人ね！"とか"まだ子どものように遊んでばかりでいいのか"という風に」[42]。「それまで許されなかったこととは？」と聞くと、「それは秘密！」と言ってスカーフで顔をかくした。

　成人式からまだ数カ月しか経っていないドゥマ・インルさん（女、13歳）は、大きな目を光らせながら成人式後の自分の変化について語る。「成人式の後、自分は変わりました。やはり以前より大人になったと思います。子どもの頃は何もしませんでしたが、今は毎日、家事などを手伝うことを心がけています。家族もまた村の人も"もう一人前ね"とほめてくれています。帯などあるから、民族衣装はまだ自分で着ることができませんが、祭りなどに民族衣装で出かけられるようにもなったし」[43]。「子どもの頃は何もしませんでした」と反省する13歳である。

　モソの子どもは幼いころから家事を手伝い、小学校中学年になると家ではもう

役に立つ存在である。小落水村に住む楊何軍君は、小さい頃から家事を手伝い、10歳の時に1人で放牧、12歳の時はご飯を炊いたりして家族のために食事の用意をすることもできていた。成人式を経てからの変化といえば、簡単に泣かなくなったことだという[44]。楊旭紛さん（15歳）の夢は、将来「良い医者」になって、村に病院をつくることだ。村に病院がないからお年寄りは医者に診てもらうことができないからだ。彼女は成人式でモソ人の民族衣装を着た時、初めて自分がモソ人であることを実感したという[45]。

ムワ・ツアルピンツォ（男、31歳）は、自分の成人式では「帽子から帯までは民族衣装で新品だったが、ズボンだけは普段のものだった」ことを覚えている。もちろん、儀式の過程は普通の成人式とまったく変わらなかった。特段、成人式が待ち遠しいことはなかったが、家の人が自分のために物を用意したりして、いろいろ忙しくしていることは知っていた。式後、自分に変化が起きたとは思えないが、家族に「大人なんだから」とか言って、はっぱを掛けられたことはよくあったという[46]。

モソ人が語る成人式にはいくつか注目したい点がある。

まず、成人式が単に衣替えの儀式だけでなく、長い過程として受け止められている点である。子どもにとって、成人式は春節の前にすでに始まっているのである。着替えをする儀式そのものは短時間で終了するが、それを準備する過程は長い。しかも、当事者は自分のために家族が準備していることを体感する。このことが重要な意味を持つように思われる。ほとんどのモソ人はその中でやがて自分が主人公となる成人式の到来と自分一人に集中する家族と周囲の視線を長期間にわたって実感し、味わうのである。永寧郷長の阮学武さん（男、39歳）は、自分の成人式について具体的なことはあまり覚えていないが、祖母が1年前から準備に取り掛かっていたことはよく覚えていた。当時、なかなか買えなかった皮靴を成人式のためにわざわざ人に頼んで麗江まで出かけて買ってきたからだ[47]。

次は、絶対多数の子どもたちが成人式を待ち望んでいることである。きれいな民族衣装を着ることができる、自分が主役でジャツォ舞が踊れる、お年玉を普通のお正月よりたくさんもらえるなど、理由はさまざまであるが、成人式は子どもたちにとって胸を膨らませながら待ち望む人生一度の大イベントである。大学で材料工学を専攻しているサウノ・ラツォさん（23歳）は、成人式の前夜、興奮し

て眠れなかったという[48]。泥鰍溝下村のナズォ・ズマさん（74歳）は、40年前に編んだという麻布の帯を見せながら「こんな粗い麻で作ったスカートを穿きましたが、本当に嬉しかったです。その日を待ち焦がれていました。式の前夜はなぜ夜が明けるのがこんなにも遅いのか、なぜ鶏が早く鳴いてくれないのかと思いました」と振り返る[49]。

リジャズィ村に泊まった時のことである。ノミのせいか、かゆくて一晩中眠れなかったため、夜が明けるとすぐ部屋を出た。村の入り口のところを流れる小川の向こう側は緩やかな草地の丘になっているが、そこにはすでに馬の放牧をする女の子が1人深い霧に包まれて立っていた。家のすぐ前に学校があるのに行ったことがないという12歳の少女は、驚くほどきれいな標準語をしゃべる。テレビを見て、たまに来るよその人と交流して覚えたという。彼女には今心待ちにしていることが2つある。1つは、出稼ぎに行ったお母さんが早く帰ってくることである。成人式に着る衣装を買ってくれる約束をしているからである。もう1つは自分の成人式が行われる春節の到来だ。「後、半年です」と、彼女の目は輝く。鞭の替わりに木の枝を持った彼女の手は、少女の手とは見えないほど荒れているが、整った顔は間もなく夢が叶う喜びを隠そうとはしなかった[50]。阮学武さんは、モソ人の子どもは7、8歳の時から「早く13歳になりたいな」「早くその日がやってきてほしい」と待ち望むという[51]。

成人式で初めて民族衣装を着ることで、自分がモソ人であることを実感する少年少女が多い。将来、ガイドになってモソ人の文化を観光客に紹介することを夢見るルル君も「成人式の時に民族衣装を着て自分がモソ人だと感じた」1人である[52]。

最後は、成人式を経てから大人としての振る舞いが要求されることである。1回の儀礼、しかも衣替えをもって表現する儀式が人間の意識に革命的な変化を起こすとは考えにくい。しかし、13歳を過ぎた子どもは、親から、大人からそして周囲から、今まであまり聞かなかったことを言われる。それは、「成人したのに子どもみたいに遊んでばかりでいい

民族衣装を着て女神を祭る「転山節」に参加した中学生

のか」「もう大人なんだから」などである。間違いなく、成人式を経た子どもたちが最もよく耳にする言葉である。大人としての振る舞いが求められるのである。「13歳なのにまだ世間知らず」という言い回しがこのことを物語る。成人式は、明らかに大人の殺し文句として用いられている。落水村のラグ・ソンヌン村長によると、モソ人は「13歳になっても成熟しない人を、5月になっても花ばかり咲いて実らない麦にたとえる」と言う[53]。

筆者は、現地でただ1人だけ自分の成人式を待ち望まなかったとする中年男性に出会った。43歳の男性はその理由を次のように説明する。「お正月だからいい服を買ってもらえるとか、成人式でお年玉がもらえるとか、特段美味しいご馳走が食べられるとか、そんなことが期待できる家計ではなかった。私にとってお正月は、かえってつらい時だった。成人式は13歳の時に行ったが、やはり予想した通り、普段着で済ませた。本当は、民族衣装に帽子、短刀、皮靴を身に着けるはずだったが…。本当に貧しかった」[54]。こういう彼だが、自分の2人の娘の成人式は盛大に行っており、カラーの記念写真まで撮っている。その写真を見せながら男は呟く。「服を着替えると大人に見えるよね」。長女は現在、ベトナム国境の近くにある大学に通っているという。

登校前に馬を牧場に連れて行くのが日課（リジャズイ村）

## 5.「大人に成る」ことと「人に成る」こと

大人の地位をもたらす「イニシエーションの諸儀礼のあからさまな関心事」は、「大人のセクシュアリティであり、儀礼を行う者たちが抱いている、人間の生殖に関する特定の考え方を示唆」しているといわれる[55]。モソ人の少年少女は、成人式を経て「男」に成り「女」に成る。少女は、2階に単独の部屋を与えられ、母や家族とは別に寝るようになる。恋人をつくり、迎え入れることができるように配慮しているのである。男子もまた、彼女をつくることができる。女性が初潮

を迎える 13 歳を成人のスタートラインとする慣習は、多くの民族に見られる現象である。しかし、ヘネップも指摘しているように、男子にとっても女子にとっても、「生理的成熟の時期の決定は非常に困難」である。成熟期の到来を告げるものとされる女子の胸のふくらみ、骨盤の発達、恥毛の出現、初潮、男子のあごひげなどは「民族差、個人差が大きい」からである。生理的成熟期と社会的成熟期とは「本質的に異なるもの」であり、両者が「合致することはまれにしかない」とみるヘネップは、「生理的成熟期と社会的成熟期とを区別するのが適当」であると主張し、割礼などの儀礼の背後にあるのは「生理的意義でなく、社会的意義」であると指摘する[56]。J. S. ラ・フォンテインも、「普遍的に通用する"自然な"大人という定義は存在せず、あるのは社会的定義だけである」とみる[57]。

　モソ人の成人式は、ラーバイ郷などの一部の地域では 13 歳でなく、9 歳や 11 歳で行うケースも見られた。「大人」とはやはり社会学的概念である。13 歳で成人したとしても異性と交際することは現実には極めて稀である。ムル・チェラツォさんは、19 歳で第 1 子を出産しているが、村の同年齢の男たちに「子どもが子どもを産んだ」とからかわれ、恥ずかしくて外に出ることもできなかったと言う。よっぽど恥ずかしかったのか、そのことをインタビューの中で何回も繰り返していた[58]。ジュマ・ラムさんは、自分は成人式後にすぐ自分の部屋を持つようになったが、村にはそれができない家もあった。彼女の母親もすぐには自分の部屋が持てなかったという。78 歳になるナカ・ドゥマさんは、成人式後に家族と一緒に寝ることはしなかったが、自分の部屋を持つようになったのは確か 18 歳を過ぎたころだと振り返った。もちろん、彼女たちが言う「自分の部屋」とは夜、恋人を迎え入れるために家族が用意してくれる部屋のことである。

　モソ人は、成人式を経ていない子どもを「人」と見なさない。その理由はまだ「魂」ができていないからだ。モソ人と同一の民族的ルーツを持つナシ族においても「13 歳未満の者は霊魂を持たない」と考えられている[59]。だから、未成年で死亡した場合、通常のような葬送儀礼もなければ、先祖を同じくする共同墓地に遺骨を入れるようなこともしない[60]。モソ人の最大の通過儀礼である葬儀は、「正常死」と「異常死」（凶死）とを厳格に区分する。「異常死」とは他殺死、自殺死、客死、伝染病の感染死などを指すが、「未成年者の死」もそれに含まれる。この場合、まず土葬し、死体が腐乱した後、再度火葬に付するが、遺骨を拾って

共同墓地に埋葬するようなことはしない。

　モソ人の子どもは、成人式を経て初めて「人」と成り、初めて家族の正式メンバーとして認められる。このことは、成人式を終えて、ダブが先祖に「ジードゥ（家族）に新しい成員が加わった」ことを報告することからも明らかである。こうした意味からモソ人の成人式は、「魂を与え、人に成す」儀式ともいえる。

　子どもが成人式を迎える日は、大人にとっては子どもを「人に成す」責任を果たした時でもある。達祖村では、「高齢の祖母が健在である間に孫の成人式を行い安心させたかった」という理由で、9歳の子どものために成人式を繰り上げて行った事例を聞いた[61]。この村には自称ナシ族の人たちが住んでいるが、家庭に入ってみると生活習慣や民族衣装はモソ人とまったく変わらない。モソ語には「スカートを穿けば、まず一安心」という言い方があるという[62]。子どもが無事に成人式を迎えられることは、家族にとっては祝賀すべき一大慶事なのである。阮学武さんはこう説明する。「成人式を迎えることは、個人にとっても家族にとっても一つの幸運です。無事に育ったから。恐らく昔、医療水準が低く、伝染病やその他の疾病で生存が難しかったことが背景にあるのでしょう。昔は、13歳の前に挫折してしまうケースが多かったようです。だから13歳を迎えることは家族にとってもお祝いすべきことなのです」[63]。こう考えると、9歳の時に繰り上げて成人式を行うことで臨終の長老を安心させることも理解できる。

　ムル・チェラツォさんによると、村のお年寄りはよく「スカートを穿くと、成熟が速い」と言っていたという[64]。成人式は子どもが大人になることを促す契機なのである。

　男子と女子が一緒に成人式を行うことも注目に値する現象である。通常、成熟儀礼は「性的区別を劇的に表現」し、「両性の間の分離を強調」するように構成されるので、少年と少女が同時にイニシエーションを受けることは稀なこととされる[65]。しかし、モソ人の成人式では両性分離が課題となることはない。少年少女は衣替えを通して「無性の世界」から「有性の世界」に入るが、その儀式で男女を隔離することはない。ダスラツォさんの成人式は従弟と一緒だった。それぞれ女柱と男柱の傍に立ち、互いに自分の衣装を自慢し合ったという[66]。従弟は、伯母の子どもで彼女より数カ月ばかり年下だった。落水村でも3人のいとこの兄妹が同時に成人式を行った事例がある。当事者との相性の関係で、それぞれ

に違う進行役がついていたが、儀式は完全に同時進行だったという。そこには当事者に対する性別隔離の考え方が存在しないし、儀式に居合わせる参列者の性別が問題になることもない。

## 6．試練型の成人式と祝賀型の成人式

　ファン・ヘネップによると、諸民族のさまざまな儀礼は一見混沌と見えるが、ほとんどの場合、年齢、身分、状態、場所などの変化、移行に伴って、これまでの位置からの「分離」、中間の境界に位置する「過渡」、そして新しい位置への「統合」を表す儀礼として観察されるという。すなわち、「分離」「過渡」「統合」はすべての民族と文化に見られる「通過儀礼の図式」なのである[67]。「イニシエーション的試練」を課す成人式は、たいていヘネップのいう「分離」と「過渡」の儀礼に長い時間をかけるといわれる。例えば、イェンゼンが描いた肉体的苦痛と精神的恐怖など「劇的構造」を持った成人式や[68]、ホワイティングが挙げた「厳しいしごき、女性からの分離、男らしさの試練、性器損傷」[69]を特徴とする成人式などがそれである。

　男子に課す試練型の成人式は、女性からの分離、特に母親からの分離を促すための劇的構造を持つ場合が多い。加藤泰によると、メルの成人式では少年たちの「女性的なるもの、母なるもの」は殺され、キリモという怪物に呑みこまれるという。その儀式では母を煮込んで料理するようなことを内容とした歌が歌われる。少年たちは「性的な存在として、母と女性の領域から引き離され、父と男性の領域に移行しなければならない」のである[70]。

　家族単位で行われ、祖母、母親、舅舅など家族や親族の成員によって挙行されるモソ人の成人式は、明らかに上記の成人式と性格を異にしており、ヘネップのいう「分離」「過渡」がそれほど明確な形では表現されない。特に、男の成人式の場合でも母親が重要な役割を果たし、母親からの分離などが課題とされることはない。そこでは家族への帰属意識が助長され、家族への統合、家族のニーズが優先されるのである。この「家族単位」が、モソ人の成人式の内容と形式を特徴づけているといってよい。つまり、肉体の苦痛と精神的恐怖等を課す試練型の儀

式でなく、子どもの成長を家族で喜ぶ祝賀型の儀式なのである。

モソ人は、伝統的には「一人前」の基準を儀式でなく仕事に求めていた。

落水村長のラグ・ソンヌンさんは、次のように言う。「昔は、成人式を迎える年に、毎日、薪を刈ってきては高さ2m、幅2mにきれいに積んでおいたものだ。村中の人に自分がすでに一人前になったことを示すためだった。村人から『もう一人前だね』と言われて初めて大人を自覚する。きれいな服を着る前にね」。

豊かになった落水村では子どもたちがあまり家事を手伝わなくなったことや、成人式を迎える子どもたちが薪刈などで自分の成長を示そうとする意識も薄くなったことを村長は嘆く[71]。モソ人の中高年の中には、自分たちの成人は、式そのものより薪刈などの労働が評価されたという人が多い。県の副検察長を務める30代のプミ族の青年は、自分が成人した証しは、成人式を迎えた年に、豚の餌となる草の刈り入れが一人前にできていたことで、少なくとも当時は皆、そのように考えていたという[72]。かつて日本でも、たとえば田を一反鋤くとか、米を一石搗くことなどといった「一人前の仕事の標準」というのがあって、「夫役や村内での労働交換、生産労働評価の基準」として利用されていたという[73]。現在の落水村では、その一人前の労働が話題に上ることはほとんどない。

モソ人の居住地域にはまだ貧しい所が多く残っているが、生活水準は確実に向上しつつある。今日、生活環境の変化に伴い、モソ人の成人式にも変化が見られるようになってきた。写真一つをとってみても、変化は顕著である。30代のモソ人はほとんど自分の成人式の写真を持っていないが、10代になると記念写真を撮ったり、ビデオ撮影をしたりするケースが増えている。子どもの成人式に寄せる思いにも変化が見られるという。その変化は、ダスラツォさんの次のような叙述からも読み取れる。

「今の子どもたちは、みんなの注目を集めることや、お年玉がたくさんもらえることが目的のようです。私の時はお年玉より、家族の皆からプレゼントをたくさんもらいました。ネックレス、髪飾りの花、銀の飾り物など。私は当日、祖母からの玉石（祖母が着けていたもの）、妹からはプラスチックの輪、姉からは鉄でできた輪などいっぱいもらいました。また、いろんな指輪と花などももらいました。ほとんど手作りでしたが、うれしいプレゼントでした。しかし、今はお年玉が100元、数百元です。普段の春節にはお年玉はそれほど多くないが、成人

式になるとどうしても大きな金額となります。子どもたちがそう求めているからではなく、大人たちが進んで与えるのです。出稼ぎから帰ってきた家族や親戚が自分の気持ちを表すために何をすればよいか分からず、簡単にお金を与えてしまうケースが多いです。子どもが求めるものなら何でも買ってあげたりして。子どもたちが変わってしまいます。子どもたちがお金を重視するようになるのです。

「成人式はモソ人の良い伝統」と語る三姉妹

　長男（12歳）の成人式は、1番上の姉の娘と2番目の姉の息子がみな13歳でしたから、3人一緒に行う予定でした。子どもも初めは納得し、そのつもりでいました。ところが、ある日突然『一緒じゃいや！』と言うのです。その理由を聞いても笑うだけで答えようとしません。私は、子どもに『どうしてもその理由を聞かない訳にはいかない。なぜ一緒じゃ嫌なの？』と強く言ったら、子どもは『母さん、3人一緒だったら、お年玉を3人で分けることになるでしょう。1人だったら、もらったお年玉は全部ぼくのものになる。後でお母さんが少し足してくれれば、パソコンが買えるじゃないか』と言うのです。ここまで計算します。今の子どもは」[74]。

　儀礼にも「発生から成長そして衰退と死」があるという[75]。儀礼は必要に応じて生まれ、「集団の統合や価値の持続、知識の貯蔵庫」として役割を果たすが、それは決して永続的なものでない。「時代とともに儀礼は装飾され、あるいは補飾物を削られ、より精巧にまた魅惑的につくり上げられていく」のである。成人式の変化を嘆く人でも、成人式の存在意義を否定する者は一人もいなかった。尼賽村のヤツアルさん（女、56歳）の言葉を借りると、「誕生日を祝う習慣もなく、また結婚式も行わないモソ人にとって、成人式は一番重要な儀式だったし、今後もなくなることは考えられない」のである[76]。札実村に住む70代の三姉妹は「成人式はモソ人の良い伝統だから、文化大革命のようなよほどのことがない限り、なくなることはないでしょう」と言った。

　モソ人の成人式は、母系社会を取り巻く環境の変化やニーズの変化にどう対応していくのか、未曾有の社会変動の中でその動向が注目される。

【注】

1) M.エリアーデ著、堀一郎訳『生と再生 — イニシエーションの宗教的意義』東京大学出版会、1998年、3頁。
2) 河合隼雄著『母性社会日本の病理』講談社、1997年、42頁。
3) 潮木守一「教育変動」麻生誠編『社会学講座　第10巻　教育社会学』東京大学出版会、1974年、200頁。
4) 同上、198頁。
5) Foster. S. & Litter. M. 1997' The Vision Quest: Passing from Childhood to Adulthood', In L. C. Mahdi, S. Foster & M. litter (Eds), Betwixt & Between: Patterns of Masculine and Feminine Initiation, 1997(1998), pp.79-110. Open Court Publishing Company
6)「冠礼」とは、20歳の男性の加冠の儀式、「笄礼」とは15歳の少女が笄を頭髪に戴く儀式。「笄冠」といえば、成年に達したことを意味する言葉。
7) 戴厐海「略論中国古代冠礼的教育功能」『鄭州大学学報』（哲学社会科学版）2005年、第2期、26頁。施克燦「学校教育与社会教育的契合点 — 試論18歳"成人礼"教育的必要性」『高等師範教育研究』1996年、第4期、28-30頁。
8)『人民日報』（海外版）2007年4月16日。
9)『光明日報』1995年9月30日。
10) 1990年代の後半から発表された成人式に関する論文については以下を参照。王健生「成年礼」『人口戦線』1995年、第3期、43-44頁。王思魯・王垂基「古代的成人儀式 — 冠礼」『文史雑誌』1996年、第2期、51頁。鐘年「成長的界標 — 中華民族的成年礼」『尋根』1997年、第4期、34-36頁。曹小兵「古今"成人礼"漫談」『蘭州学刊』1999年、第6期、36頁。李娟「成人礼文化伝承及変遷探析」『阜陽師範学院学報』（社科版）2005年、第3期、93-95頁。
11) 青木保著『儀礼の象徴性』岩波書店、1998年、307頁。
12) 例えば、チベット族、ミャオ族、ウイグル族、ヤオ族、イ族、ハニ族、ナシ族、プラン族、ペー族、トゥルン族、プミ族、リス族、キノー族、ドゥアン族、ユーグ族、トゥチャ族は、成人式を行う習慣を持つ民族とされるが、西南地域の民族が多い。
13) 他の少数民族の成人式に関しては以下を参照。金少萍「雲南少数民族女子成年礼探微」『思想戦線』（雲南大学人文社会科学学報）1999年、第2期、105-108頁。道捷「少数民族成年礼在固体社会化中的作用」『中国社会工作』1996年、第2期、44-45頁。何光華「彝族走向成熟的成年礼」『山区開発』1996年、第5期、67頁。周興茂「土家族的四大礼儀及其人文価値」『重慶三峡学院学報』2003年、第5期、5-9頁。肖挙梅「丹巴県嘉絨蔵族的人生礼儀及択偶習俗」『西南民族大学学報』（人文社科版）2003年、第11期、23-25頁。高啓安「裕固族的幾種儀礼及其賛辞」『社科縦横』1991年、第5期、55-58頁。柏天明「浅述瑶族男性成人礼儀式的基本程序」『文山師範高等専科学校学報』2004年、第3期、205-206頁。林継富「人生転折的臨界点 — 母題数字"十三"与蔵族成年礼」『青海民族研究』2004年、第1期、20-24頁。趙心愚「納西族的成人礼」『中国民族』2001年、第11期、54-55頁。
14) 例えば、李達珠・李耕冬著『未解之謎：最後的母系部落』（四川民族出版社、1999年、28頁）、汝亨・龍布著『瀘沽湖　摩梭人』（中国民族撮影芸術出版社、2001年、24頁）、楊二車娜姆、

李威海著『走出女児国 ── 一個摩梭女孩的闖蕩経歴和情愛故事』(中国社会出版社、1997年、46頁)、王廷珍著『モソ人風情画』(天馬図書有限公司、2003年、85頁)、丁鳳来著『神秘的女児国』(中国社会出版社、2002年、129頁)では、「成丁礼」という用語が用いられている。
15) 札実村で行ったナカドゥマ (78歳)、ザシドゥマ (75歳)、ソンナドゥマ (62歳) 三姉妹に対するインタビューより (2008年10月10日)。
16) 厳汝嫻、宋兆麟著『永寧納西族的母系制』雲南人民出版社、1983年、142頁。
17) 宋兆麟著『走婚的人们 ── 五訪濾沽湖』団結出版社、2002年、18頁。
18) J.S. ラ・フォンテイン著、綾部真雄訳『イニシエーション ── 儀礼的"越境"をめぐる通文化的研究』弘文堂、2006年、268頁。
19) 永寧中学でのインタビューより (2005年3月23日)。
20) この伝説は、モソ人の書いた多くの書物の中で取り上げられている。例えば、拉木・嘎吐薩著『夢幻濾沽湖 ── 最後一個母性王国之謎』(雲南美術出版社、1996年、96-97頁)、楊二車娜姆著『我的女児国』(長安出版社、2003年、46-47頁)、和紹全著『女神之恋』(雲南人民出版社、2001年、40-41頁)、前掲『濾沽湖 摩梭人』(26頁)、前掲『未解之謎:最後的母系部落』(30-31頁) などである。
21) 前掲『濾沽湖 摩梭人』、26頁。
22) 前掲『走出女児国 ── 一個摩梭女孩的闖蕩経歴和情愛故事』、46頁。
23) Shih, Chuan Kang. The Yongning Moso: Sexual Union, Household Organization, Gender and Ethnicity in Matrilineal Duolocal Society in Southwest China, Phd, 1993, Stanford University, p.190.
24) 札実村でのインタビューより (2009年9月2日)。
25) 永寧郷でのインタビューより (2006年9月3日)。
26) 前掲『未解之謎:最後的母系部落』(28-29頁および雲南省編輯組『永寧納西族社会及母系制調査 ── 寧浪県納西族家庭婚姻調査之三』(雲南人民出版社、1986年、110頁) を参照。
27) 落水村でのインタビューより (2007年2月14日)。
28) 新年を迎えるにあたり、門や入口の戸に貼るめでたい対句を書いた対聯。
29) 拙著『結婚のない国を歩く ── 中国西南のモソ人の母系社会』大学教育出版、2011年、75-78頁。
30) 除毛した豚の腹を割き、内臓を取り出した後、塩などを多分に入れて縫い合わせて乾燥させたもの。冠婚葬祭などの儀礼食として多用されるが、ダバやラマへの返礼や、客の接待、野外での食事などの時にも使用される。
31) 前掲『走出女児国 ── 一個摩梭女孩的闖蕩経歴和情愛故事』、48頁。
32) 王廷珍著『モソ人風情画』天馬図書有限公司、2003年、89頁。
33) 泥鰌溝村でのインタビュー (2009年9月3日)。
34) 前掲『永寧納西族的母系制』、145頁。
35) 永寧中学でのインタビューより (2005年3月23日)。
36) 永寧中学でのインタビューより (2005年3月23日)。
37) 札実村でのインタビューより (2008年10月10日)。

38) 拉木・嘎吐薩主編『摩梭達巴文化』雲南民族出版社、1999年、3-9頁。
39) 前掲『イニシエーション ── 儀礼的"越境"をめぐる通文化的研究』、260頁。
40) 永寧郷でのインタビューより（2006年9月3日）。
41) 尼賽村でのインタビューより（2006年8月27日）。
42) 落水村民族博物館でのインタビューより（2006年9月4日）。
43) 独家村でのインタビューより（2006年8月27日）。
44) 竹地村でのインタビューより（2006年8月27日）。
45) 小落水村でのインタビューより（2006年8月25日）。
46) 永寧郷でのインタビューより（2006年9月6日）。
47) 永寧郷でのインタビューより（2006年8月23日）。
48) 落水村でのインタビューより（2007年2月14日）。
49) 泥鰍溝下村でのインタビューより（2007年2月18日）。
50) リジャズイ村でのインタビュー（2006年9月2日）。
51) 永寧郷でのインタビューより（2006年8月23日）。
52) 竹地村でのインタビューより（2006年8月27日）。
53) 落水村でのインタビューより（2007年2月13日）。
54) 永寧郷でのインタビューより（2007年9月8日）。
55) 前掲『イニシエーション ── 儀礼的"越境"をめぐる通文化的研究』、151頁。
56) 前掲『通過儀礼』、57-62頁。
57) 前掲『イニシエーション ── 儀礼的"越境"をめぐる通文化的研究』、144頁および250頁。
58) 落水村でのインタビューより（2007年2月14日）。
59) 木麗春著『東巴文字揭秘』雲南人民出版社、1995年、165頁。
60) 前掲『永寧納西族的母系制』、184頁。
61) 達祖村でのインタビューより（2005年3月26日）。
62) ゲディ・イスとのインタビューより（2005年3月23日）。
63) 永寧郷でのインタビューより（2006年8月23日）。
64) 落水村でのインタビューより（2007年2月14日）。
65) 前掲『イニシエーション ── 儀礼的"越境"をめぐる通文化的研究』、156頁。
66) 永寧郷でのインタビューより（2006年9月3日）。
67) アノルト・ファン・ヘネップ著、綾部恒雄・綾部裕子訳『通過儀礼』弘文堂、1995年、165頁。
68) 前掲『生と再生 ── イニシエーションの宗教的意義』、68-83頁およびAD. E. イェンゼン著、大林太郎・牛島厳・樋口大介訳『殺された女神』（人類学ゼミナール2）弘文堂、1981年を参照。
69) Whiting, John W.M., Richard Kluchohn, and Albert Anthony. "The function of male initiation ceremonies at puberty." In Eleanor E. Maccoby, et al., eds., Readings in social psychology, New York: Holt, Rinehart and Winston, 1958, pp.359-370.
70) 加藤泰著『文化の創造力 ── 人類学的理解のしかた』東海大学出版会、2002年、143頁。
71) 落水村でのインタビューより（2007年2月13日）。

72) 落水村でのインタビューより（2005年3月28日）。
73) 綾部恒雄編著『新編　人間の一生 — 文化人類学の視点』アカデミア出版会、1985年、167-168頁。
74) 永寧郷でのインタビューより（2006年9月3日）。
75) 青木保著『儀礼の象徴性』岩波書店、1998年、306頁。
76) 尼賽村でのインタビューより（2008年10月13日）。

## 第4章 モソ人の葬送儀礼
── 先祖の地に帰る日 ──

　生は死を背景に透視されるという。

　人生を評価する際の「最も重要な文化的価値」を浮き彫りにするのは死であり、死を通して「社会や文化の根源的な問題」が浮かび上がるという[1]。偶然に観察の機会を得たモソ人の葬送儀礼は、まさに「霊魂不滅」「輪廻転生」「祖先崇拝」「自然崇拝」など、モソ人の核心的な価値観や世界観が最も象徴的な形で織り込まれた儀式だったし、モソ人が守ってきた民族の伝統と共同体の秩序を次の世代に伝える装置であった。

　「往生」は死ぬことではなく、「往って生きること」だという[2]。P. メトカーフは、死は「1つの過渡」であり、「生と関係している」と見た。死は「長期に点在する過渡の連鎖の一番最後のものに過ぎない。死の瞬間は来世と結び付いているだけでなく、生きること、歳をとること、子孫を産むことといった諸々の過程とも結び付いている」というのである[3]。こうした意味からすると、人生は生で始まり、死で終わるのではない。妊娠祈願や葬儀およびそれに続く祭祀が示すように、人の一生は生まれる前に始まり、死後もまた続くのである。モソ人は、死は人生の終わりでなく新しい生の始まりと考える。また、男は9回、女は7回生まれ変わると信じられている。死後、魂は先祖の地に戻り、のちにまた人間の世界に生まれ変わるのである。

　モソ人の葬送儀礼の全過程にこうした生死観や宇宙観が投影される。さらに、それだけでなく、もっと重要なこととして、それらの生死観や宇宙観が儀式を通して生きている人びとの間で確認され、次の世代に伝わっていくのである。この場合、葬送儀礼は死者のための儀式でなく、生きている人たちのための儀式となる。つまり、葬儀は、民族や共同体が自らの価値観や伝統を確認し、それを次の

第4章　モソ人の葬送儀礼―先祖の地に帰る日―　73

世代に伝承する装置として機能するのである。


## 1．葬式のある村

### 葬儀は村のこと

　「山の祭り」（旧暦7月25日）を過ぎると、永寧盆地も秋の気配が濃くなる。祭りの全過程を取材し、数軒の家庭訪問を終えると、暦はすでに9月に移っていた。獅子山の麓の盆地に広がる稲田は黄金色に染まりかけ、湖のほとりの畑にはイモ掘りをする人びとの姿がところどころ見える。

永寧におけるラマ教の本山―札美寺の全貌

　9月に入っても雨の日が多い。永寧を離れたあの日も黒い雲が山の頂上に重くのしかかっていた。午前中は小学校の生徒を対象に成人式に関する聞き取り調査、午後は尼賽村で家庭訪問、夜は落水村の友人たちが設けてくれる送別会に出席し、翌日帰途に着く予定だった。

　車が竹地村の近くを通りかかった時、突然、「ドン、ドン、ドン…」と重く割れるような銃声が3発鳴った。「何でしょうか」と聞いたら、「誰か死んだのでしょう。この村で。多分、葬式を知らせる銃声ですよ」と運転手は言った。「そうなんです」と隣の中年の女性が言った。忠実村の近くで手を上げて車に乗り込んだ笑顔の素敵な女性である。「この村で葬式があって、今その手伝いに行くところです」と女性は言う。女性は車を降りて軽く会釈をして立ち去った。

　K校に着いて、数人の生徒と会って各自が経験した成人式について話を聞かせてもらったが、竹地村に住む女子生徒から「昼食をわが家で食べませんか」と誘われた。「どうして？」と聞いたら、「今日、葬式ですから。でもわが家ではなく、××家の人が亡くなりました」と言う。「人の葬式なのにどうして食事に誘うのだろうか」と不思議に思いつつ、職員室に戻り、校長先生にそのわけを聞いた。私がまだ言い終わらないうちに、隣にいた青年教師が「私もクラスの中の数

人の生徒から誘われました」と言う。辺境少数民族の教育支援のためボランティアとして都会からやってきた大学生で、生徒に人気のある若者である。「モソ人は、葬式の時、村に来たお客さんを食事に誘う習慣があります。葬式を村のことだと考えているからです」と漢族の校長先生は教えてくれた。

午後、訪問した尼賽村の家の女主人も竹地村に泊まりがけで葬儀の手伝いに行っていて留守だった。モソ人は村に死者が出ると、親族のみならず、村を挙げて手伝うのが習わしである。たいてい、いくつかの村が一単位となって、各家から1人ずつお手伝いを出す形をとる。モソ人にとって、「葬儀は村のこと」だという。著名なダバとして知られる四川省前所のダファ・ルゾさんの言葉である[4]。モソ人の葬儀は、親族の絆と村共同体の連帯感を強化する機会である。と同時に民族のルーツを確認し、若者に民族の伝統を伝え、民族的アイデンティティを確立する機会でもある。また、葬式は土着の宗教であるダバ教と外来の宗教であるチベット仏教が共演と攻防を繰り返す舞台でもある。

### 人生最大の通過儀礼

葬式はモソ人にとって最も重要な通過儀礼である。親族全員が集合し、近隣の村が総動員して行う葬式には莫大な費用と労力が投入される。

J. F. ロックが歴史・地理学的立場から書いた『中国西南古納西王国』には、麗江のナシ族に関する膨大な民族誌的記述が含まれている。その中で、「永寧地域の歴史と地理」(第7章)について言及した部分は58頁にも及んでいるが、なぜか、モソ人の葬送儀礼に関してはほとんど触れていない[5]。しかし、その後のモソ人に関する研究では、葬送儀礼は常に重要なウェイトを占めてきた。モソ人自らによる記録を含めて、ほとんどの研究において葬送儀礼は単独で章を設けて論じられている。

周汝誠の『永寧見聞録』(1950年)では、モソ人の葬送儀礼に関する記述が婚姻制度に関する記述の量を遥かに超えている[6]。この古文調の報告書は、文字数は少ないが、恐らく建国後、モソ人の葬儀に関する最初の記述といえよう。その後、厳汝嫻らが複雑な葬儀過程を「報葬」「洗身」「梱屍」「開路」「洗馬」「火葬」「拾骨」などのいくつかの段階に分けて論じ、後の研究者に多大な影響を与えるようになる[7]。1990年代に入って、ラム・ガトゥサ、アイド・ルンションなど、

モソ人自身による研究が増えるにつれ、多様な事例が報告されるようになった[8]。
　予告なしに突然やってくる死、そして死をめぐる儀式の特殊性から、葬式を目にする機会にはなかなか恵まれない。この地域に数回訪れるも一度も実際に体験することができなかった。めったにめぐって来ないチャンスだから、是非見せていただけないかと、竹地村に住む友人に相談したところ、「今夜はちょうど通夜だから、とにかくまず行ってみることにしよう」と言う。友人の家で夕食をしてから同行することになった。

## 2.「プズ」― 葬儀の準備 ―

　竹地村は、竹地モソ村と竹地漢族村に分かれているが、死者はモソ村に住む48歳の男性だった。友人の家で囲炉裏を囲んでお茶を飲んだり、ソリマ酒（モソ人の自家製の酒）を味わったりして、外が暗くなるのを待って家を出た。街灯のない村は闇に包まれている。懐中電灯を頼りに10分ほど歩いたところ、「あの家です」と友人は中庭の電球の光が漏れる半開きの門を指差した。
　たまに太鼓が鳴り響き、笑い声が起こる。広い中庭と縁側で遊ぶ子どもたちの甲高い声も響いていて、葬儀の家とは思えない。
　火葬前日の夜だから大勢の弔問客が集まって賑わっていた。現在のモソ人の葬儀は、3日間行われるのが一般的といわれる。1日目は、「プズ」（準備）、2日目は「ハズ」（接客）、3日目は「バンカ」（火葬）と分類されるが、これはあくまでも大まかな分類であって、地域によって、また家によって異なる場合が多い。筆者が訪れた時には、当然、1日目の「プズ」がすでに済んだ後であった。「プズ」では、遺体処理を含めて以下のことが行われる。

### 「報葬」
　家に死者が出ると、3発の銃声で（爆竹音の場合もある）村人に知らせると同時に、遠くの親戚、特に同じ「スズ」（氏族）に属する親族には人を派遣して直接、悲報を伝える。これと同時進行で、死者が先祖の地に戻る時に必要な物の準備にとりかかる。食べ物に加えて、新しい衣服、靴、鞍、帽子などが用意され

る。また、村の長老にお願いして死者の口の中に銀品などを入れる。返済を済ませない者は借金立て屋に追われ、無事に先祖の地に戻れないと考えられ、口の中に入れた銀品はその返済用とされる。三途の川を渡る時の渡し賃として死者に預ける「六道銭」によく似た風習である。

　銃声を聞いた村人と親戚は、食料、肉、お酒、お茶などを持参してやって来る。「スズ」の成員を中心にこれから行う予定の葬儀の規模と進め方について協議する。ここで重要なことは、ダバあるいはラマ僧に火葬の日にちを占ってもらうことと、死者の霊魂が先祖の地に辿り着く道を教える「指路経」を読んであげることである。

　火葬日の選定によって、遺体の保存期間と葬儀の長さが決まる。葬儀の長さは、ダバやラマ僧による占いの結果だけでなく、経済的事情と遠くに住む親戚の到来に必要な時間にも関わってくる。昔は1カ月以上と長くなる葬儀もあったという。

　一方、ダバの「指路経」読みはモソ人の葬儀で欠かすことのできない重要な儀式である。前述したように、モソ人にとって死は人生の終わりを意味しない。人間の輪廻転生を信じ、死後、再び来世に生まれ変わるとも、死後、魂は先祖の地に戻るとも考えられている。死者の魂を先祖の地に送る「指路経」は、死者が息をひきとる時、追悼行事の時、そして火葬前に道を開く時という風に再三にわたって読まれる。そこに示される「送魂」の路線は、モソ人の先祖が民族発祥の地から現在地まで移住してきた路を遡るものとされる。つまり、先祖たちが移住してきた路を遡ることで、先祖の地とされる「スブアナワ」に辿り着くことができるのである。「指路経」は、死者の魂が路に迷うことなく、先祖の地に辿り着けるよう、具体的な地名を挙げながら細かい指示を出す。「指路経」の指示通りに行けば、「スブアナワ」という所に辿り着けることを誰一人として疑う者はいない。彼らは「指路経」を「口承で伝えられてきた遠い昔の民族移動のルート」を記録した「史書」と信じて疑わないのである[9]。

　「指路経」をはじめとして先祖の地に死者の霊を送る儀式は、民族移動の歴史を持つ民族にほぼ共通する風習で、特に西南地域の諸民族の葬式においてよく見られる現象である[10]。「指路経」はボルネオのブラワン人の葬式で歌われる「死の歌」とよく似ている。「旅路に赴く霊魂の問いかけと生者の応答から成り立

つ」とされる「死の歌」は、霊魂が祖先の所に辿り着けるよう方向と地名を教えるのである。「奥地の牧歌的な先祖の故郷を離れ、何世紀にもわたって移住を繰り返してきた」ブラワン人は、死者の霊魂が「その同じ川に沿って遡っていく」と信じるのである[11]。

### 遺体の処理

遺体の処理は、主に「洗身」と「梱屍」、そして「仮埋葬」が含まれる。これらの作業は男性によって行われるが、普通、村の長老や親戚がその任に当たる。女性は遺体の処理などには関与しない。モソ人の性別役割分担の中の一つとして、女性は命を育む「生」と関わり、死者の霊を先祖の地に送る葬儀など「死」と関わることは男性の責務とする見方もある。つまり、「輪廻転生」は女性、「送魂儀礼」は男性という分担である[12]。

ダバが「指路経」を読み終わったところで遺体を洗い始める。遺体は、「ドゥパ」と呼ばれる後室で、ダバが指定した水源から汲んできた水を温めて洗う。それに使う水の量は、死者が男性の場合は9椀、女性の場合は7椀とされる。死者の髪も男性は9回、女性は7回梳く。葬儀の全過程で男に9、女に7という数字が用いられる。葬儀に見られる「男9女7」の数字は「1つの謎」である[13]。この「男9女7」の数字について村の長老や高齢のラマ僧、ダバ等にその理由をたずねても、明確な回答を得ることはできなかった。ズパルチェは「男9女7」の習わしは、男性は9回生まれ変わり、女性は7回生まれ変わることができるという考え方に基づくものだという[14]。しかし、そこには根拠が示されていない。

ダバが葬儀で歌う「喪葬歌」を調べてみても、「男9女7」が多く登場する。例えば、「唱夢」は、不吉な予感として「9代前の祖父」と「7代前の祖母」を夢見たと歌い[15]、「指路経」でも、「9代前の祖父」と「7代前の祖母」が死者を迎えに来ているという[16]。「スユ灯を点す」という歌にも、死者に対して「9代前の祖父」と「7代前の祖母」の所に静かに赴くよう説得するくだりがある[17]。ちなみに、モソ人と同じルーツを持つとされるナシ族の葬儀でも、この「男9女7」の原則を葬儀全過程で確認することができる[18]。また、ナシ族の「霊魂観」では、「男子に9つの魂があり、女子に7つの魂がある」とされ、「9は陽、7は陰」と見なされているという[19]。ナシ族の創世神話である「人類遷徙記」による

と、天女にプロポーズした麗恩（ナシ族の先祖）は、天女の父親に出身を聞かれて、「私は天を開いた9人の男神の子孫です。私は地を拓いた7人の女神の子孫です」と答えている[20]。モソ人とナシ族の創世神話は多くのところで類似し、民族的ルーツを同じくしているので、注目に値するところである。

　洗い終えた遺体は、新しい服が着せられ、長靴が穿かされる。靴底の数カ所には穴が空けられる。砂漠を通る時、砂が入っても簡単に落とせるようにするためで、遠い昔、モソ人の先祖が民族大移動の途中、砂漠を通ったことを暗示するらしい。底に穴が空けられた長靴や鞍、死者の口の中に入れる銀品などは、死者の「先祖の地」への長い旅を意味するのだという。

　しかし、遺体は旅装束とは思われない「胎児状」に縛られる。つまり、両手を胸のところに交差させ、両足を折り曲げて膝を胸のところにつけて、母親のお腹の中にいた時の胎児の形にして麻の紐などで縛られる。生まれた時と同じ形で来世に「投胎転生」するのだという。長い旅を意味する「長靴や鞍」とは矛盾するとしか思えないが、胎児状に縛られた遺体は、麻袋に入れられてから母屋の裏側にある「後室」の床に掘られた穴に安置される（仮埋葬）。

　蓋をした穴の上には祭壇が設けられ、食べ物とお箸が供えられる。お箸は真二つに分断され、一部は祭壇に置かれ、一部はお箸入れに戻される。これからは死者と遺族とが食事を分けることで「別居」を意味するのだという[21]。また、「陰陽の区分」[22]とする見方もあるが、ヘネップの説に従うならば、一種の「分離の儀式」と見ることができよう。祭壇には1日に3回程度食事が出されるが、その食事の世話はたいてい村の2人の長老によって行われる。

### 3．「洗馬」と接客の儀礼および追悼行事

#### 馬を洗う儀式

　葬儀の2日目に「葬儀のクライマックス」[23]といわれる「洗馬」の儀式が行われる。先祖の地とされる「スブアナワ」に至るには、高い山を越え、深い河を渡り、険しく遠い道を歩かなければならない。「洗馬」は、その時に死者が乗る馬を清める儀式である。この儀式は火葬の前日に行われる場合が多いが、一部の地

域では死者が息をひきとった当日に行われる[24]。かつては土司や裕福な家で行ったが、儀式そのものが簡素化されたこともあって、徐々に普通の家でも行われるようになった[25]。また、馬の数は3頭、5頭、7頭と奇数と決まっていたが[26]、現在は奇数偶数にこだわることはないという。馬の数は「スズ」(氏族) の規模によって決まり、その規模が大きいほど馬の数も多くなる[27]。

「洗馬」の儀式に使われる馬は、白色か赤色の馬が良いとされる。馬の鬣(たてがみ)には鳥の羽等で装飾が施され、遠い旅路を意味する鞍が着けられる。ダバが「死者の魂を迎える」ために「洗馬経」を読む。やがて、馬は鎧を身に纏い、剣や槍を手にした武士の格好をした精悍な若者らによって指定された河辺に引かれて行く。馬は河に入って水を掛けられ、岸に上がってからまた水が掛けられる。この時に使われる椀は、「洗身」のための水を汲む時に使われたもので、「洗馬」後に割って捨てられる。洗い終えた馬に若者が乗り、家に向けて走り出す。「死者の魂が馬に乗って家に帰る」(回霊) のである。家に帰る途中、待ち伏せする「敵」と戦い、さまざまな障害を乗り越えなければならない。家についても複数の「敵」が喚声を上げながら待ち構えている。「洗馬人」たちは度重なる包囲網を打ち破って中庭に入る。「死者には試練を耐え抜いた馬のみを与える」のである[28]。

ダバが中庭で経を読む時、その中の一頭の馬が身震いをし、首に着けた鈴を鳴らすと、息を呑んで待っていた遺族は胸をなでおろす。その馬が死者に気に入られ、選ばれたことを意味するからである。魂はその馬に乗って先祖の地に帰ることになる。昔は、「洗馬」に出された馬は殺され、副葬品とされたが、現在は形式的に火葬場に連れて行き、儀式が終わると放す。いつ頃からかつてのような生け贄が行われなくなったかについては、誰に聞いても明確な回答を得なかったが、恐らくチベット仏教の僧侶が火葬を取り仕切るようになってからのことのように思われる。

ヘネップによると、弔いの儀礼の中でも最も複雑化し、しかもまた重要視されるのは、「死者を死者の世界に統合させる儀礼」である[29]。モソ人の「送魂」の儀礼がこの統合の儀礼に当たるであろう。魂が先祖の地に戻る時に乗る馬を洗う儀式で最も重要な役割を果たすのが、ダバである。後に詳しく言及するが、現在、ダバの数が急減し、葬儀の多くの過程がダバからラマ僧の手に委ねられるようになった。しかし、葬儀の最も核心的な内容とされる「洗馬」や「指路経」

読みなどは依然、ダバの役目として不動の位置を占めている。それを支えているのは、モソ人の「死後、魂が先祖の地に戻る」という考え方であることはいうまでもない。

### 接客と追悼の行事

「洗馬」の儀礼が行われる日の午後、嫁いだ娘や、分家した息子らが喪主の家に供え物を携えて弔問に訪れる儀式が行われる。死者の娘あるいは息子の一家あるいはその親族で構成される葬列は、手に食物を入れた盆を持ったダバを先頭に喪主の家に向かって行進する。ダバは祭文を読み、武士の格好をした若者たちが手に剣を持ち、路を開きながら前に進む。その後ろには死者に供与する肉食品、お酒などを入れた盆を持った人びとが続く。喪主の家に持って行く物は「プッチャ」、牛、羊、食料、お茶、お金などさまざまであるが、それらを村人に披露することで、服喪中の男女の悔やみと親孝行の気持ちを表す。行列は喪主の家族に盛大に迎え入れられる。持って来た供え物は母屋の祭壇に奉げられる。その後、中庭で共同飲食が行われ、訪れた親族全員に「プッチャ」が平等に分け与えられる。最後に皆でダバが読む「創世記」を聞きながら、民族のルーツと「スズ」の歴史、そして親族の連帯意識を確認する。

このようにモソ人の葬儀は、民族的アイデンティティ、「スズ」の成員同士および村共同体の連帯感を育み、強化する機会でもある。ダバのダファ・ルゾさんは、「葬儀でダバの読む経は、聞く人にモソ人としての民族意識を喚起させる重要な役割を果たす」と言い、「ダバには特に若い世代にそれを伝える義務がある」と言った[30]。村人が老若男女を問わず、一緒に集まって共同で飲食することを「ゴツゥ」（座席）という。チャルメラが鳴り、銃声が響くなか、全員に肉料理とご飯が出され、お年寄りにはお酒が注がれる。宴席が終わった後、若者は酒に酔ったお年寄りを支えて家路につくのである。

葬儀期間中、親族と村人が「プッチャ」、食料、お酒とお茶、そして香典を携えて次から次へと弔問にやって来る。しかし、彼らは単に死者を追悼し、遺族を慰めるためにやってくるのではない。村人は、死者の霊魂が先祖の地に戻った時、家族の現況をあの世にいる自分の先祖に報告するよう言付けをするのである。

死者が「スブアナワ」（先祖の地）に到着すると、迎えてくれるのは死者本人

の先祖だけではなく、村人の先祖たちも迎えに来ると考えられている。彼らは自分の子孫のことを聞き、また子孫たちから「おいしい酒」を託されてくることを待ち望んでいるという。お酒を託していないと、「家族を継ぐ人がいない」ものと見なされる。機嫌を悪くすると、先祖は遺族に対して不吉なことをいう[31]。それゆえ、遺体を火葬に出す前日には村人が次から次へとやって来て、死者にお酒を託すのである。ダバが「寄酒調」（酒を託す歌）を歌う儀式である。先祖に渡すお茶や塩を死者に託す場合もあるという。何も託さなければ、先祖は死者に対して「あの家から何も託されなかったのか。もしかしたら、彼らが自ら持って来るとでもいうのか（人が死ぬ）」と聞くという[32]。こうなると遺族に良くないことが起きる。

「スカザ」（鬼門を閉める）と呼ばれる儀式も、こうした死者の霊への恐れを背景としている。葬儀の2日目の午後、村の各家から「死者の住む家」を作る材料として板やお握りを1個ずつ出して、山で燃やす。ダバは「送魂経」を読みながら、死者に対して万物には必ず終わりがあり、生き物には必ず死があるという自然の摂理を受け入れ、この世に未練を残さず先祖の地に赴き、鬼門を閉めて村に平安をもたらすよう諭すのである。

## 死者の「歓送会」

筆者が竹地村の葬式の家を訪れた時は、すでに上記の儀式が終了していた。中庭に入ると、縁側にかかっている薄暗い電灯が中庭を照らしている。縁側にはすでに大勢の村人が座って談笑している。

家の人に案内されて入った母屋では、3人のラマ僧が上炉側に横並びに座って、一定のリズムで太鼓を叩きながら経を読んでいた。その僧侶たちの右側の上炉の神棚に「ジィズ」と呼ばれる匣(はこ)が置かれている。「ジィズ」とは「死者の新しい住まい」という意味である。遺体が火葬の前夜に後室の地下の穴から運び出されるまでの間は、この匣が霊柩としての役目を果たすことになる。匣には緑の葉っ

上間で経を読む僧侶

ぱをいっぱいつけた赤い花が描かれ、その下半分を隠す形で孔雀の絵が描かれた白い布が掛けられている。その前には米餅やお菓子、果物、お酒などが供えられている。

　このように肉類などを一切使わず、女性の労働産品のみを供え物として捧げることについて、「モソ人の女性は殺生と関わらないとする生命のロジックと合致する」[33]とする見方もあるが、筆者はこれをチベット仏教の浸透の結果と見る。モソ人の葬式では現在でも羊、牛、鶏などが大量に屠られるが、ラマ僧が出入りする祭壇への供え物、そして僧侶が取り仕切る火葬場では生け贄がほぼ見られなくなっているからだ。ナシ族の葬儀でも仏教の影響を受けて犠牲が減ったようである[34]。

　祭壇の最前列に香炉と松の葉っぱを入れた瓶が置かれ、その両側に色鮮やかな花を入れた瓶が置かれている。食べ物が備えられた祭壇の中央には2本のお箸が×印の形で立てられている。遺族が死者の食卓に手をつけてはならないことを表すという。これも一種の「分離」の表現であろう。匣の上の天井に引かれた1本の紐には衣服と色鮮やかな帯がたくさん掛けられている。その隣にある男柱にも数本の帯と麦藁帽子が掛けられている。遺族や村人が入って来ては、香炉に焼香する。

　ラマの念仏は続く。村人は囲炉裏の周りに座り、静かにそれを聞く。その時、女主人が入ってきて、村人に飴、お酒、煙草などを勧める。「香典を渡すなら、今ですよ」と友人に促され、用意していた封筒を女主人に渡した。そして「今晩の通夜と明日の火葬を見せてもらい、一部の場面は写真も撮りたい」とお願いしたところ、「研究のためでしたら、かまいませんよ。ただ、遺族の悲しむ表情をアップで撮らないでほしい」と条件付きで承諾してくれた。

　ラマ僧の念仏が終わると、その場にいた全員が立ち上がって手を合わせる。ラマ僧は今やモソ人の葬式において欠くことのできない存在となっている。

　葬儀に招かれるラマ僧の数は、家によって異なるという。この家の葬儀には、

2本の箸が×印に立てられている祭壇

火葬前日の通夜に4人（母屋に3人、隣の部屋に1人）、火葬の当日に9人の僧侶が来ていた。葬儀に呼ぶ僧侶の数は、死者とその家族の社会的地位と裕福さを示す指標と見なされる。観光地として経済的に潤ってきた落水村では、現在、少なくとも20人のラマを呼ぶのが一般的であり、その報酬も他の地域より高く設定されているという[35]。

　ラマ僧を招くための費用は死者の親戚が分担する場合が多い。その報酬は、1日目より2日目、2日目より3日目というふうに、前日よりいくらか増額することが習わしとなっている。1日目の報酬額を高めに設定してしまうと、2日目、3日目の分担者の負担が重くなるので、1日目を分担する親族がこのことを勘案して支払うのがマナーとされる。さもなければ、「意地悪な親族」と非難されることもあるという。2日目以降の親族が負担する費用が日が変わるごとに高額となり、出費が増えるからだ。

　母屋を出て隣の部屋を覗いてみると、そこにも祭壇が設けられており、その右の隅にサイズは小さいがほぼ同じ形の匣が置かれていた。祭壇の中央には無数の蝋燭が点され、左の方には大きく伸ばしたダライ・ラマの肖像画がある。その祭壇から見て左側の席に1人の僧侶が座って経を読んでいる。

　突然、太鼓の音が鳴り響く。中庭にはいつの間にか焚火が起こされ、その傍でダバが死者に向けて歌を捧げている。ダバの後ろには武士の扮装をした2人の若者が横並びに立つ。ダバが歌うのは、古いモソ語らしく、教師をしているモソ人の友人も何を歌っているのかさっぱり分からないという。

　ダバの歌が終わると、今度は村の若者と他の村からやってきた若者たちが奇異な格好をして、用意した出し物を披露する。中庭の周りには村中の老若男女が椅子を並べて座って見物する。村の幹部の姿も見られる。細長い三角帽子、白い羊皮の服、刀や槍を持った若者が奇声を上げながら跳び回る。鎧を纏った武士の踊りである。彼らがたまに見せる滑稽なしぐさに周囲から笑いが起きる。野次も飛ぶ。見物する村人には繰り返し果物や飴、タバコが配られる。葬式というより結婚式か祭りに身を置いたような幻覚さえ覚えるほどの賑やかさである。特に新しい服を着た子どもたちの姿が目立つ。

　中国では、天寿を全うすることを「喜喪」というが、モソ人は、長生きした老人の葬式で村人が盛大に歌ったり踊ったりする。逝くべき人が逝ったので、悲し

む必要はないと考えられている[36)]。老人が逝去すると、村中の人が新しい服を着てお送りするし、ジャツォ舞も各家から1人ずつ踊り役を出して踊る。泥鰌溝村では、「昔、成人式では経済的に村人を招く余裕がなければダンスパーティーを省く場合もあったが、葬式では必ず踊った」とゲルジャツォのお母さんが教えてくれた[37)]。徹夜で踊る時もある。長寿した老人が去ることは、「太陽が西に落ち、緑の葉が枯れて落ちるのと同様に自然なこと」なのである[38)]。

　葬式でのジャツォ舞は、若者が恋人を見つけ、走婚関係を築き、愛を営み、新しい生命を育む機会でもある。死と生、悲と喜の循環である。ただし、死者が若者の場合は、踊ったり歌ったりしない。また、喪中の人は歌ったり踊ったりしてはいけないし、椅子に座ってご飯を食べてはならないとされる。死者を先祖の地に送るために葬式で行う踊りや歌を「喪葬舞踊」というが、それはモソ人のみならず、チンポー族、チャン族、イ族、ハニ族、トゥチャ族等、南方少数民族の葬送儀礼にもよく見られる風習である[39)]。


## 4．先祖の地に帰る日 ― 雨の中の火葬 ―

　翌朝、6時半に目覚まし時計が鳴る。この時間だと北京はすでに明るくなっているはずだが、こちらは時差の関係でまだ真っ暗だ。昨夜から降り出した雨が、依然、静かに降り注ぐ。トウモロコシ畑に落ちる雨の音は、肌寒い。

　火葬場まで友人のオートバイに乗って行く予定だったが、こういう天候では歩くしかない。2km程度の道程だ。雨粒が石畳の道に落ちては跳ね返り、裾がぬれて足元が冷たい。たまに遠くの村から犬の吠える声が単発的に聞こえてくる。

　火葬場は死者の村から1kmあまり離れた丘の上に設けられていた。その火葬場で葬列を待つことにした。

　火葬場の準備は、前日からすでに進められていた。まず、僧侶たちが火葬用の松木を積む場所を正方形で囲み、その中に12色の土や砂を用いてマンダラの図形を描く。この図形に関しては永寧の札美寺で行われた「玉仏殿」の落成式でも僧侶から説明を受けたことがあるが、実物は見たことがない。その図形の上に1mの長さに切断した松の木が井桁に積まれることになる。その形は、「スルジ

第4章　モソ人の葬送儀礼 ― 先祖の地に帰る日 ―　85

火葬場で経を読むラマ教の僧侶たち　　　　　村を出る葬列

クォア」と呼ばれるモソ人の塁木式の木造住宅によく似ている。

　雨の降る火葬場では、すでに五仏冠を被った僧侶たちが臨時に設置されたテントの下で経を読んでいた。その前の平らな空き地には15cmの太さの松木が井桁に積まれていた。松の木は、死者が男性の場合は19層、女性なら17層に積む。「男性9層、女性7層」という記述も多く見られるが[40]、この家の火葬では19層だ。また筆者が入手した数枚の火葬現場の写真からも9層あるいは7層のものは一枚も確認できなかった。この木の建造物に遺体を入れて火葬することになるが、下の方に松明などよく燃える燃料と悪臭を消す効果のある特殊な材木を詰める。

　7時ごろ、3発の銃声が鳴り響き、村の入り口に青白い煙が立ち上った。その煙の中から葬列の先頭がチャルメラの音とともに姿を現した。ラマに引率されて葬列が村を出る。4人の若者が遺体の入った棺桶を担いでいる。遺体は、火葬の前夜に後室の穴から棺桶へと移される。遺体は、保存期間が長くなると腐乱が進んでひどい悪臭を放つが、村の若者たちは先を争って入棺の任に当たる。「長生きしてこの世を去った老人は、汚くきついことを恐れない若者に幸運をもたらす」と考えられているという[41]。遺体を棺桶に移してから、ダバが最後の「指路経」を読み、死者の魂を先祖の地へと送る。

　葬列は道の前方と両側に爆竹を投げて爆音を出しながらゆっくりと進む。閃光とともに爆音が遠くの山々まで響く。葬列は昨夜からの雨で増水した河の前でやや戸惑うが、しばらくして棺桶を担いだ若者たちが勢いよく河に飛び込み、すばやく河を渡る。

　チャルメラの音がどんどん近づき、葬列は丘を登ってやってきた。「洗馬」の

儀式を経て鮮やかな装飾が施された馬を先頭に、26人の葬列が姿を現した。先頭の馬は井桁の周りを3周する。次に数人の若者が協力して遺体を井桁の中に入れる。遺族の泣き声が一段と大きくなる。泣くのは女性のみである。

若い僧侶が井桁の周りに松明を縦に並べる。「昨夜の通夜にも来ていましたね」と村の青年が筆者の肩を叩いて煙草を勧める。ここでも飴や煙草が参加者全員に配られる。

準備が整い、いよいよ点火である。9人の僧侶の中で位が最も高いとみられる僧侶が3本の枯れ草に火をつける。点火には、必ずこのような親指ほどの太さで50cm丈の枯れ草が用いられるという。3本の枯れ草に完全に火がついていることを確認してから、若い僧侶に渡す。若い僧侶がそれを井桁の下に点火する。すると待ち構えていた数人の男性が一斉にその周りの数カ所に火をつける。すでにそのための焚火が用意されていた。

遺体を井桁に入れる若者たち

油を注いで火の勢いをつける僧侶

火葬場を離れる村人

小雨のせいか、松の木はうまく燃えない。若い僧侶は位の高い僧侶から渡されたバター油を火に注ぐ作業をいく度となく繰り返し、火に勢いをつけようと試みる。

女たちの泣き声は火に勢いがつくにつれ、ますます大きくなる。中には悲しみのあまり倒れそうになる中年の女性もいた。若い女性2人が彼女を支えながら慰めの言葉を掛ける。

僧侶たちの念仏の声があたかもすべてを圧倒するかのようにどんどん大きくなるにつれ、火葬が順調に進んだ。その一方では、遺族から僧侶と遺体を担いでき

た村の若者にお礼が渡された。僧侶への謝礼は位によって額が異なるようだ。円錐の形をしたお茶の包装紙の上に100元札を挟んだものと50元札を挟んだものがチラッと見える。

　火がついてからしばらくたったところで、遺族と村人が火葬場を離れ始めた。男性数人とラマ僧侶が最後まで残る。火葬場を離れてからは、後ろを振り向いたり、泣いたりしてはならないという。静かにその場を離れる村人の後を追って丘を下りた。雨は止んだが、霧が濃くなってきた。火葬場から立ち上る白い煙が霧に交わり、薄く長い帯状となって山の谷へと流れていく。死者の霊が先祖の地に戻る道だろうか。昼、村を出る時も山の麓は薄い帯状の霧に包まれていた。

### 骨拾いと共同墓地

　火葬の翌日、遺族は火葬場から遺骨を拾って共同墓地に入れる。これで葬儀そのものは全過程を終了することになる。死後49日目にラマを招いて念仏してもらうことや、遺族は49日がたつまで鶏を潰したり、その肉を食べたりしてはいけないなどの決まりはあるが、遺骨が共同墓地に納まることをもって葬儀は基本的に終了したことになる。

　骨拾いは、死者の子どもあるいは甥、姪によって行われるのが一般的である。死者が女性の場合は娘、死者が男性の場合は甥が行うことが多い。遺骨は、身体の各部位から拾う。各部位の骨は体全体の象徴であり、そこに死者の魂が宿ると考えられている[42]。遺骨は、袋あるいは陶器の壺に入れて、氏族の共同墓地に置かれる。氏族ごとにどこかの山に共同墓地を設けている。同じ氏族に属する人は共同の祖先を持つ骨肉の関係にあり、生きるも死ぬも一緒であるべきとされる[43]。人が死ぬと、遺骨は必ず自分の氏族の共同墓地に入れられ、共同墓地に入れないことは死者にとって不幸なことであり、氏族にとっても不名誉なこととされる。

　客死、未成年者の死や自殺、他殺による死は「凶死」と見なされ、葬儀を行わなかったり、あるいは簡単に済ませたりする。モソ人にとって最も理想的な死に

**村ごとにある火葬場**

方は、「母屋で息を引き取ること」である。客死は忌まわしいとされる。客死した者の遺骨は共同墓地に埋葬されないのである。筆者は、モソ人の社会で敬老院（老人ホーム）が敬遠される理由の中には、お年寄りを扶養することを家族の当然の義務とする価値観の他に、こうした死に場所をめぐる考え方も背景にあるのではないかと考える。

走婚関係にあった男女が死んだ場合、その遺骨はそれぞれの氏族の共同墓地に入れられる。モソ語には、走婚関係を結び愛し合った「夫婦」であっても「生前で別家の人、死後も別家の鬼」という諺がある。

氏族の共同墓地は、さらにいくつかの母系大家族の墓地に分けられる。母系家族の墓地はたいてい1本の大きな樹の下に設けられ、その樹は家系のシンボルとして大事に守られる。村の近くの山や丘、山路から少しはずれた静かな空き地には、こうした質素な家族墓地がよく目につく。遺骨は、男は左、女は右という風に性別によって置く位置が異なる。また、同じ性別の場合は年齢順に上方から下方へと並べられる。これは、母屋の囲炉裏を囲む席順とほぼ同様である。

火葬場で拾った遺骨は、2人の男子によって共同墓地に置かれるが、墓地から家路につく際、「魔法のような告別儀式」を行うという[44]。2人は「夕飯を作るため、水を汲んで来るから、君は薪を拾って来なさい」という内容の会話を死者の霊に聞こえるようにして交わす。2人は、火打ち金をその場に残して、それぞれ別の方向に向けて無言で歩き出す。2人は家に着いてからやっと安堵の胸をなでおろす。「死者は初めて入る墓地の山に慣れていない。人間について来ないように、山を離れる時に霊を騙すのだ」という。

小野沢正喜によると、人が死ぬと、その死者を取り巻く領域は「もがりの時空間」に入り込む。死者の霊魂は死体の近くにとどまり、「けがれ」をふりまき続けるので、「死者と親しかった友人や親族は死のけがれに侵され、危険に直面しながら、死体および霊魂と共存することになる」という[45]。モソ人は葬送儀礼においその霊魂を慰め、人間に害を及ぼさないようにさまざまな工夫を凝らす。こうした霊への恐怖は、葬送儀礼の多くのプロセスで見られるのである。葬送儀礼は、死者のためだけでなく、生きている人のために行うもといっても過言ではない。

モソ人にとって、死後の霊魂はいったん先祖の地に戻ったとしても、永遠に消

え去るわけではなく、遺族と何らかの関係を維持すると考えられている。祖先崇拝の背景には、こうした祖先が子孫の生活に何らかの形で関与し、影響を及ぼすという観念がある。祖先は子孫の生活を見守り、安寧をもたらす一方、子孫は祖先に対して祭祀を執り行って崇拝と畏敬の念を示す関係を築くことが大切とされる。子孫の祖先に対する姿勢に不備があった場合には祖先から懲罰を受けたり、災厄を見舞われたりするので、子孫は祖先に対して贖罪と慰撫の儀礼を行うことが望ましいのである。

　村に葬儀があるたびに、自分の先祖に「おいしい酒」を託す風習や、毎日食事の前に必ず祖先に先に食事を出す「チャド」という儀式がそれを物語る。「チャド」とは「私の目の前に貴方がいる」という意味である。この儀式の由来はこうである。母親を亡くした娘が母親の遺骨が入れられた山に毎日、食事を運んだ。ある日、母親の声が聞こえてきた。「娘よ。毎日、こんな遠い山まで食事を運ぶことはない。貴方が見えないだけで、実は私たちはいつも一緒にいるのだ。私の目の前に貴方がいる。母屋の祭壇に食べ物を出しておけば、それでよいのだ」。その日から、娘は囲炉裏の上方に祭壇を設け、母親に声を掛けながら食べ物を捧げるようになったという[46]。「チャド」は、モソ人の家庭で食事の前に行う最も日常的に見られる儀式であり、そこに反映されるのは毎日の生活に具現化された祖先崇拝の価値観である。モソ人は、祖先の「目の前」で毎日を生きるのである。

## 【注】

1) ピーター・メトカーフ、リチャード・ハンティントン著、池上良正、池上富美子訳『死の儀礼 ― 葬送習俗の人類学的研究』未来社、2001 年、42 頁。
2) 永六輔著『大往生』岩波新書、1994 年、まえがきを参照。
3) 前掲『死の儀礼―葬送習俗の人類学的研究』、152 頁。
4) 四川省側前所でのインタビューより（2005 年 3 月 24 日）。
5) 約瑟夫・洛克著『中国西南古納西王国』雲南美術出版社、1999 年、246-304 頁。
6) 周汝誠「永寧見聞録」雲南省編輯組『納西族社会歴史調査』（二）雲南民族出版社、1986 年、169-171 頁。
7) 厳汝嫻、宋兆麟著『永寧納西族的母系制』雲南人民出版社、1983 年、170-188 頁。
8) 拉木・嘎吐薩著『夢幻濾沽湖 ― 最後一個母性王国之謎』（雲南美術出版社、1996 年、116-148 頁）、和紹全著『女神之恋』（雲南人民出版社、2001 年、130-176 頁）を参照。
9) 前掲『夢幻濾沽湖 ― 最後一個母性王国之謎』、123 頁。

10）朱冬「論雲南少数民族喪葬習俗的文化蘊涵」『北京大学学報』（国内訪問学者・進修教師論文専刊）2001年、237頁。
11）前掲『死の儀礼―葬送習俗の人類学的研究』125頁。
12）翁乃群「溯源与順流」拉他咪・達石『摩梭社会文化研究論文集』（上）雲南大学出版社、2006年、395-396頁。
13）周華山著『無父無夫的国度？』光明日報出版社、2001年、42頁。
14）直巴爾車編著『解読摩梭風情』雲南民族出版社、2006年、150頁。
15）「唱夢」雲南省民間文学集成弁公室編『雲南摩梭人民間文学集成』中国民間文芸出版社、1990年、144頁。
16）前掲『雲南摩梭人民間文学集成』「指路経」（2）、151頁。
17）前掲『雲南摩梭人民間文学集成』「点酥油灯」、168頁。
18）和少英著『納西族文化史』雲南民族出版社、2001年、172-185頁。
19）楊福泉「納西族の霊魂観」『思想戦線』1995年、第5期、49頁。
20）和志武「人類遷徙記」中華民族故事大系編委会編『中華民族故事大系』上海文芸出版社、1995年、658頁（「人類遷徙記」は、中国大陸古文化研究会編『中国大陸古文化研究―ナシ族特集』（第8巻）に日本語訳が収録されている）。
21）前掲『永寧納西族的母系制』、172頁。
22）陳列、泰振新著『最後的母系家園』雲南人民出版社、1999年、172頁。
23）宋兆麟著『走婚的人們―五訪瀘沽湖』団結出版社、2002年、189頁。
24）前掲『最後的母系家園』、203頁。
25）前掲『雲南摩梭人民間文学集成』、480頁。
26）周汝誠「永寧見聞録」雲南省編輯組『納西族社会歴史調査』（二）雲南民族出版社、1986年、170頁。
27）汝亨・龍布著『瀘沽湖　摩梭人』中国民族撮影芸術出版社、2001年、49頁。
28）前掲『永寧納西族的母系制』、177頁。
29）アノルト・ファン・ヘネップ著、綾部恒雄・綾部裕子訳『通過儀礼』弘文堂、1995年、125頁。
30）四川省側前所でのインタビューより（2005年3月24日）。
31）前掲『雲南摩梭人民間文学集成』、179頁。
32）李達珠、李耕冬著『未解之謎：最後的母系部落』四川民族出版社、1999年、40-41頁。
33）前掲『無父無夫的国度？』、39頁。
34）木麗春著『東巴文字掲秘』雲南人民出版社、1995年、196-197頁。
35）落水村でのインタビューより（2007年2月13日）。
36）永寧郷でのインタビューより（2007年2月16日）。
37）泥鰌溝村でのインタビューより（2008年10月10日）。
38）拉木・嘎吐薩「摩梭人的喪葬習俗簡介」雲南省民間文学集成弁公室編『雲南摩梭人民間文学集成』中国民間文芸出版社、1990年、482頁。
39）紀蘭慰「南方少数民族的喪葬習俗与喪葬舞踏」『中央民族大学学報』（社会科学版）1997年、第3期、17-23頁および楊知勇、秦家華、李子賢編『雲南少数民族生葬誌』雲南民族出版社、

1988 年を参照。
40) 例えば、前掲『未解之謎：最後的母系部落』(38 頁) や王琳著『母系家族 ― 濾沽湖采訪手記』(四川人民出版社、2004 年、89 頁)、前掲『最後的母系家園』(202 頁)、楊知勇、秦家華、李子賢編『雲南少数民族生葬誌』(雲南民族出版社、1988 年、219 頁)、王承権「試析寧蒗納西族的葬俗」(『思想戦線』1981 年、第 4 期、72 頁)、張誌亜主編『西南民族生死観』(雲南教育出版社、2001 年、挿図 13) 等である。
41) 和紹全著『女神之恋』雲南人民出版社、2001 年、169 頁。
42) 前掲『永寧納西族的母系制』、180-181 頁。
43) 前掲『走婚的人们 ― 五訪濾沽湖』、191 頁。
44) 前掲『永寧納西族的母系制』、181 頁。
45) 小野沢正喜「死後の世界」綾部恒雄編著『新編　人間の一生 ― 文化人類学の視点』アカデミア出版会、1985 年、272-273 頁。
46) 前掲『夢幻濾沽湖 ― 最後一個母性王国之謎』、149-151 頁。

## 第5章 「養いて教えざるは、舅の過ちなり」
── 母系家族における母方オジの役割 ──

　人類の家族は、「社会学的父親の存在を母親の地位と同等なものにする努力によって登場し、さらに父性を普遍化し強化することによって多様化の道を歩み始めた」とされる。つねに「社会的父性を潜在的に内包」していることが人間の家族の特性だという[1]。

　林道義は、父性を家族のなり立ちにとって「絶対に必要な前提」として位置づけた上で、父性には①まとめ上げる力、②理念・文化の継承、③全体的客観的視点、④指導力、⑤家族への愛が含まれるとした[2]。社会学では、父親または母親の一方ないし双方を欠く家庭を「欠損家庭」(broken family) と呼ぶようだが、近年、離婚率の上昇に伴い、「片親家庭」(one parent family) という用語も頻繁に聞かれるようになった。

　父性は、通常は父の役割を指すが、必ずしも父でなければならないことはなく、他の男性あるいは女性が担うこともあり得る。「父親不在」あるいは「弱い父性」との関連で指摘される問題の1つに、「子どもの成長・発達に与える影響」がある。モソ人の母系家族は、成員構成の面においては「欠損家庭」といっても差し支えはないが、機能的な面においては必ずしもそうとはいえない。父親という役割は存在しないものの、「舅は礼儀を掌り、母は財を掌る」(舅掌礼儀母掌財) という役割分担によって、父性がしっかり確保されているからだ。

## 1．父と子の特殊な関係──「父を知らない」子どもたち──

　家族は「父親を創る」ことから進化が始まったが、父親の在り方は社会によって、また文化によって多様である。モソ人の父親の在り方の特徴は、とりわけ、よその人間の目にはまるで「他人同士」にしか映らない父と子の関係であろう。つまり、父と子の関係は、ここでは甥・姪と舅舅（母方オジ）との関係より遥かに淡白であり、極少数ではあるが、なかには父を知らないばかりでなく、父に会ったこともない子すらいる。

　こうしたことから、「母は知るが、父は知らない」（知母不知父）を、走婚の特徴として挙げる研究者も少なくない。例えば、厳汝嫻と劉堯漢（リュウヨハン）は「永寧温泉郷ナシ族母系制および領主経済に関する調査」において「"母を知るが父を知らない"とは、人類の歴史の遥か遠い昔の原始母系社会の現象であった。しかし、雲南省寧蒗イ族自治県の永寧盆地と濾沽湖畔に居住するナシ族（モソ人）においては、今もなおこれと類似した"母はいるが父のいない"（有母無父）の母系家庭が存在している」[3]と述べている。こうした「知母不知父」論は、モソ人に関する多くの著書や論文に見られ、枚挙に暇がない。そこに共通しているのは、その理由を乱れた性関係に求めていることである。つまり、女性が複数の男性と性関係を持つことで子どもの父親を特定することができないため、出自の明らかな母系を辿らざるを得ないという論理である[4]。

　筆者は、現地でごく少数ではあるが、父を知らないモソ人に出会ったことがある。しかし、モソ人の子どもが父を知らないのは本当に「性行為の乱れ」によるものだろうか。私は、モソ人の社会において「父親を知ることの必要性」が他の社会に比べてそれほど重要な意味を持たないことに起因するものと考える。生まれてから、母系大家族の中で育てられ、尊敬する舅舅に導かれて成長するモソ人の子どもにとって、最も重要なのは父親でなく、母親と舅舅の存在である。濾沽

式後に父親の家を訪問する新成人

湖の畔にあるニセ村でＨ君（13歳）の成人式についてインタビューした時のことである。「なぜ自分がモソ人だと思う？」と聞いたら、少年は「それは母ちゃんがモソ人だからです」と答えた[5]。もちろん、少年の父親もモソ人である。モソの子どもにとって、夜やって来て早朝帰ってしまう父親とは、顔を合わす機会が少なく、また、誰かに教えられて初めて知る存在にすぎない。父親が誰かを子どもに教える必要がない場合（例えば、子どもができてから走婚関係が解除される場合など）、子どもは「父を知らない」ことになる。厳密にいうと、誰が父親かを教えられていないのである。

　モソ人の子どもは、父親を知らないからといって別に困ることもなければ、知ったからといって得をすることも特にない。母親が自分の子どもの実父が誰かを特定できないケースは極めて稀である。例えば、父親の異なる子どもが3人いたとしても、母親は長男の父親は誰で、次男の父親は誰で、末っ子の父親は誰かを知っている[6]。「母を知るが父を知らないと書く人はたいてい男でしょう。こんな小さな田舎でわれわれが子どもの父親も特定できないほど多くの恋人を持っていると本気で思っているのかしら」と言った43歳の女性の言葉が印象的だった。Ｈ・Ｒさんの3兄弟は、見かけも性格もまるで違って見える。その印象を彼に打ち明けたら、「だって、3人とも父親が違うもん」という。三兄弟は、それぞれ違う父親を持っているのである。しかし、3人とも自分の父親が誰かを知っていた。彼が父を知ったのは学校に入ってからのことで、しかも村人から教えられたという。

　一番面白い発見は、モソ人の子どもの中には自分の母親が誰かを知らない子どももいることであろう。親族名称については後にも触れるが、モソ人の子どもは母の姉妹も「お母さん」と呼んでいて、自分が果たしてどの「お母さん」の実の子か分からない場合もある。父を知らないのは「性の乱れ」が原因だというならば、母を知らないことはどう説明すればよいのだろうか。

　前述したように、父を知らない子どもの存在をめぐる議論は、たいていモルガンの「乱交制」から「集団婚」、そして「対偶婚」を経て最終的に「一夫一婦制」に至ったとする婚姻・家族の発展史観を根拠とする場合が多い。「乱交制」や「集団婚」においては、母子関係は明確だが、父子関係は不明だから、家族の血縁関係は母系的出自を辿らざるを得ないという論理である。今日、いわゆる「乱

交制」や「集団婚」は実在せず、単なる「架空の想定物」であることは民族学界の常識となった。

　そもそも父親とは、生理学的概念というより社会学的概念として理解される場合が多い。そこでは、父親としての地位が子どもの父親が特定できるか否かと関係のない要因によって決まるのである。また、あらゆる社会においても妻が他の男性から完全に隔離されるという条件がない限り、夫は妻が生んだ子どもを自分の子どもとして「信じる」しかない。したがって、女性が生まれた子どもを自分の子どもだとするのは「知識」であるならば、男性がその子どもを自分の子どもだとするのは「信仰」に過ぎないとする言い方もある[7]。女性は、生まれてくる子どもの実の遺伝的母親が自分だと確信できるが、男性には「常に不確かさがつきまとう」ことから、アメリカには「母ちゃんは確か、父ちゃんは不確か」という諺があるという[8]。

　モソ人の文化では、実は子どもの父親を知る機会をさまざまな儀礼を通して用意している。例えば、前述の「満月酒」の儀式や「成人式」などがそれである。これらの儀式は、子どもの父親を公にする、あるいは父親が誰かを知ることを前提に組み立てられているのである。モソ人の子どもにとって父親より舅舅の方が遥かに親しく頼りになる存在であるが、父親と親密な関係を維持しているケースも見られる。筆者はモソ人の成人式を参与観察するため永寧郷を訪れた大晦日の夜に、父親にお正月の小遣いを渡すために村中を尋ね回る中年男性に付き添いをさせられたことがある。

成人式終了後、母と一緒に父親の家を訪問し記念写真を撮った楊旭芬さん
（写真は楊家の提供による）

## 2. 親族名称に見る家族関係

　母系家族における母方オジの役割は、「舅が礼儀を掌り、母が家計を掌る」（舅掌礼儀母掌財）という言い方に集約される。舅舅は、対外交渉においては家族を代表した全権大使であり、一家の年中行事、宗教活動、成人式、家の建築、甥と姪の教育や進路の選択など、家族の重大なことに対して強い発言権を持つ。ラム・ガトゥサによると、舅舅は「母に次ぐ地位」にある[9]。また、ルヘン・ロンプは、ダブ（女家長）と舅舅を「母系家族の主要な2成員」と位置づけた上で、次のように述べている。「母屋が女柱と男柱という2本の柱に支えられているのと同様に、ダブと舅舅はモソ人の母系大家族を支え、生産生活を計画し、まとめ、家族の内務と外務を司る。モソ人の大家族の盛衰は、この重要な役割を果たす2人の能力および人格にかかっている」[10]。

　モソ語では、母方オジのことを「アウ」といい、父親のことを「アウ」（あるいは「アダ」）と呼ぶ。つまり、母系家族では母方オジが父親の役割を果たすだけでなく、表1が示しているように、親族名称でも父親と母方オジは一緒なのである（モソ人の親族名称の特徴に関しては、拙著『結婚のない国を歩く ― 中国西南のモソ人の母系社会』大学教育出版、2011年、82-85頁を参照されたい）。

### 天の神、地の舅

　落水村で最も若くしてダブになったアコェ・ザシゾマさんに初めて会った時、彼女から濾沽湖の写真入りの名刺を渡されたことがある。その名刺の裏には、モソ人の文化を紹介する言葉が箇条書きで並べられてあったが、その中に「天上的玉皇大帝、地上的摩梭舅舅」（天の玉皇大帝、地のモソ人の舅舅）という句があった。「玉皇大帝」とは、道教でいう神様のことである。舅舅が神様と並列されて語られるのである。

　モソ人の間で古くから伝えられている伝説の中に、モソ人が舅舅を尊敬するようになった由来を語るものがある。

　遥か遠い昔、とある家から若い娘が幼い弟を残して遠い異民族の地に嫁いで行った。それ以来、弟は嫁いだ姉と会うことはなかった。やがて、立派な猟師に

第5章「養いて教えざるは、舅の過ちなり」── 母系家族における母方オジの役割 ──

表1　モソ人の親族名称

| 関　係 | 中　国　語 | モ　ソ　語 | |
|---|---|---|---|
| FFF | 曾祖父（父の父の父） | Asu | アス |
| FFM | 曾祖母（父の父の母） | Asu | アス |
| FF | 祖父（父の父） | Apu | アプ |
| FFB | 伯叔祖（父の父の兄弟） | Apu | アプ |
| MF | 外祖父（母の父） | Apu | アプ |
| MMB | 堂外祖父（母の母の兄弟） | Apu | アプ |
| FFZ | 祖姑（父の父の姉妹） | Aru | アル |
| FM | 祖母（父の母） | Aru | アル |
| MM | 外祖母（母の母） | Aru | アル |
| MMZ | 姑外祖母（母の母の姉妹） | Aru | アル |
| F | 父親 | Awu、Ada | アウ、アダ |
| WF | 岳父（妻の父） | Awu | アウ |
| FZH | 姑父（父の妹の夫） | Awu | アウ |
| MB | 舅父（母の兄弟） | Awu | アウ |
| M | 母親 | Ami、Ama、Emi | アミ、アマ、エミ |
| WM | 岳母（妻の母） | Ami、Ama、Emi | アミ、アマ、エミ |
| MBW | 舅母（母の兄弟の妻） | Ami | アミ |
| MZ | 姨母（母の姉妹） | Ami | アミ |
| FBe | 伯父（父の兄） | Abozu | アボズ |
| FBeW | 伯母（父の兄の妻） | Amazu | アマズ |
| FB y | 叔父（父の弟） | Aboji | アボジ |
| FByW | 叔母（父の弟の妻） | Amizu | アミズ |
| FZy | 姑母（父の妹） | Aiji | アイジ |
| Be | 哥哥（兄） | Amu | アム |
| Ze | 姐姐（姉） | Amu | アム |
| FBSe FBDe | 堂兄（父方の従兄） | Amu | アム |
| FBDe | 堂姐（父方の従姉） | Amu | アム |
| MBSe | 舅表兄（母方の従兄） | Amu | アム |
| MBZe | 舅表姐（母方の従姉） | Amu | アム |
| By | 弟弟（弟） | Giz | ギズ |
| FBSy | 堂弟（父方の従弟） | Giz | ギズ |
| MBSy | 舅表弟（母方の従弟） | Giz | ギズ |
| Zy | 妹妹（妹） | Gumi | グミ |
| FBDy | 堂妹（父方の従妹） | Gumi | グミ |
| MBDy | 舅表妹（母方の従妹） | Gumi | グミ |
| S | 児子（息子） | Zo | ズォ |
| D | 女児（娘） | Mu | ム |
| BS | 侄子（兄弟の息子） | Zewu | ズォウ |
| ZS | 外甥（姉妹の息子） | Zewu | ズォウ |
| SS | 孫子（息子の息子） | Zewu | ズォウ |
| DS | 外孫子（娘の息子） | Zewu | ズォウ |
| BD | 侄女（兄弟の娘） | Zemi | ゼミ |
| ZD | 外甥女（姉妹の娘） | Zemi | ゼミ |
| SD | 孫女（息子の娘） | Zemi | ゼミ |
| DD | 外孫女（娘の娘） | Zemi | ゼミ |
| H | 夫 | Hachuba | ハツゥバ |
| W | 妻 | Chumi | ツゥミ |

親族関係を表す記号：F父，M母，B兄弟，Z姉妹，S息子，D娘，H夫，W妻，e年上，y年下

成長した弟はある日、猟犬をつれて山に入り、野牛を追う途中、日が暮れて仕方なく近くにあった民家で宿を借りることになった。ちょうど、その家は結婚式を挙げている最中で、多くの来客で賑わっていた。次から次へとやってくるお客の接待に忙しかった女主人は、青年のことをすっかり忘れていた。客が去ってからやっと青年のことを思い出した女主人は、食べ残しの料理とお酒を青年のところに持って行く。不思議なことに、猟師の犬は会ったはずのない女主人に懐く。青年はこの女主人が自分の姉だと気づいた。青年は姉が持って来たお酒を口にせず、鬱憤を歌にし、歌い終えるとすぐに家を出た。青年が自分の弟であることに気づいた女主人は弟を追いかけて謝るが、弟の怒りは治まらず、姉がつかんだ衣の裾を刀で切り離してその場を去った。その後、姉は悲しみのあまり他界する。遺体は火葬に付されたが、いくら薪を足して火を強くしても焼けない。そこで家族は、姉と弟の諍いを思い出し、弟を葬儀に招くことにした。葬儀に赴いた弟は、自分が羽織ってきた毛布と衣の欠片を姉の遺体に掛けてやる。すると、火葬が順調に進行する。弟は、「舅舅」という身分で葬儀に参加し、母方オジとして最高級のもてなしを受ける。

　モソ人なら知らない人がいないほど有名なこの伝説は、さまざまなバージョンがある[11]。しかし、いずれの場合も舅舅の登場によって初めて火葬が順調にはかどる筋となっていることには変わりがない。『中華民族故事大系』に収録された伝説は、最後に「この時から、モソ人は自分の舅舅をとても尊敬するようになったのだ。そして、このことを忘れないように、今でも年配の舅舅は右方の裾を欠く衣を着るのである」[12]と結ぶ。

　モソ人の最大の通過儀礼である葬儀において、舅舅の登場は古くから儀式の重要な一幕として定着している。特に、死者が嫁いだ女性である場合、喪主は、必ず死亡した女性の兄弟、つまり子どもたちの舅舅に真っ先に悲報を伝えなければならない。葬儀中、舅舅一行の到着が知らされると、喪主は慌てて甥や姪たちを集めて、正門に通じる道の両側に帽子を取って額づいて舅舅を迎え入れるよう指示する。弓矢や剣などを身に着けて到着した舅舅は、彼らには目をくれる素振りも見せず、「怒り」を露わにして正門に向かう。舅舅は門の所に立ち止まって剣を抜いて怒鳴る。「つい最近まで元気だった姉が死んだとはどういうことだ。お前らは一体何をしたのだ？」と。そして、剣を抜いて敷居を2、3回切って、「

怒り」を爆発させる。甥や姪たちは、死亡の経緯を説明し、お酒やご馳走を用意して舅舅の「怒り」が治まるよう懸命にもてなす。舅舅は霊前で死者を偲ぶ歌を厳かに歌い、最後に羽織ってきた毛布を供台に置く。葬儀の最終段階に入って、舅舅が羽織ってきた毛布は棺桶に掛けられ一緒に火葬される。舅舅を迎える儀式によって、葬儀はクライマックスに達するのである[13]。葬送儀礼における舅舅の出番は一種の演出ではあるが、モソ人の舅舅の権威を象徴的に表す一幕といえよう。

### 舅舅を恐れないことは礼儀のないこと

　もちろん、舅舅に対する尊敬、家族における舅舅の地位の高さは、単にこうした葬儀などの非日常的な儀礼においてのみではない。舅舅への尊敬はモソ人の日常生活の中にも広く浸透しているのである。モソ人は舅舅の前では勝手な振る舞いをしない。「私は30代に入っていますが、舅舅の前で酒を飲むようなことはしません。酒だけでなくタバコもできるだけ遠慮しています。もちろん、酒を飲んではいけないという決まりはないが、私はできるだけ慎むようにしています」とムワ・ツアルピンツォさん（男、31歳）は言う。

　ある日、一日の取材にずっと付き合ってくれたモソ人の青年とモソ式の焼肉屋で食事をすることになった。観光客が多く訪れ、食事をしながら歌を掛け合う賑やかな露天の店である。青年とは何回も行動をともにし、すでに遠慮の要らない仲となっている。青年は、豪快に飲み、歌いまくっていたが、彼の舅舅が店に現れた途端、静かになり、隅の方に小さくなっている。言葉の使い方も普段とは違って丁寧になる。その急変振りがあまりにも印象的だったので、後でそのわけを聞いたら「モソ人は舅舅の前で勝手な振る舞いをすることを最大の無礼と見なします」という。

　舅舅に対する尊敬は、モソ人のみならずこの地域に住むプミ族の間でも広く見られる。ある日、プミ族の人が主催した食事会に招かれたことがある。子豚を調理したイ族の料理で、宴会は大いに盛り上がった。その時、70代後半の男性が満面の笑みを浮かべて入ってきた。すると、その場にいた7、8人が全員慌ただしく立ち上がってあいさつする。椅子を新たに用意する者、吸っていたタバコの火をこっそり消す者、お酒を注ぐ者、お皿に料理を入れて差し出す者など、全員の

注意力が老人に集中する。座席が落ち着くと、主人は改めて紹介してくれた。「わが家族で最年長の舅舅です」と。

舅舅を尊敬することは「天地の大儀」である。独家村に住むドゥマインルさん（女、13歳）が言った、「舅舅を恐れないことは、すなわち礼儀のないこと」という言葉が印象的だった。同日にインタビューしたホ・ルル君（男、13歳）は「舅舅を尊敬しない人は変な目で見られる」と言う[14]。モソの子どもにとって舅舅とは、理由はともかく、尊敬しなければならない存在なのである。

舅舅を尊敬することは「天地の大儀」である

### 3．養いて教えざるは、舅の過ちなり

大人のモソ人が語る舅舅への尊敬の念は、主に自分の成長における舅舅の計り知れない影響力に基づいている。特に、母系家族における教育的役割である。

「漢民族は"養いて教えざるは、父の過ちなり"というが、われわれモソ人にとってみれば"養いて教えざるは、舅の過ちなり"です」とヤンツアルさん（男、43歳）は言う[15]。"養いて教えざるは、父の過ちなり"は、『三字経』[16]の中の言葉である。中国では古くから家庭における子どもの教育は、父にまずその責任があると考えられてきた。父親のいないモソ人の家庭では舅舅がその役目を果たすことが期待されるのである。

まず、モソ人の子どもにとって舅舅は「恐い」存在である。小学校の教師を務めるYさんは、「私は舅舅に叱られたことがありませんが、それでも舅舅は私にとってやはり怖い存在でした。しかし、何かあると舅舅はいつも相談相手でした。小学校に入り、また中学校、高校、師範学校へと進学するたびにお金が掛かりましたが、舅舅は何もいわずに学費を出してくれました。母には、モソ人の女はつらくても笑顔を忘れてはならないと言われ、舅舅には何があっても学業をやめてはいけないと言われました」と振り返る[17]。

落水村のジァル家の若いお母さんのコメントも面白い。「モソ人の子どもは舅舅を最も怖がります。子どもがいうことを聞かない時は、『舅舅に電話するからね』と言うと、すぐおとなしくなるのです」[18]。ムワ・ツアルピンツォさんが舅舅と聞いて浮かぶのは、何か悪いことをした時、母、祖母、オバなどが口癖のようにいう「待ってなさい。舅舅が帰ってきたら全部話すからね」という脅し文句である。現在、中学校の副校長として期待されている彼だが、小学生のころ、たばこを吸ったり、学校から逃げたりしてたびたび舅舅を困らせていたという。「小学校4年生の時のことだと思いますが、ある日、隠れてタバコを吸いました。不思議なことに、そのことを舅舅が知っていました。舅舅はポケットからお金を出して『タバコを2箱買って来い』と言いました。タバコを買って来たら、舅舅は1つは自分のポケットに入れ、もう1つは『これはお前の分だ』と言って私に渡すのです。私はそれを受け取ることができませんでした。それ以降、そんな真似はできなくなりました。舅舅はいつも私の学校のことを心配していました。よく学校から逃げたからです。そういう時は決まって舅舅につかまって学校まで連れて行かれました。舅舅や家族のお陰で最終的には師範学校まで進むことができました」[19]。

すでに舅舅として甥や姪たちの面倒を見ているゲータ・ダロンさんは言う。「子どもはやはり男を怖がります。母系家族といっても一家の"頂梁柱"（大黒柱）はやはり男です。どこも一緒でしょう？ モソ人の家族では、子どもの教育、特に甥の教育は舅舅の責任とされます。舅舅が怒鳴ると甥たちや姪たちは聞かなければなりません」[20]。若くして女家長を務めるアコェ・ザシゾマさんは、「舅舅がだらしないと次の世代もだめになるから、賢い舅舅は甥や姪の前では威厳を保つよう心がけています」と言う[21]。

### 舅舅のお陰で今がある

モソ人は、自分の成長に最も重要な影響を与えた人物として舅舅を挙げる場合が多い。筆者は、モソ人のエリートはいかに形成されたか、特にモソ人の文化と伝統がそれにどう関わってきたかという視点から、彼らのライフ・ストーリーに興味を持ち調べてきたが、舅舅の影響力を語らない者はほとんどいなかった。

ゴワ・ソンナピンツォさん（男、73歳）は、県内初の少数民族の教師であり、

34年間、教師として、そして校長として教育の第一線で活躍した人物である。その業績が認められて省や県から表彰され、2006年には県政に貢献した50人の中の1人に選ばれた。

その50人の功績を称える本の出版も予定されていて、筆者がインタビューに訪れた時、ちょうどそのゲラが回ってきて校正にとりかかっていた。彼が教師となるきっかけをつくってくれたのは舅舅だったという。「ラマ僧だった舅舅は、遠くまで旅行したことがあり、見識が広く、考え方も進歩的な人でした。今もはっきり覚えていますが、ある日、舅舅は水辺で遊んでいる私に『これからは漢人の世の中になる。漢字が読め、漢語がしゃべれないと出世できないのだ。とにかく、漢字を学ぶことから始めることにしよう』と言って、私を私塾に連れて行きました。まる2日も歩いて。当時、村には学校がなかったのです。私は、私塾の先生から曹文彬という漢名を付けてもらい、落水村初の漢名を持つモソ人となったのです。私塾では『五経四書』などの古典を6年間学びました」[22]。インタビューでもその古典の中の名言をたびたび引用していたので、第一印象は「漢文教養のあるモソ人」だった。私塾で漢文の知識と教養を身につけたソンナピンツォさんは、建国直後、1年間の教員養成コースを経て、県内初の少数民族の教師として長い教職の道を歩むようになったのである。

現在は定年退職しているので、家で本を読んだり、音楽を聴いたり、独自に配合した漢方薬酒を嗜んだりしてのんびりしているソンナピンツォさんだが、彼が舅舅に寄せる思いには並々ならぬものがあった。「舅舅は、結局私が大人に成長して働く姿を見ることもなくあの世に行ってしまいました。その舅舅に恩返しできなかったことが本当に悔しいです」と言って、涙ぐむ。初めはその涙の意味が理解できず戸惑ったが、彼の次の言葉を聞いてそれが理解できた。「私は舅舅の愛を一身に受けて育ちました。幼い頃、風邪を引いて何回も紙で拭いた鼻が赤くなって痛がっている私を見て、舅舅は自分の舌で鼻水を舐めて拭いてくれたことを今もはっきり覚えています」。今度は、こちらも鼻の辺りがつんとなってきた。

舅舅について語るソンナピンツォさん

第5章「養いて教えざるは、舅の過ちなり」— 母系家族における母方オジの役割 —　　*103*

彼の舅舅に寄せる感謝の気持ちが痛いほど分かったような気がした。
　永寧郷長の阮学武さん（男、39歳）は、「優秀な舅舅」に恵まれていた。1人は解放軍の某砲兵団の副団長、もう1人は裁判官だった。「軍隊にいた舅舅の影響が特に大きかった」と阮学武さんは振り返る。その舅舅はまず、彼にとって「人生の目標」であったし、「学校に行き、知識を蓄え、外の世界に出てみたいという意識」を芽生えさせた存在だった。軍に入る前は学校の教師だった舅舅は、いつも"君たちの世代は知識がないと食べていけなくなる"と学校に行くことの重要性を説いた。舅舅は彼を学校に行かせるために自分の家に住まわせ、そこから学校に通わせたという。
　「舅舅は転勤しても必ず私を転勤先まで連れて行きました。村には私と同年代の子どもが30人ほどいましたが、学年が上がるにつれて一人ひとり脱落していきました。みな、馬や豚の放牧をしたり、畑の仕事をしたりして、家計を助けなければならなかったからです。中学校になると結局、残ったのは私1人でした。当時は、家に労働力が必要になると、働くために子どもたちは簡単に学校を辞めたのです。中学生の1週間の生活費は2元程度でしたが、貧しい家庭にとっては重い負担だったに違いありません。しかし、私の場合、まったく問題になりませんでした。舅舅の支援があったからです。後に高校に進学し、大学を卒業することができたのは、自分が頭が良かったからではありません。今の私があるのは、みな舅舅のお陰です。モソ人は、甥の教育は舅舅の義務と考えています。たとえ、私の場合のように舅舅と一緒に住まなくても、観念的には一つの家族であり、家族としての責任を果たすのです。住む所が違うだけで本当は一つの家族なんですから」[23]。
　もちろん、モソ人が皆、阮学武さんのように「優秀な舅舅」に恵まれることはあり得ない。しかし、すべてのモソ人は自分の舅舅に関する物語を持っている。ゲディ・イスさん（男、60歳）は、「たとえ、社会的にあまり地位のない人でも、家では舅舅として尊敬され、頼りにされる。それがモソ人の家族だ」と言う[24]。

### 頼りになる舅舅

　永寧郷政府で女性部門を担当するダスラツォさん（女、33歳）は、幼い頃はリゲ島にある大家族に囲まれて育った。両親は、初めは走婚だったので、父親と

は一緒に住んではいなかったが、後に両親が「合併」してから父親と同居するようになった。しかし、彼女は父親と一緒に住むようになってからも父親でなく舅舅の影響をより多く受けたという。

「退役軍人だった舅舅は、自分のことより他人のことを先に考える人で、皆に信頼されていました。私はずっとその舅舅の影響を受けてきたと思います。友達とどう付き合い、仕事にどう向き合うかについても舅舅はいろいろアドバイスをしてくれました。公務員で幹部だった父は仕事が忙しく、ほとんど家にいませんでした。私は舅舅とはまったく隔たりがありません。私は就職も、また転職も、舅舅の助言を得てから決めました。当初、私は県庁所在地での勤務を希望していましたが、舅舅の助言で永寧郷に戻ることにしました。また小学校の教師を辞め、郷政府で女性関係の仕事に就いたのも舅舅の助言があったからです。教師より行政の仕事に向いていると舅舅に言われました。その一言で私は進路を変えました」[25]。

「ということは、お父さんと一緒に住むようになってからも、舅舅の影響力の方が大きかったということですね」という筆者の質問に、「そうです。私は何でもまず一番上の舅舅に話し、相談にのってもらっていました。父に相談する前に」と答える。

アコ・ザシゾマさんは、自分が母に対して口答えをしたり、年長者に無礼を働いたり、外でけんかをしたりすると、いつも舅舅に厳しく叱られたという。「私たちは舅舅の言うことの一言一句を信じ、理解しようとしました。母には叩かれたことがよくありましたが、舅舅はいつも理屈で納得できるようにして説明してくれました。舅舅は1998年に亡くなりましたが、自分の子どもより、私たちにより多くの神経を使っていました。だから、モソ人の舅舅は家族で尊敬され、老後はその甥と姪たちによって扶養され、穏やかな老後を送るのです。舅舅の葬儀もまた甥たちの義務となっています。私も今、自分の子どもの教育に弟の力を借りています。子どもが言うことを聞かないと、『舅舅に言うからね』と言ったりして。子どもはすぐおとなしくなります」[26]。

## 4．父親の役割と舅舅の役割 ― モソ人の男の役割選択 ―

　モソ人は、舅舅になって初めて男として完璧だと考えている。Yさんは、姉に子どもができた時、兄が「これで俺も舅舅だぞ！」と言って飛び上がって喜んでいたことを覚えている。兄はいつも子どもの遊び相手をしたり、面倒を見てくれたりしていたという。

　モソ人の男性にとって、甥と姪が生まれることは重要な意味を持つ。つまり、舅舅になったことで大人を自覚し、責任感も感じるようになるのである。モソ人にとって舅舅になることは、成人式に次いで、大人になる第2のステップといえるかもしれない。もちろん、甥や姪に恵まれなければ舅舅になれない。現地では、たまに舅舅になれなかったことを悔しがる男性に会うことがある。

　一方、子どもの方からすると、「舅舅がいないことは不幸なこと」でもある。H・R（男、43歳）は、次のように言う。「モソ人の子どもにとって、舅舅がいないことは、残念というより、不幸といった方がいいかもしれません。私の母は姉妹のみで兄弟がいなかったから、私には舅舅がいません。小さい頃、舅舅のいる同級生をつねに羨ましく思っていました。でも、私には偉大な母がいました。というのは、母は一人で私たち三兄弟を育て上げたからです。単に育てただけでなく、学校に行かせてもらった。三兄弟の中から中卒が出て高卒が出たことは、当時としては珍しいことでしたから。舅舅がいなかった分、母は余計に苦労したでしょう」[27]。彼にとって母の偉大さは、舅舅のいない環境で自分たちを立派に育て上げたことだったのである。

**甥と姪の教育は舅舅の責任**

　G・Dさん（男、35歳）は、近年「頭の痛いこと」が多い。頭痛の種は、やはり甥や姪たちのことである。「モソ人の家庭では、舅舅が甥や姪たちの手本と

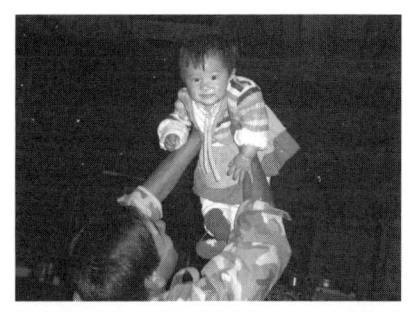

男は姉や妹に子どもが生まれて初めて「舅舅」となる

なり、家の中で大きな役割を果たすことが期待されています。私は、小さいころから舅舅に世話になることが多かったです。小さいころ、いたずらばかりしていたので、舅舅はかなり気を遣っていました。どうやら舅舅は"いたずらする子は大物になる"と考えていたらしい。私には教師の舅舅とサラリーマンの舅舅がいましたが、2人とも実家を離れて外に独立した家庭を持っていました。しかし、2人ともいつも実家にいる私たちのことを心配してくれました。今度は、私の出番です。一番上の姉には子どもが2人います。1人は今年大学に入り、もう1人は高校に通っていますが、その費用を私が賄わなくてはなりません。舅舅ですから。学校選択、学校での成績、そして学費などをいつも気にかけています。二番目の姉の子どもたちも一緒です。大学に行っている下の子は心配要りませんが、問題は上の子です。軍隊を引退したが、職が見つからず頭が痛いです。一昨日、寧蒗に行ったのもその子のためでした。コネを使っても何とか適当な職についてもらいたいのですが、思うようにはいかないのです」[28]。

　男が父親としてより舅舅としての役割を優先することに対して、女性側の家族も理解を示す。というのは、自分の兄弟も舅舅として甥や姪の面倒に専念しているため、お互いさまだからである。

　ダスラツォさんは「夫」と子どもの関わり方について次のように説明する。「主人は、子どもの教育に関して少し助言をしたりする程度です。子どもが大学に行ったとしても、学費などはわが家で負担します。夫が学費を負担するようなことは絶対にあり得ません。彼には彼の甥や姪がいますから。もし、夫の家が経済的に余裕があって助けてくれても反対はしません。でも助けてくれなくても私たちは何も言いません。むしろ、彼が一生懸命になると、私の兄などは舅舅として立場がなくなります。とにかくわが家は姉妹兄弟が8人もいますから、少しずつ出し合っても何とかなります」[29]。

　寧蒗県の婦女連合会主席を務めるゴワ・アピンさん（女、50歳）は、面白いエピソードを紹介してくれた。昨年、ある女子生徒が高校進学のことで相談に来たという。彼女は高校への進学を躊躇していた。その理由は、舅舅たちが学費を出してくれるかどうか心配だったからだ。彼女の父親はすでに母と別れて他の女性と走婚している。彼女の舅舅たちも走婚をしていて、その子どもたちも皆中学校あるいは高校に通っている。彼女は、舅舅たちが自分の子どものことで精一杯

だから、自分なんかにかまっていられないだろうと同級生に漏らしたという。舅舅たちに学費のことで負担をかけたくなかったのである。彼女の悩みを聞いた同級生たちは、学費は舅舅でなく父親が負担すべきだ、父親がそれを断るなら法律に訴えればよいとアドバイスした。確かに法律では「子どもの養育は父母の義務」となっており、父母がその義務を果たさない場合、子どもは父母に対して扶養費を請求する権利があると定められている。

「しかし、私は、相談に来た彼女に法に訴える必要などないし、舅舅たちが何とかしてくれるはずだから心配も要らないと言いました。結果的には、私の言った通りでした。彼女の舅舅たちが学費を工面したのです。『姪を学校に行かせなかったら、舅舅としての面子が丸つぶれだ。わが子が学校に行かなくなることより、姪を学校に行かせられないことの方がずっと恥ずかしいことだ』と言って」。ゴワ・アピンさんはさらに続けた。「しかし、私はむしろその女子生徒の考え方が気になっていました。彼女は舅舅でなく、自分の父に希望を託していたのです。恐らく、これは外来文化の影響でしょう。つまり、漢文化の影響です」[30]。

### 保護者欄に舅舅の名を記入する

このように甥や姪たちの面倒をみる舅舅は、絶対多数の母系家族の子どもたちにとって父よりずっと近い存在であり、父より親近感を覚えている。母方オジはどの社会においても重要な親族であることは共通しているが、生涯にわたって舅舅と同居するところが他の社会の母方オジと大きく異なる特徴であろう。

ナジンラツォさんは12歳の小学生だが、モソ人について説明する時、いつも「私たちモソ人」という言葉を連発する「しっかり者」である。彼女は言う。「私たちモソ人の家庭では、舅舅は最も恐く、また最も大きい存在です。舅舅の言うことは皆聞きます。いつも私たちのことを気にしてくれているし、いい物が手に入るといつも私たちにくれます。ある日、お祖父さんが『家計も大変だから、高校はやめた方がよい』と言ったら、舅舅は、『それは違う。高校だけでなく大学へも行くべきだ。費用のことは心配するな。私が何とかする』と言ってくれました。舅舅は怖いが、大好き。父も私たちのことについて、少しは心配してくれますが、舅舅の方がずっと頼りになっているし、ずっと仲がいいです」[31]。

A・Zさん（女、27歳）の場合、13歳の時から父親と一緒に住むようになっ

ているが、最も親しみを感じ、尊敬するのは舅舅であって父ではないという。何でも「まずは舅舅、次に父」という彼女は、父との関係を「融洽」(打ち解ける)、舅舅との関係は「黙契」(何も言わなくても心が通じる)と表現した[32]。M・Cさん(男、31歳)は、6歳の時に一定期間、獣医をしている父親と一緒に生活し、父の仕事場に連れて行ってもらったこともあるが、学校に行くようになってからは父の所に行っていない。「やはりずっと一緒に住み、ともに生活してきた舅舅に親近感を覚えますね」と彼は言う。

　舅舅の地位は、端的に言えば、母によって築かれるといってよい。「父」「夫」のいない母系家族において、賢い女性たち、特に母親は、理想的舅舅像を持ち、舅舅の地位と権威を築き上げることで父性を確保し、家族運営の円満を図るのである。舅舅の地位は、子どもたちが幼い頃から大人の女性に言われるさりげない言葉、母親の舅舅に対する態度等によって自然に築かれる。アコェ・ザシヅマさんは言う。「祖母や母がいつも言っていたから、私たちは自然に舅舅の言うことを聞かないといけない、理由はともかく舅舅は尊敬しなくてはならないものと思うようになりました。よっぽどのことがなければ母は、私たちの前で舅舅を叱ったりはしません」。

　ヤンツアルさんにとって、舅舅の権威は「神聖不可侵」であった。子どもの頃、遊び仲間がよく相手の父親をネタにしてふざけ合うことはあっても、相手の舅舅のことに触れるようなことはしなかった。父親はどうせ家族の人でないから、からかわれても誰も気にすることはなかったが、自分の舅舅がからかいの材料とされたり、悪口を言われたりすると、事態は一変し、「衝突はたちまち昇格」したという。彼にとって、舅舅は「最も恐れ、最も憎み、最も誇りにしていた存在」だった。舅舅に対する複雑な心境は40代に入った今でも変わりはないが、「もし、舅舅の存在がなかったら自分の人生には無数の空白と遺憾が残ったに違いない」と言う。振り返れば、小学校の入学式に連れて行ってくれたのも、成人式でズボンを穿かせてくれたのも、90kmの山道を2日歩いて町の病院に連れて行き、師範学校進学のための健診を受けさせてくれたのも他ならぬ舅舅だったからである。

　小学生のころ、書類を書く時、「保護者」欄には「当然のごとく」舅舅と母親の名前を記入していた。しかし中学校に進学した時、家族に変化が生じた。文化

大革命の間、「一夫一婦制」が強制的に推し進められ、父親が「家に入ってきた」からである。書類の「保護者」欄に父親の名前を記入するよう先生に指導されたが、彼はやはり舅舅の名前を記入した。担任の先生から何を言われても沈黙を保った。時間が経つにつれ、学校側も慣れてきて何も言わなくなった。「当時、自分の気持ちを説明しようとは思わなかった。というよりその必要もなかった。モソ人の舅舅のことを一言二言で説明し、よその人に分かってもらえるとは思わなかったから」とヤンツアルさんは振り返る[33]。

## 5．母系制と母方オジ

### ナヤールの母方オジ

彭兆栄は、強い「オジ権」の存在を西南地域の代表的な文化現象の一つと位置づけているが[34]、「オジ権」は母系制と密接不可分の関係にあり、母方オジが享有する強い権限と高い地位は、母系社会に共通に見られる現象といえよう。

インドのケララ地方の母系大家族は、モソ人の母系家族と多くの面で類似している。例えば、「タロワド」と呼ばれるナヤールの母系家族は、その成員が「過去に幾世代も遡る母系の血縁関係」によって結ばれ、女性成員の夫、および男性成員の妻とその子どもたちは成員から除外される。また「社会生活、経済生活を伴わないで性生活と愛情によって結ばれる」妻訪婚もモソ人の走婚とよく似ている。性別役割分担にも共通するところがある。家族の最年長の男子であるカラナヴァンが対外交渉権を持ち、女主人であるタラバンティル・アマが家族内の仕事に対して全責任と運営権を持つことに象徴される役割分担などである[35]。

ナヤールでは、父と子の関係は「最も希薄なもの」となっているという。父はたいてい夕食後、子どもたちが寝てしまった後にやって来て、子どもたちが起きる前に帰ってしまう。子どもは成長すれば「父の名も顔もよく知るが、愛情関係にいたっては伯父─甥の関係が完全にこれに代わる」のである[36]。ナヤールにおける伯父と甥の関係は「父系制における父と息子の関係に相当する」とされる。ナヤール大家族では「甥は継承・相続者としてもっとも重要な成員」となる。

中根千枝によると、ナヤールの男性が相続は息子より甥の方が合理的だとする

理由は、「息子は妻を信じてはじめて自分の血を継ぐ子であると認められるが、絶対の確証はない。甥は自分と同じ血を分けた姉妹の子であるから自分の血を継いでいるということに疑いを入れる余地がない」からだという[37]。「伯父の期待」は全面的に甥たちに向けられるし、甥は伯父、特にカラナヴァンに対して「絶大な敬愛の情」を持つ。甥と同様、姪もまた、伯父にとっては父系家族の娘に等しく、「伯父——姪の間はまことにあたたかい愛情によって結ばれている」のである[38]。ナヤールの母系制とモソ人の母系制が多くの面で類似点を持つのは、恐らく両者ともに妻問い婚という婚姻形態と「夫婦」別居の居住様式によるものであろう。

### サタワル社会の母方オジ

　同じ母系社会でも、サタワルの男性は、結婚すると妻のリニージに婿入りする。この点では、妻問い婚を営むナヤールやモソ人とは大きく異なる。妻の家に婿入りした男性は、「よそもの男」、働くために「飛んできた男」の地位に甘んずるが、しかし、彼らは自分のリニージにおいては財産の監督、女性キョウダイや彼女の夫たち、そして子どもたちに対して権威を持つのである[39]。

　甥や姪たちの大学進学や結婚に対して最終的判断を下すのは、その両親でなく母方オジである。母方オジが家に来たとき、甥たちは家の隅に座ってオジの話に耳を傾ける[40]。子どもたちは、思春期までは母親や父親の言うことを聞いて生活するが、大きくなるにつれ、母の兄弟に一目を置くようになる。母方オジは、姉妹の子どもに対して「保護者としての全権」を持つのである。女性もまた自分のリニージに関する問題で頼りにするのは夫でなく、彼女の兄弟や母の兄弟である。母方オジは「成人した彼の姉妹の子どもの言動を監督し、責任を持つ地位」にあるので、オジは「監視する人」で「怖い存在」として見なされる[41]。甥たちは、成人すると「母方オジの要求にこたえ、その指示や命令に従うこと」が義務となるのである。

　結婚した男性が自分の子どもが成人するまでは、独自の判断で育児や養育を行うことができるところが、モソ人の母系制と大きく異なる点である。しかし、成人期を過ぎると、子どもに対する社会的監督権、つまり権威を「他者」に譲ることになる。その「他者」とは、「妻の兄弟」つまり「子どもの母方オジ」である。子どもは成人すると、「父親の手から離れ、母方オジの支配下におかれる」ので

ある[42]。

### トロブリアンド諸島の母方オジ

マリノウスキーが描いたトロブリアンド諸島の母系社会においては、男性が女性のリニージに婿入りするミクロネシアの母系社会とは異なって、妻は夫の村に定住する。つまり、嫁入り婚である。子どもたちは、幼い頃は父の所にとどまるが、成長すると母の村に戻る。すべての男は、「自分の村たる母の村に住むべきであるという種族の法」に従うのである[43]。つまり、女は結婚によって夫の家に入り、妻として夫の家で生涯を終えるが、子どもは成長すると母の兄弟の家に戻り、そこで妻を迎えて結婚するのである。

トロブリアンド諸島では「父は子ども達にとって親しい仲間であり、すすんで子ども達の面倒をみるものであり、絶えざる愛情をもって接し、やがて子ども達の教育にもたずさわる」という[44]。モソ人やナヤールの母系家族に見られる父親と子どもの稀薄な関係は、ここでは見られない。子どもは父と一緒に住み、父の深い愛情で育てられるのである。つまり、ここでは子どもの世話は、「夫のレッキとした仕事」と見なされる。「彼は子どもをあやしたり、背負ったり、洗ってやったりしている。また父親は子どもが生まれたときから、母乳のほかに潰した植物性の食べ物を与えたりする。実際、赤ん坊を腕や膝に抱いてあやすことは、父親の独特の役目であり義務でもある。結婚していない女性が産んだ子どもは土人達の表現によると"タマのないもの"（つまり母に夫がいないという意味である）であるが、彼らが"不幸"だとか"悪い"とかいわれるのは、"抱いたり、可愛がったりしてくれる人がいない"からなのである」[45]。父親は「トマカバ」すなわち「見知らぬ者」、より正確には「よそ者」と呼ばれるが、子どもたちがその"よそ者"である父親に対して敬意を払うのは「父の手は子どもの排泄物でよごされ通し」だったからだという。ところが、子どもたちは成長するにつれ、父親が自分とは同じ氏族に所属する者でなく、トーテム名称も異なっており、自分と同じなのは母であることを理解する。同時にあらゆる義務も拘束も、そしてまた自分のプライドに関する事項など一切が、母との間に結ばれて父から分離していることを教えられるという。

この、子どもと父親との分離と同時に登場するのが、母方オジの存在である。

「子ども達の視線には別の男が浮かんでくる。その男は"カダグ"（私の母の兄弟）と呼ばれており、同じ村に住むこともあるが、概して他の村に住むはずのものである。やがて"カダ"（母の兄弟）の住んでいる場所が、子ども達にとって"自分の村"であり、そこには財産や権利があり、将来がまっているのであり、自然的な結合の相手や味方などがいるのも、そこであることをおぼえるのである。…さらに成長するに及んで母の兄弟が奉仕や援助を要求したり、どんな行動をしたら良いか悪いか、とやかくいう権威を増大してくるのに反して、父の権威と助言は次第に重要性を失ってゆくのを目のあたりにする」のである[46]。

　ミクロネシアとトロブリアンド諸島では、嫁入りにせよ、婿入りにせよ結婚という婚姻形態と夫婦同居という居住様式をとることから、モソ人やナヤールの母系家族よりは明らかに多くの「父愛」や父と子どもの間の絆が存在している。しかし、ここでも最終的には母方オジの権限が父親のそれに勝るのである。


【注】
1）山極寿一著『家族の起源 ― 父性の登場』東京大学出版会、1994年、175頁。
2）林道義著『父性の復権』中央公論社、1998年、22頁。
3）雲南省編輯組『永寧納西族社会及母系制調査 ― 寧蒗県納西族家庭婚姻調査之三』雲南人民出版社、1986年、1頁。
4）劉達臨著『中国性史図鑑』時代文芸出版社、2003年、101頁。
5）ニセ村でのインタビューより（2006年8月27日）。
6）銭鈞華著『女人国 ― 中国母系村落利家嘴』中国青年出版社、2004年、171頁。
7）江守五夫著『母権と父権 ― 婚姻にみる女性の地位』弘文堂、1973年、41頁。
8）ロバート・ウィンストン著、鈴木光太郎訳『人間の本能 ― 心にひそむ進化の過去』新躍社、2008年、151頁。
9）拉木・嘎吐薩著『走進女児国 ― 摩梭母系文化実録』雲南美術出版社、1998年、21頁。
10）汝亭・龍布著『濾沽湖　摩梭人』中国民族撮影芸術出版社、2001年、10頁。
11）例えば、雲南省民間文学集成弁公室編の『雲南摩梭人民間文学集成』（中国民間文芸出版社、1990年、363-366頁）では、「舅父奔喪」の題で、中華民族故事大系編委会編の『中華民族故事大系（第9巻）』（上海文芸出版社、1995年、937頁）では「舅舅的右衣角哪里去了」という題で収録されている。なお、『中華民族故事大系（第14巻）』（252-256頁）では、「送披毯」という題でプミ族の伝説として収録されている。
12）李子賢等「舅舅的右衣角哪里去了」前掲『中華民族故事大系』（第9巻）、937頁。
13）拉木・嘎吐薩著『夢幻濾沽湖 ― 最後一個母性王国之謎』雲南美術出版社、1996年、139頁。

14) 2006年8月27日のインタビューより。
15) 開基村でのインタビューより（2005年8月30日）。
16) 『三字経』とは、中国で古くから伝えられてきた子ども向きの啓蒙書。書名は「人之初、性本善…」というふうに3文字で1句を成して綴られたところに由来する。普通、「養いて教えざるは、父の過ちなり」の次に「教育する上で厳しさを欠くのは、師の怠慢なり」がセットとなって引用される場合が多い。
17) 可口可楽希望小学でのインタビューより（2005年3月23日）。
18) 落水村でのインタビューより（2004年10月11日）。
19) 永寧郷でのインタビューより（2006年9月6日）。
20) 落水村でのインタビューより（2006年9月13日）。
21) 落水村でのインタビューより（2006年8月26日）。
22) 落水村の自宅で行ったインタビューより（2006年9月5日）。
23) 永寧郷長オフィスでのインタビューより（2006年8月23日）。
24) 2005年3月23日のインタビューより。
25) 永寧郷でのインタビューより（2006年9月3日）。
26) 落水村でのインタビューより（2006年8月26日）。
27) 永寧郷でのインタビューより（2006年9月7日）。
28) 落水村でのインタビューより（2006年9月13日）。
29) 永寧郷でのインタビューより（2006年9月3日）。
30) 麗江市でのインタビューより（2006年8月17日）。
31) 尼賽村でのインタビューより（2006年8月27日）。
32) 落水村でのインタビューより（2006年8月21日）。
33) 開基村でのインタビューより（2007年2月17日）。
34) 彭兆栄著『西南舅権論』雲南教育出版社、1997年。
35) 中根千枝著『家族の構造』東京大学出版会、1970年、330-346頁。
36) 同上、345頁。
37) 同上、340頁。
38) 同上、341頁。
39) 須藤健一著『母系社会の構造 ─ サンゴ礁の島々の民族誌』紀伊国屋書店、1989年、107頁。
40) 同上、74頁。
41) 同上、75頁。
42) 同上、76頁。
43) マリノウスキー著、泉靖一、蒲生正男、島澄訳『未開人の性生活』新泉社、1999年、23頁。
44) 同上、17頁。
45) 同上、29-30頁。
46) 同上、18頁。

## 第6章 枯渇の危機に瀕した文化の源流
### ― 土着宗教の行方 ―

### 1. 祈りと儀式に生きる人びと ― チベット仏教の伝来と浸透 ―

　風になびく色鮮やかな経幡、そして村の入り口や道の交差するところに積まれているマニ堆は、ここがチベット仏教の地であることを示すシンボルである。中国西南高原でよく目にする風景だ。

　経幡と呼ばれる旗や幟は、赤、黄、青、白、緑の五色の布で作られ、そこには六つの苦しみを解消するとされる「六字真言」

マニ堆を回る信者（落水村）

という仏教の経文や図案が書かれている。長い紐に連ねて木と木の間に掛けたり、屋根と屋根との間に掛けたり、あるいは高い木の棒に掛けて立てられたりする。お正月には、葉っぱのついた竹にかけた、赤色の縁をした黄色い経幡が目立つ。

　経幡にはたいてい次の3種類がある。1つは、屋根や家周辺の木に掛けるもので、そこには家族の無病息災、吉祥幸福を祈る経文が綴られている。もう1つは、火葬地や氏族の共同墓地等に密集して立てる旗で、死者を苦界から救うための経文が書かれている。最後は、山の中腹や頂上にある焼香地に掛けられるもので、そこには山の神に関する図案や天候、豊作、安全を祈る経文が書かれている。経幡が風になびくことは、風が人に代わって経を読むことであり、経幡が勢いよくなびき続ければ、それだけたくさんの経を早読みしていることと見なされる[1]。

　マニ堆は、大小異なる石を高さ2m前後の三角錐に積んで作られ、石には「六字真言」や図案、経文が彫られてある。経幡と同様、マニ堆の周囲を回ることは

第6章　枯渇の危機に瀕した文化の源流 ― 土着宗教の行方 ―　115

そこに書かれた経を唱えることとされる。

　念仏は、ラマ教信者の日課である。時間さえあれば仏具を回し経を唱える。経は兎にも角にも読めば読むほど良いものとされる。家庭訪問では、手に持った仏具をインタビューの間、ずっと回し続ける老人をよく見かける。

　ラマ教は今や完全にモソ人の日常生活に溶け込んだ。冠婚葬祭はもちろんのこと、出産祝い、命名式、家の建築、新年のお祝い…など、生活のほぼすべてがラマ教と密接な関わりを持つようになってきた。生活そのものが祈りであり、日常が儀式であるといっても過言ではない。

　2006年の夏、濾沽湖へ2カ月間ほど滞在する機会を得た。4度目の現地入りだったが、入る前から不運が続いた。北京ですでに下痢で体調を崩し、成都では携帯電話をなくし、昆明ではタクシーの中にカメラを置き忘れてしまった。「ついていないね。今回は」と嘆いたら、タクシーの運転手は「破財免災」（財をなくすことで災いを免れること）と言って慰めてくれた。しかし、傍に居合わせていた知り合いのモソ人の女性は「明日でも札美寺に行ってお祈りしなさい」と勧める。彼女は笑ってごまかそうとする筆者の腕をつかまえて、「なぜ祈ろうとしないの？　よくないことが続いているのよ！」と真剣な表情で問い詰めた。

　落水村の湖辺では、仏具を回しながらマニ堆回りする年配の信者をよく見かける。村の数カ所に設けられているマニ堆を訪ね回るのが日課だという。永寧郷の教育行政のトップの責任者で、永寧の高僧と前所の著名なダバを紹介してくれたハイ・ルルさんは、マニ堆を通る時は運転していても、可能な限り時計回りの方向で通るという。彼と一緒に札美寺を訪れた時、「ここの人は学校のことにはほとんど興味を示しませんが、寺院のことになると違います。例えば、寺院の城壁が古くなると、何も言わなくても多くの人が進んで修繕をかってでるのです。その情熱を少し学校にも分けてくれると助かるのですが」と言った。

　しかし、考えてみれば、ここでの近代学校制度はせいぜい半世紀程度の歴史しか持たないが、チベット仏教のここ

山の中腹にかけられた経幡（チベット自治区ラサ市の郊外）

での歴史は元の時代にまで遡る。モソ人にとって、学校などはそもそも寺院と同格で論じられるべきものではないのかもしれない。

ある日、マニ堆の近くの木陰で休んでいる年配の女性数人に出会った。毎日、村を回りながら平安を祈るという。仲間に入れてもらっていろいろ話を聞いた。旅行が話題になり、彼女らに「行ってみたい所は？」と聞いたところ、「チベットのラサ」とほぼ異口同音に答える。「北京とか上海とかには行ってみたいと思いませんか」という筆者の質問に、「別に。だって北京に用がないもん」と言って皆が大笑いをする。ラサは、彼女たちにとって憧れの「聖地」なのである。

「モソ人は信仰を持っているから、何をすべきか、何をしてはならないかをちゃんとわきまえています」とツリン・ピンツォさんは言う。托支村(トゥオズ)の小学校で5年生の数学と3年生の国語を教えるチベット族の教師である。モソ人の居住地域での勤務は初めてだという。「ここは、善良な人が多いです。皆、仲良くしているし、いつも喜んで困っている人を助けます。ここに来て数年経ちますが、人の物を盗む人を見たことがありません」[2]。モソ人に対するこのような評価は、ここに住む他の民族の人からよく聞かされる。「モソ人の犯罪率は県内で一番低いです」と言ったのは、県検察院に勤めるプミ族の青年である。モソ人による事件は、年に1件か2件程度であるが、それもたいてい、お酒を飲んで喧嘩したり、暴れたりするくらいで、凶悪な事件や窃盗事件はほとんど発生しないという。彼はその理由を「モソ人は信仰心が厚く、道徳規範ができているからだ」と説明した[3]。

モソ人にとって、チベット仏教は外来宗教である。開基村の後ろ側には永寧盆地が一望できる丘があるが、その丘に仏教伝来の起源を示唆する不思議な樹が立っている。モソ語で「アイーズ」（「去年の樹」という意味）と呼ばれ、半径50cm、高さ6～7mの普通の樹である。友人の祖母も幼い頃、村の長老から「去年の樹」を傷つけてはならないと聞かされたという。友人は、この樹にまつわる伝説を教えてくれた。

春は祈りの季節。僧侶は各家に招かれて1年の安寧を祈る。

第 6 章　枯渇の危機に瀕した文化の源流 ― 土着宗教の行方 ―

　昔、ある僧侶が仏教を広めるために、中甸からやって来た。足の不自由な僧侶は、この丘に杖を挿して立ち、永寧盆地を眺めた。盆地の美しさに感動した僧侶は、この地に仏教を広めることを決意する。その時、不思議なことが起きた。僧侶は丘に挿した杖を抜くことができない。杖が大地に根を張ったのである。その杖はやがて芽を出して今日の巨木に成長したという[4]。永寧の地に勢力を伸ばしてきたチベット仏教の歴史を示唆する伝説である。この中甸から来たとされる僧侶とは、恐らく四川省の木里から布教のためにやって来たチベット人僧侶を指すであろう。永寧におけるチベット仏教の歴史を語る時、必ず登場する人物である[5]。

　大乗仏教の流れを汲むチベット仏教がいつ永寧に伝わってきたかについては、さまざまな説がある。『雲南宗教史』によると、チベット仏教は宋の末期から元の初期にかけて、四川の巴塘、理塘からモソ人の居住する永寧、漾渠、木里、塩源等に入ったという[6]。今のところ、この「宋末元初」説が最も支持されているといってよい[7]。寧浪県の調査によると、1276 年に四川省の木里のチベット人の僧侶が永寧に来て布教活動を行っている。寺院の整備も進められ、1356 年に者波寺、1556 年に札美寺が建立される。札美寺は、ラマ教の教祖が訪れた時、当地をモソ語で「ザメイガ」（札美戈）と呼ぶのを知り、建立を決意したといわれている。「ザメイガ」は、チベット語で「平和」を意味する語だったからだ[8]。

　札美寺が隆盛を極めた時には 700 人の僧侶を抱え、新中国成立後の 1956 年にも 511 人の僧侶がいたという。しかし、その道程は必ずしも平坦なものではなかった。1935 年の木里チベット族との紛争の時に焼失し、その後復元されるが、今度は文化大革命で破壊され、完全に廃墟と化すのである[9]。今の札美寺は、1986 年に復元されたもので、現在は雲南省のモソ人居住地においては最大の寺院として雲南省の重要文化財に指定されている。

　現在、寺院の数は増え、濾沽湖周辺で知られている有名な寺院だけ見ても、落水村の里務比寺、永寧の札美寺、者波村の達伽林寺、瓦汝村の喇嘛寺、達祖村

永寧郷最大のラマ教寺院 ― 札美寺

の喇嘛寺、左所の喇嘛寺の六大寺院がある。ラマ僧侶の構成を見ると、モソ人、プミ族とチベット族の3つの民族からなっており、なかでもモソ人の僧侶が絶対多数を占めている[10]。

## 2．永寧におけるラマ教の特殊性

　チベット仏教は、永寧の地に伝わってからいく分その姿を変えている。
　まず、僧侶の生活が本拠地のチベットとは大きく異なるのである。
　1922年から27年間雲南省に滞在したロックは、その著『中国西南古納西王国』において、永寧地区のラマ教とダバ教についてたびたび触れている。特に永寧最大規模の札美寺については、その位置、

永寧のラマ僧は、普段は自分の家で生活し、法事がある時にだけ寺院に集合する

建築、仏像の作り方、僧侶の生活等について詳細な記述を残している。ロックは、ラマ僧の生活については「永寧のラマ僧のほとんどは寺に住まず、重要な法事がある時、例えば、毎年の祭りや寺の縁日の時、あるいは堪布(カンプ)(住職)に召集された時にのみ寺に赴き、その他の時間は家で過ごし、監督する人は誰もいない」と記述している[11]。
　ラマ僧のこうした生活パターンは、新中国になってからも基本的に変わっていない。周汝誠の「永寧見聞録」では、永寧のラマ僧は「いったん、出家すると家を忘れ、家に戻らないことを誓う」内地の僧侶とは異なり、出家してからも家で畑仕事をしたり、商売をしたりして、「俗人と変わりなく生産活動を営み、また俗人と変わりなくアシャ(恋人)関係を結んでいる」と記述している[12]。
　永寧地区で最高学位の高僧といわれているアペイ・ウォゾンさんを取材したことがある。79歳の高齢だが、顔色が良く、反応も速い。健康の秘訣は、「真心」を持つことだという。「真心」を持つと菩薩が守ってくれるからいつも健康でいられるのだ。チベットに15年間滞在したことのある高僧は、永寧のラマ僧につ

第6章　枯渇の危機に瀕した文化の源流 — 土着宗教の行方 —

いて次のように述べる。「チベットのラマ僧は基本的に寺で生活する。弟子が地位の高い僧侶の世話をし、政府からも経済的援助を受けている。これに対して、永寧のラマ僧はほとんど自分の家に住み、寺に住む機会が極めて少ない。つまり、普段の生活は普通の人とあまり変わらない。食事などの日常の生活はすべて自己管理となる」[13]。

永寧で最高の学位を有する僧侶として知られるアペイ・ウォゾンさん（79歳）

　僧侶の性生活を厳しく制限しないこともチベットとは違う点であろう。永寧に普及している黄教派は、戒律上では僧侶の結婚を禁止しているが、実際には結婚あるいは走婚しているラマ僧が少なくない。その理由として、ラマ僧が男性に占める割合が高いこと、普段は自宅で生活を営むため戒律の拘束を受けにくいこと、ラマ僧は社会的地位が高く、他の男性に比べて収入も高いので女性に人気があることなどを挙げることができる。ラマ僧侶とアシャとの交際は「公然たる秘密」ともいわれる[14]。筆者も現地で走婚する僧侶の噂を頻繁に聞いたし、実際に結婚している僧侶に会ったこともある。A・Dさん（男、70歳）は筆者に対し、自分の妹は4人の子どもをもうけているが、その長男の父親は「実はG××というラマ僧だ」と打ち明けた[15]。

　周汝誠が記述したチベット入り僧侶壮行会の様子からも、永寧のラマ僧と性の特殊な関係を覗うことができる。そこでは異性との交際が禁忌とされるところか、むしろ宗教活動の一環として位置づけられる場合もあったのである。かつて永寧では、毎年の5月になると、約30人の僧侶が修行のためにチベット入りをしたという。僧侶たちは事前にそのための準備を進め、「日月和」というところにテントを張って、翌日の出発に備える。「日月和」は、拖支村と開基村との間に広がる平地で、1253年にフビライの率いるモンゴル軍が南征する際、立ち寄って休憩したことでも有名な所である。僧侶たちはそこで一夜を過ごし、翌日、住職らに盛大に見送られて出発するのである。

　僧侶たちは、永寧からチベットまでの3カ月の道程を「馬帮」（馬からなる運送隊、キャラバン）とともに歩くことになる。出発の前夜、テントには多くの友

人が訪れ、僧侶を囲んで宴会を開き、別れを惜しみ、旅の無事を祈る。壮行する僧侶の傍には必ず美しく着飾った女性（アシャ）がいて、「まるで結婚式での新郎新婦のように訪れた者にお酒を勧める」のである。その時アシャがいないことは僧侶の恥とされ、お金を出して雇うかたちでも、必ずお供する女性を探した

経堂の祭壇に点す銅灯の手入れ

という。夜が更け、友人たちが帰ると、テントには僧侶とアシャが残り、翌朝まで夜を一緒に過ごす[16]。僧侶が「無事にラサに辿り着き、修業を重ね、学位を取得する」ことを祈るための一つの儀式である[17]。

「家ごとに経堂があり、村ごとにマニ堆がある」ことも大きな特徴である。住宅は質素でも、経堂はたいてい華やかで、豪華な造りとなっている。モソ人の家を訪問すると、皆、喜んで経堂を見せてくれる。ムル・チェラツォさん(女、39歳)は、1日に3回経堂に入って、祭壇の水を替えたり、夜はスユ灯を点したりする。夜遅くまで囲炉裏を囲んで家族の話を聞いたことがあるが、彼女はインタビューに答えながら、祭壇に置く油灯の銅器を囲炉裏の火で油を除去してから布でピカピカと光るまで丹念に拭いていた。手抜きはない。彼女の母親は、かつて「女児国の国王」と呼ばれ、「手から一時も仏具を離さず、いつも念仏し、お金を渡すと全部お寺に寄付する信者」だったという。仏具の手入れについて「母の時代からずっと同じことを繰り返しています」と彼女は説明する[18]。

アペイ・ウォゾンさんによると、「チベットでは普通の家庭に経堂を設けているケースは少ない」と言う。ラマ教の本拠地であるだけに寺の数も多く、各自が家に経堂を持つ必要性がないからである。それに対して、チベット仏教が遅くなって伝わった永寧には、当初、お寺の数が限られていた。「札美寺は永寧の信者が資金を出して建造したものです。チベットのように国が出資してお寺を建造するケースとは違います」と高僧は言う[19]。身近にお寺の少なかったモソ人は、自分の家に経堂を設け、家で祈るようになったのである。マニ堆もラサや青海省の貴徳県、四川省の丹巴県のチベット族の居住地より遥かに多いように思われる。

永寧での宗教儀式はすべてチベット語で行われるが、モソ人のほとんどは当然ながらチベット語が理解できない。布教活動も分からない言葉で進められてきたのである。そもそも儀礼において用いられる言語が「音声以上の意味を持つ必要がない」といわれる。例えば、パーリ語、サンスクリット語、あるいは古典アラビア語による読経などは、聞く人の大半は

村での法事は、家ごとに設けられている経堂が拠点となる

内容をまったく理解していない。また、経の内容そのものも儀式と無関係の場合があるが、その「霊験のあらたかさ」が儀礼という社会的な装置の中にすでに保証されているので、用いられる言語そのものの理解云々は意味がないという[20]。

アペイ・ウォゾンさんに、モソ人の宗教活動においてチベット語が用いられることについて尋ねたら、「経を読んでもよく分からないのは別に聞いている人だけではありません。読んでいる僧侶自身も実はよく分かっていない場合が多いですよ」と高僧は声を出して笑った。「多くの場合、内容そのものより形や心の構えが意味を持ちます。とにかく、やっていることが良いことであるに違いない、間違いなく助けてくれると信じることが重要です」[21]。

## 3．現代の「玄奘法師」— 聖地を目指す僧侶の旅 —

永寧では「ラサでの修業を経ていないラマは、本当の僧侶とはいえない」とされる[22]。チベット入りをしているか否かは、僧侶を評価する基準の一つであり、事実、ラサは僧侶にとって登竜門になっているのである。

永寧のラマ僧は、初めの5、6年間は家に設けられている経堂で経を読み、重大な宗教活動がある時だけ寺院に行くが、僧侶として成功するためにはチベットに行って学問を深め、修行を重ねることが求められる。チベットでの学業と修行を終えて帰ってくると地位が上がり、存在感が倍増する。僧侶のチベット入りは家族にとっても名誉なこととされる[23]。

高僧のアペイ・ウォゾンさんも、14歳でチベット入りした僧侶の一人である。行李を背負って4カ月も歩いたという。チベット語は出発に備えて事前に習得していた。チベットで5年間修業を重ね、その後さらに僧侶として10年間務めたので、計15年間、チベットに滞在したことになる。現在は、班禅（パンチェン・ラマ）[24]が視察に来た時などに接待の大役を任されるほど、仏教界から評価されるようになったのである。

　チベットでの修行を経た僧侶たちは、さらに上を目指す。「インド留学」である。「インド留学」を終えて帰国した僧侶に対する評価は、当然、チベット帰りの僧侶を大きく上回る。チベット入りが「国内研修」だとすると、インド入りはいわば「海外留学」である。しかし、インド入りは国の認める海外留学のコースに含まれないし、インドに亡命したダライ・ラマとの関係もあるので、正規のルートでインドに入ることはできない。つまり、「密入国」という選択肢しか残されていないのである。チベット入りに比べて遥かに危険で、苦難に満ちた道程である。世界最高峰のヒマラヤ山脈を徒歩で越え、無人地帯を何カ月もかけて歩かなければならない。国境警備隊に逮捕されることなどはまだ運が良い方で、海抜数千mの雪山で遭難したり、凍傷で足の指をなくしたり、途中で仲間を亡くしたりすることも覚悟しなければならない。

　まさに命を賭けた旅なのである。しかし、そこは僧侶を養成するシステムが整い、各コースがすべて無償で提供され、修了すると学位が授与され、社会的評価も高いことから、危険を顧みずそこを目指す若者が後を断たない。出発する前には仲間と一緒に里帰りをし、母親と家族に別れを告げてからヒマラヤ山脈を越える。この旅で命を落とすことがあるかも知れないから、最後の別れを告げる。つまり、死を覚悟して旅路に立つのである。

　その日の光景は今も脳裏に鮮烈に焼きついている。

　N村のモソ人の家庭を訪問して関係者の聞き取り調査を行い、最後は家族写真を撮った。陽気で優しいダブは息子に鶏を潰すように指示する。モソ人の女性は

玉佛殿の落成式に集まった僧侶たち。インド帰りの若い僧侶の姿もあった。

第6章　枯渇の危機に瀕した文化の源流 ― 土着宗教の行方 ―　123

殺生しないから、鶏を屠るのは男の役目となる。「烏骨鶏」という地鶏は、肉が柔らかく、おいしい。ダブの手作りのスリマ酒を数杯も飲み干し、話も弾んだ。

　突然、電話が鳴った。受話器を取った友人がモソ語で何かしゃべったら、座席から大きな歓声が上がり、家中が異様な興奮の渦に包まれた。家族の全員が順番に電話に出る。ダブは興奮して声が震えていた。座席に戻った全員の顔にはまだ興奮の余韻が残っていた。

　「何かすごく良いことが起こったようですね」という筆者に、友人は、「実は弟が仏教を学ぶためインドに行っていましたが、今日、ミャンマー側から国境を越えて中国側に戻ってきたそうです」と答えた。現地では、インド帰りの僧侶数人にインタビューし、僧侶たちの凄まじい体験談に身震いするほど感動したことがある。雪で覆われた高山を越え、人気のまったくない高原地帯を何カ月もかけて歩き、目的地に着くまで死者を出しながらさまざまな危険と苦労を乗り越えなければならない。友人の弟もその中の1人だったのである。「これから帰る」という連絡が入ってから長い間、音信不通だったので、無事国境を越えたとは間違いなく特大の吉報だ。

　友人とその姉妹たちは国境を越えたのだから急ぐことはない、チベットでの用事を済ましてから戻って来なさいという意見だったが、ダブの意見は違っていた。「とにかく1日も早く顔を見たいから、何が何でもすぐ帰ってきて！」と言うのである。そのわが子を思う母親のやさしさに感動し、涙ぐんでしまった。友人は「母さんが変なことを言うから」と言ってダブを非難する。ダブの申し訳なさそうな表情を見て、涙を見せた自分が恥ずかしかったが、信仰を持つ人間の強さ、子を思う母の偉大さが凝縮されたドラマの中に一瞬でも身を置いている自分を実感した。

　その日からちょうど半年が経って、インドから帰ってきて間もないその本人に会った。途中で死者を出しながら3カ月を歩いて目的地に着いたという。彼は帰国後、しばらくは落水村の裏山にある小さな寺に入ったが、1年後に再会した時には永寧の札美寺の住職として弟子の指導に携わるようになっていた。その翌年には活仏に認められ、今度は昆明郊外の大きな寺に移っていた。寺での生活の様子を見せてもらったり、食事を一緒にしたり、法事を見せてもらったりしたが、インド帰りの将来有望な僧侶として周囲から期待されていることが伝わってき

た。ちなみに彼らは、帰国後、政府から出入国の不法性やダライ・ラマとの関係等について追及されることはほとんどないという。

　唐の玄奘がインドに赴き仏学経典を持ち帰ったことを中国語で「西天取経」という。「西天」とは仏教でインドの別称であるが、その「西天取経」のルートは、今なお、健在である。そこでは、今も若い僧侶たちの壮絶な旅のドラマが繰り広げられているのである。

## 4．危機に瀕した土着の宗教 ― 漂流する心の故郷 ―

　中国を代表する世界的なインド研究者として知られる季羨林(ジシェンリン)は、仏教を言及せずには、「本当の意味での中国文化史、中国哲学史、さらには中国の歴史を書くことはできない」と、仏教の影響を強調した[25]。同じことがモソ人の社会にもいえる。仏教伝来をモソ人社会に対する異文化衝撃の第一波として位置づける研究者もいる[26]。

　信仰に限定していうならば、チベット仏教がモソ人の社会にもたらした影響の最たるものは、おそらくモソ人固有の宗教であるダバ教への衝撃であろう。ダバ教は、2000年以上の歴史を持つともいわれる古い土着の宗教である[27]。ダバ教の経文や創世神話などは、もともとチベットボン教の影響を深く受けていたが、13世紀に入るとさらにチベット仏教の影響を受けることになる。また、最終的にこのモソ人固有の宗教を窮地に追い込んだのも、実はチベット仏教といっても過言でない。

　雲南少数民族の信仰の多様性は、仏教、道教、イスラム教、チベット仏教など外から入ってきた諸宗教に加えて、多くの民族が自らの土着の宗教を持つことによるとされる[28]。しかし、強力な外来宗教の攻勢の下で、土着の宗教が劣勢を強いられていることは、ここにおいても例外ではなかった。ダバ教は、後述するようにチベット仏教の隆盛とともに衰退の一途を辿るのである。

　ダバ教の始祖はムルアバドゥで、ダバ経文につねに登場する人物である。「ダバ」の「ダ」は「樹木や石を切る」意味で、「バ」は「切り跡や痕跡」の意味である。これに対しては2つの解釈がある。1つは、鋭利な刀や斧で樹木を切り落

第6章　枯渇の危機に瀕した文化の源流 ― 土着宗教の行方 ―　　125

とすように人間に降りかかる災難を切り除くという解釈で、もう1つは樹木や石等に符号を刻むことを意味するという解釈である。現在でも住宅建築の時などに木材に符号を刻む習慣が残っているという。宋兆麟は、前者をダバの職務に着目した解釈、後者を経文に着目した解釈と見る[29]。筆者には、樹木を割って樹紋で行う占いと何らかの関連があるように思われるのだが、これには検証が必要である。

観光スポットの1つである瀘沽湖の孤島に建てられた里務比寺

　ダバ教は、後にマブズル、アトゥナジャロ等の有名なダバによってさらなる発展を成し遂げた。教義はマブズルによってより洗練されたものとなるが、その教義に基づいてモソ人の生活スタイルを設計したのがアトゥナジャロだとされる。今のモソ人の習俗と礼儀作法は彼によって形作られたと見られる[30]。ムルアバドゥ、マブズル、アトゥナジャロは、ダバ教や創世神話では人間として登場するが、徐々に神格化していく。例えば、『雲南摩梭人民間文学集成』では、マブズルはムルアバドゥ神に次ぐ「運命の神」、アトゥナジャロは「人類智恵の化身」である「人神」として位置づけられている[31]。

　ダバ教では、天、地、日、月、風、雪、雨、霜、山、川、樹、草、石…など自然界のすべてのものに霊魂が宿り（万物有霊）、霊魂は永遠に存在する（霊魂不滅）と考えられている。モソ人の自然崇拝や祖先崇拝の価値観と世界観は、基本的にはこうしたダバ教の教えに基づくのである。なお、モソ人のいう祖先には、①民族の始祖、②女神、③氏族の祖先と逝去した長老等が含まれている[32]。

　ダバ教は、宇宙は「天上」「地上」「地下」という3つの層からなるとする。「天上」には超人の知恵と力を持つ神が住み、「地上」には人間が住み、「地下」には「小人」が住む。「地下」の「小人」は「地上」の人間を崇拝する。「地上」に住む人間は「天上」の神からの憐憫と救済を受けると同時に「地下」の小人からも崇拝されているので、宇宙で一番幸せなのは人間である。ここからダバ教の最も核心的な教義が導かれる。つまり、それは宇宙の中心に住む人間は互いに助け合い、和睦を保ち、勤勉に働き、善事を行うことをもって、和平と自由と幸福

を得るべきとする教えである[33]。

　ダバ教は、寺院や教会のような宗教活動を行う独自の場所を持たないし、組織も存在しない。また、日常の生活から乖離した宗教独自の祭りや祭日もない。大きな寺院を複数抱え、定期的に大規模な祭典を挙行し、僧侶が袈裟を纏い、路の傍にマニ堆が積まれ、至る所に経幡がたなびくチベット仏教とは大きく異なるのである。ダバ教は、祖先祭祀、豊穣祈願、無病息災、安産祈願、邪気駆除、送魂等のさまざまな必要に応じて唱える計19種類の経文を持つ[34]。経文はすべて口承で伝えられたとされるが、宋兆麟の調査では初期の象形文字で書かれた経書が数冊見つかっている。ダバが占いに用いたと見られる絵や符号は、その数に限りがあっただけでなく、表記法も不便だったため、日常生活において言語を記録したり考え方を交流したりするまでには至らなかったようだが、トンパの象形文字よりも古いと見られる[35]。

　ダバ教は、モソ人の世界観、民族のルーツと価値観などを伝え、日々の生活と密接な関わりを持ちながらモソ人の精神世界を支える土着の宗教である。このことは、「モソ人の歴史、ものの考え方、行動様式、風俗習慣、礼儀作法などモソ文化のすべてはダバ教に源を持つ」とする永寧郷長の一言に集約されよう[36]。このことはまた前章で取り上げたモソ人の葬式を見ても明らかである。モソ人の先祖崇拝の儀式、死者の魂を先祖の地に送る儀式は、圧倒的な優勢を占めるようになったラマ教でさえダバに取って代わることはできないのである。

　しかし、葬式でのダバの出番が著しく減少し、存在感が薄れてきたことは事実である。また、ダバ自身が深刻な後継者不足に直面し、宗教としての存続が危ぶまれている。拉伯郷に30余りのモソ人の村があり、かつては村ごとにダバがいたが、現在は4人しか残っていない。永寧郷はさらに深刻で、ダバは2人しか残っていないという[37]。

　一方、ラマ教は国内だけ見てもチベット、青海、四川、内モンゴル、貴州、雲南省などを中心に勢力を伸ばし、膨大な数に上る多民族の信者を抱えている。これに対してダバ教は4万人前後のモソ人の信者を持つにすぎない。これもダバ教の衰退を結果した原因の1つといえよう。

## 5．伝統をめぐるジェネレーションギャップ

　3月の瀘沽湖。

　その畔に広がる畑は朝日の中で霞み、春特有の土の香りを放つ。ところどころトウモロコシの根を掘り出して燃やす作業をする女性たちの姿が見られる。ジープは雲南省と四川省の境界線を越え、前所に向けてでこぼこの山道を時速20kmの速度でゆっくり進む。ダファ・ルゾさんを取材する予定である。

「最後のダバ」といわれるダファ・ルゾさん

　ダファ・ルゾさんは、モソ人の居住地域で名の知れたダバである。途中で数人に道を尋ねたが、彼を知らない人は1人もいなかった。家に着くと、若い女性が出て来て「2階にどうぞ」と案内する。2階の廊下で60代の男性が優しい笑みを浮かべて迎えてくれた。「最後のダバ」[38)]と称されるダファ・ルゾさんである。ダバに案内されて4畳半ぐらいの部屋に入ったが、真っ暗で何も見えない。「どうぞお掛け下さい」と言われてもどこに座ればよいのか分からない。しばらくして、やっと周りの様子が見えてきた。部屋の中央に暖房用の囲炉裏があって、両側に座敷が敷かれている。囲炉裏に掛けられたやかんは白い蒸気が噴いている。家財道具らしき物はあまり置かれていない質素な部屋である。

　ダバはお湯を注ぎ、バター茶を入れてくれた。しばらく世間話をしてから話題を直接ダバ教衰退の問題に移した。まず、ダバ教衰退の原因についてダバの意見を伺った。

　ダバは、言う[39)]。

「ダバ教衰退の原因は、一言でいうと、後継者不足です。チベット仏教には経文があるので、文字さえ習得すれば習いやすいです。また普通の人に普及することもそれほど難しくありません。チベット仏教ではほとんどの場合、複数の僧侶が一緒に経を読むので、1人くらい間違っても誰も分かりません。また、ほとんどのモソ人はチベット語を理解していません。これに対して、ダバ教は口承の宗

教で、完全に学ぶ人の記憶力に頼らざるを得ません。ダバ教の経文を習得し、それを表現することは至難の業です。私は13歳からダバ経の勉強を始めました。当時、一緒に勉強したのは6人、実際にダバになれたのは私だけでした。

"身内の者に伝え、外の者には伝えない（伝内不伝外）"という伝道システムにも問題があるかもしれません。ダバは父から息子へ、あるいは舅舅から甥へというふうに継承され、外部の者には伝えません。ですから、息子や甥がいなかったり、あるいは本人がそれを拒んだりすると途絶えてしまうのです」。

ダファ・ルゾさんは20代目のダバで、長男のルゾ・チパさん（42歳）は21代目のダバになる予定だというから、彼自身の後継者問題は解決済みのように見える。しかし、ダファ・ルゾさんは、後継者問題をめぐって2つの大きな悩みを抱えていた。

1つは、長男がダバ教の勉強に熱が入らないことだ。「次男は学力がないからダバ教の勉強は無理です。長男に任せるしかありません」とダバは言うが、その長男は「この年ですべてを丸暗記するのは大変です。しんどいです。覚えられないから、なかなか前に進みません。いつも父に叱られます」と父がいない隙を狙って愚痴をこぼす。後に聞いた話だが、長男はもともとトラックを買って商売をするのが夢だったらしい。父からするとトラック運送なんて昔の「馬帮」（馬による運輸、キャラバン）と大して変わりはしない。そんなつまらないことに興味を示す息子が情けない。しかし、長男の目には父のダバ教なんて「埃を被った骨董品」としか映らないし、それに執着する父の考え方がどうしても理解できないのである。

ダファ・ルゾさんのもう1つの悩みは、何とか長男に21代目のダバを務めてもらうとしても、次の22代目の目処がまったく立っていないことである。長男は走婚しているので、その子どもは母親の姓を継ぎ、母親の家で生活している。父子継承の伝統を守るためには、長男が走婚でなく結婚の形を取り、妻と子どもを家に連れて来なければならない。しかも孫に対して早い時期からダバ教の教育を施すことも重要である。しかし、長男はそれを頑なに拒否する。長男にはまたそれなりの理由があった。妻を連れて来ると、妻の家族は労働力不足のため生活が苦しくなる。また、妻が嫁いできて自分の家族と仲良くやっていける保証もない。モソ人は、外部の女性が入ることで一家の和睦にひびが入ることを最も恐れ

るのである。

　ダファ・ルゾさんの悩みは、実はモソ人の伝統文化をめぐる世代間の意識のギャップと「伝内不伝外」という文化継承のシステムの限界を反映した重大な問題であり、それを解決する糸口はそう簡単には見つかりそうもない。

　ダバになるための勉強と修行について、アウォ・イスタンディさん（34歳）を事例に見てみることにしよう。

21代目のダバになる予定のルゾ・チバさん（右）だが…

　彼は筆者が現地で会った最も若い、というより唯一若くて名の知れたダバである。村と村を忙しく飛び回る彼に、6回目のアポでやっとインタビューすることができた。普通の人は彼を「ダバ」と呼んでいて、ほとんどの人は彼の実名を知らない。身分証でも名前は「ダバ」となっている。彼は現在、ダバの仕事の他に、落水村に建てられたモソ民俗博物館の職員も兼務している。摩梭の文化について解説したり、経堂で経を読んだりして、観光客にモソ文化を紹介するのが仕事である。

　「私は、学校には1週間しか行っていません。その1週間もいたずらばかりしていて、先生に叩かれたので、逃げてばかりいました。生活が苦しく、長男だった自分が家族にとって労働力だったことも学校をやめた理由の1つです」と振り返る。

　イスタンディさんは、耕地管理をやっていた祖父からダバ教を教わったという。十数代も続いたダバの家系だった。祖父と7年間一緒に住んだことがあり、8歳の時から畑の傍に建てた草の庵でダバ経を学んだという。昼は、牛や馬の放牧をし、夜は石油ランプの下で「指路経」などの経文を五句ずつ暗誦した。毎晩、前日学んだ内容を復唱してから次に移る。字が書けないから、すべて暗記しなくてはならない。復唱できなかったらもう一度初めからやり直す。経文は、子どもを対象としたもの、老人を対象としたもの、吉凶占いに関するもの、お正月、葬式、成人式の時などに読むものがあり、全部覚えなくてはならない。読経の他に粘土を使った人形作りも学ぶ。また、樹の占い、石の占い、八卦占いな

ど、ダバとして身につけるべきものは少なくない。

毎晩同じことを繰り返し、やっと教わったことを全部覚え、復唱することができたところで、古参のダバたちを招き、その前で経を読んだり、法事をしたりして、一人前のダバとして承認してもらうための審査を受けた。「師匠たちは上座に座り、私は下座に座って審査を受けました。そこで認められないと、ダバとしてスタートすることができません。承認してもらってからも、初めのうちは自分一人では法事ができなかったので、祖父と一緒に行く場合が多かったです。独立して法事を行うことができるようになるのに10年近くかかりました」。

「後継者はどうする予定ですか。あなたは走婚だから、現在、子どもとは一緒に住んでいないですよね」と聞いたら、甥がいるから、甥に伝える予定だという。

イスタンディさんもダバ教の将来を心配する。

「昔はダバの法事が多かったが、今はチベット仏教が浸透したお陰でダバの仕事がぐっと減りました。ダバとは何をする人なのかを知らない若者もいます。30代、40代の中にも知らない人が少なくありません。知っていても実際に法事を見たことのない人が大半でしょう。昔の葬儀ではダバが火葬場まで行き、また家に戻ってからも大きな儀式を行ったのですが、今はほとんどラマがやっています。ダバ教は寺院もなければ文字で書かれた経文もないから、ラマ教とは競争できません」[40]。

彼は、永寧郷を中心に活動しているが、葬儀に呼ばれる場合が多いという。葬儀に招かれた時の報酬について聞いたら、「もちろん、報酬はあります。しかし、こちらから求めてはならないのです。報酬がなくても招かれれば行かなくてはなりません。裕福な人もいれば、貧しい人もいるから。お金で選んではいけません。葬儀では高くて200〜300元。少ない時は40〜50元程度。そういう時もよくあります」という答えが返ってきた。

「ダバはラマより儲からない」と村人は言う。なかにはラマを「東風牌」ブランドのトラックにたとえる人もいた。現地

数少ない若いダバ

では「東風牌」のトラックによる運輸で儲かる人が多いからだ。ダバは葬儀に呼ばれる場合がほとんどであるが、その葬儀もダバが１人で細々と読む「指路経」以外のほぼすべての「仕事」は、列をなしてやって来るラマの陣営に乗っ取られている現状である。自宅を訪問してもダバの質素な生活ぶりが目立つのである。

## ６．「出家」知識人の挑戦

　中国語では、中年になって出家することを「半路出家（バンルチュジャ）」という。アチェンミン・ツァイアルダズゥさん（53歳）は、「半路出家」のダバである。1975年、昆明師範学校を卒業し、1980年度まで中学校の教師を務めるが、1980年度の農村改革で教師を辞め、商売を始めるが失敗する。その後、西昌農業専科学校（後の涼山大学）に入学し、卒業後、寧浪県の園芸部門の技術者として勤務し、2005年に退職する。モソ人の中では高学歴者であり、異色のキャリアの持ち主である。

「半路出家のダバ」―アチェンミンさん

　村人からこの「半路出家」のダバの噂を聞いて興味を持ったので、訪ねることにした。

　海玉角村にある自宅を訪れた時はちょうど夕食の時間で、ラマ僧侶の服装をした若者が囲炉裏の傍で食事をしていた。奥さんが食卓を片づけて、お茶と向日葵の種やりんごなどを出し、自家製のお酒を丼にみなぎるほど注いでくれた。

　まず、退職してからダバになろうと決意したきっかけについて尋ねた。「実は、1978年度からダバについて考えていました。永寧にはダバが少なく、年輩のダバはほとんど亡くなっています。ダバ教はモソ人の文化や道徳の核心です。若い人に伝授しないと漢民族の文化に同化されてしまいます。多くの若者は、自分の伝統や文化をあまり知りません。ダバがいなくなることは、モソ文化の消失を意味します」とツァイアルダズゥさんは言う。

　ツァイアルダズゥさんは、著名なダバであったアア・ドゥゼさんに師事できた

のは幸いだったという。モソ人の葬儀、成人式を含めて日常生活で必要とされる経文を重点的に学んだ。経を読む方法も勉強し、内容を漢字で表記して覚えた。モソ語は文字がないので、経文を漢字で表記して記録するしかない。古参のダバが読むのを録音し、一字一句を漢字の当て字で表記して記録をとる。若くないから空で暗誦することはできない。忘れた時は記録を見て覚えるようにする。

アチェンミンさんが漢字で記録したダバ教の経典

「この経は私以外に読める者がいません。みな当て字ですから」と言いながら漢字表記の経文を見せてくれた。意味をなさない漢字が並べられているから読んでも当然、何が書かれているか分からない。本人に読んでもらうと、もちろん、漢文でなくモソ語の古文体の経文となる。住宅建築、成人式、葬儀、焼香、新米味わい、囲炉裏の点火儀式、婚礼などに使用する経を中心に記録している。

「半路出家」のダバでも、社会に認められれば機能する。ツァイアルダズゥさんは、5年前から忠実村、開基村などの葬儀で「指路経」を読んだり、「洗馬の儀式」を行ったりするようになった。「自分がもう皆に認められたと自負しています」と自信を見せる。「半路出家」のダバのケースに関しては、本人も他に見たことがないという。

経文を文字で記録する他に、村の各世帯の家譜を整理記録することも彼の仕事である。その家譜の整理について2回ほど追加取材を行った[41]。家譜の整理は、すでに2つの村の分が終了していた。一番長いのは7代に及ぶ家譜である。家譜は、一戸ずつ訪ね歩いて整理したので、八七村と海玉角村の計147世帯の家譜は3カ月をかけてやっと完成させることができた。今後、永寧郷のすべての村の家譜を整理・記録する計画だという。

分厚いノートを見せてもらったが、各世帯の家族構成が可能な限り古い世代に遡って整理されている。死者については、性別と死亡時の年齢、親族関係が記録されている。それぞれの家系が図式化されたことによって、家族の縦と横の関係が一目瞭然である。モソ人の葬儀では、ダバが必ず亡くなった先祖の名前とその

第 6 章　枯渇の危機に瀕した文化の源流 ― 土着宗教の行方 ―　133

家の家系について尋ねることになるから、村人は家譜の調査には協力的だという。「収集した家系図をパソコンに入力しておくと、今後、新しいデータを加えたり、修正したりするのに便利でしょう」と提案したら、すぐ興味を示し、真剣な表情で入力方法や保存方法等について質問してきた。

「ダバは自らの意志で学ぶことが重要だが、今はそういう意識を持つ若者が少ないです。ダバは、施設も組織もないし、有事の時のみ必要とされるので、職業として成り立ちにくいです」とツァイアルダズゥさんは嘆く。彼は、「伝内不伝外」の伝統に反した、ダバの家系を持たないダバである。また、文字を利用して経文を習ったり、家譜を記録してデータ化したりしたことなどは、今までのダバにはできなかったことである。モソ人の知識人による伝統文化の保護・継承の一つの試みとみることができる。

ツァイアルダズゥさんの次男は、現在、昆明の仏学院に在籍しているラマ僧である。ダバの父にラマ僧の息子、異なる宗教の聖職者が同じ囲炉裏を囲んで食事をしている。人の目には奇異に映る組み合わせだが、ダバ経とラマ経には通じるものが多く、衝突はないという。とはいっても、所詮違う宗教だから、ある程度の

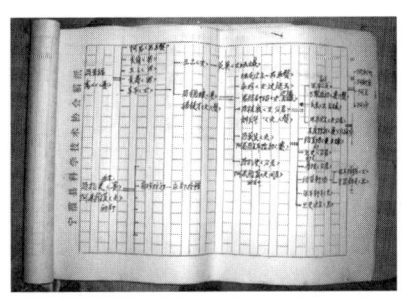

図式化して記録された「家譜」

対立や縄張りの意識が生じないはずがない。「ラマ教は経文があり、規範化しているが、ダバ教には成文化した経典もなく、中には仏教の一部をモソ語で読むに過ぎないものもある」と批判する高僧[42]、「ラマ経は経文があるから勉強しやすいし、ほとんどの場合、複数の僧侶が一緒に読経するから、間違っても誰にも分かりやしない。しかも僧侶の多くは内容を理解せずに読んでいる」というダバのコメント[43]からも両者の対立意識を読み取ることができる。

伝説によると、ラマ僧とダバが土司の母親の治療をめぐって技を競い合うが、最終的に、ダバが治療に成功し、軍配はダバに上がったという。ダバが土司の信頼を勝ち取ったのである。そこで、土司は両者に対して「生者の苦しみを和らげる現世のことはダバ、死者の輪廻を祈る来世のことはラマ」という役割分担を言い渡したという[44]。しかし、現実にはラマ教の現世のことへの進出が著しい。

ゲム女神を祭る「山の祭り」にも多くの僧侶が参加する。「山の祭り」の前日、筆者が泊まっていた旅館の中庭で、2人の僧侶が赤、青、黄、白色の経幡の印刷に精を出していた。「山の祭り」のための準備だという。

しかし、ダバ経とラマ教の違いや両者のしがらみ等は、多くのモソ人には関係のないことかもしれない。ラマ教にしろ、ダバ教にしろ、医者にしろ、「病気さえ治してくれれば皆良いもの」である[45]。

問題は、モソ人の文化の源流を成すダバ経がラマ教の隆盛とともに衰退の一途を辿る現状である。死者の魂が先祖の地に帰るという考え方が存在する限り、葬式でのダバの役割は安泰のようにも見える。しかし、現実にダバそのものが存在しなくなった時、誰が「指路経」を読み、誰が死者に先祖の地に戻る道を教えるのだろうか。ラマ僧がダバに代わって「指路経」を読むことは想像しがたい。だとすると、儀式そのものが省かれるだろうか。ダバ経の未来は、実はモソ人の信仰体系や価値観をも含めたモソ文化の未来と直接関わってくるのである。

地方政府の関係者も懸念を示す。永寧郷長は「今の問題は、文化をいかに保護するかという問題でなく、消失する文化をいかに救うかという問題です。民間の力だけでは難しい面があります。まず、ダバの生活難が第一に挙げられます。生活が難しくなると目指す人がいなくなるからです。今、大きな宗教活動はほとんどラマが独占していて、ダバはもう必要でなくなっているかのように見えます。ダバがいなくなると、モソの文化は源流を失うことになります。すべてを民間に任せるのでなく、政府が何らかの形で支えていくことも必要でしょう。その道を模索しなくてはなりません」[46]。

【注】
1）李達珠、李耕冬著『未解之謎：最後的母系部落』四川民族出版社、1999年、32頁。
2）托支村でのインタビューより（2005年3月24日）。
3）落水村でのインタビューより（2005年3月28日）。
4）2006年8月28日のインタビューより。
5）郭大烈主編『納西族文化大観』（雲南民族出版社、1999年、148-149頁）を参照。なお、宋兆麟は『走婚的人们―五訪濾沽湖』（団結出版社、2002年、133頁）においてその伝来時期について疑問を表明している。
6）雲南省社会科学院宗教研究所著『雲南宗教史』雲南人民出版社、1999年、266頁。

7) 楊学政『蔵族、納西族、普米族的蔵伝仏教』(雲南人民出版社、1994年) および拉木・嘎吐薩著『走進女児国 — 摩梭母系文化実録』(雲南美術出版社、1998年、96頁)、前掲『納西族文化大観』(136頁) 等を参照。なお、陳烈、泰振新は『最後的母系家園 — 濾沽湖摩梭文化』(雲南人民出版社、1999年、99頁) で「元の前期または中期」と推定している。
8) 布雨翰青編著『濾沽湖紀事』成都時代出版社、2006年、13頁。
9) 前掲『走婚的人們 — 五訪濾沽湖』、133-134頁。
10) 前掲『納西族文化大観』(148頁)、拉木・嘎吐薩著『夢幻濾沽湖 — 最後一個母性王国之謎』(雲南美術出版社、1996年、55頁)、前掲『走婚的人們 — 五訪濾沽湖』(133頁) を参照。
11) 約瑟夫・洛克著『中国西南古納西王国』雲南美術出版社、1999年、246-304頁。
12) 雲南省編輯組『納西族社会歴史調査』(二) 雲南民族出版社、1986年、180頁。
13) 陳家湾村でのインタビューより (2005年3月23日)。
14) 前掲『走婚的人們 — 五訪濾沽湖』、136頁。
15) 泥鰍溝村でのインタビューより (2006年9月7日)。
16) 前掲『納西族社会歴史調査』(二)、182頁。なお、チベット入り僧侶の壮行会については、前掲『夢幻濾沽湖 — 最後一個母性王国之謎』(43-45頁、66頁)、『走進女児国 — 摩梭母系文化実録』(105-107頁)、丁鳳来著『神秘的女児国』(中国社会出版社、2002年、66-67頁) 等にも記述されている。
17) 覃光広等編著、王汝嫻訳、伊藤清司監訳『中国少数民族の信仰と習俗』(下巻) 第一書房、1993年、457頁。
18) 落水下村でのインタビューより (2007年2月14日)。
19) 陳家湾村でのインタビューより (2005年3月23日)。
20) 福島真人「"儀礼"の意味とパラドックス」『言語』24巻、第4号、1995年、56-63頁。
21) 陳家湾村でのインタビューより (2005年3月23日)。
22) 前掲『走進女児国 — 摩梭母系文化実録』、105頁。
23) 和少英著『納西族文化史』雲南民族出版社、2001年、125頁。
24) チベット仏教ゲルク派の副法王の名称で、ダライ・ラマに次ぐチベットの政治、宗教の権威者とされる。
25) 季羨林「我和仏教研究」文史知識編集部『仏教与中国文化』中華書局、1988年、19頁。
26) 周華山著『無父無夫的国度?』光明日報出版社、2001年、250頁。
27) 雲南省民間文学集成弁公室編『雲南摩梭人民間文学集成』中国民間文芸出版社、1990年、440頁。
28) 林慶「雲南少数民族伝統宗教与民族意識」『雲南民族大学学報』(哲学社会科学版) 2003年、第4期、168頁。
29) 宋兆麟「達巴教」『東南文化』2001年、第2期、68頁。
30) 前掲『最後的母系家園 — 濾沽湖摩梭文化』、38頁。
31) 前掲『雲南摩梭人民間文学集成』、112-136頁、442-443頁。
32) 宋兆麟「達巴教」『東南文化』2001年、第2期、70頁。
33) 前掲『最後的母系家園 — 濾沽湖摩梭文化』、38-39頁。

34) 前掲『雲南摩梭人民間文学集成』、442頁。
35) 前掲『走婚的人们――五訪瀘沽湖』125頁および「達巴教」75頁を参照。
36) 永寧郷政府でのインタビューより（2005年8月30日）。
37) 前掲『雲南摩梭人民間文学集成』、448-449頁。
38) 拉木・咕薩「最後的達巴老人」『民族団結』2000年、第6期、39頁。
39) 四川省側前所でのインタビューより（2005年3月24日）。
40) 落水村の摩梭民俗博物館でのインタビューより（2006年9月14日）。
41) インタビューはいずれも海玉角村の自宅で行った（2006年8月23日、8月24日および2007年2月16日の計3回）。
42) 陳家湾村でのインタビューより（2005年3月23日）。
43) 四川省前所でのインタビューより（2005年3月24日）。
44) 前掲『走進女児国――摩梭母系文化実録』、118頁。
45) 同上、119頁。
46) 永寧郷政府でのインタビューより（2006年8月23日）。

## 第7章 モルガンの呪縛
― モソ人の母系社会は「活きた化石」か ―

　モソ人の母系制は、走婚（妻問い婚）をベースとして成り立ち、また機能する。走婚は、一貫してモソ人の主要な婚姻形態であった。1950年代の調査によると、永寧のモソ人の居住地における走婚者の割合は7割を超えていた[1]。しかし、モソ人の走婚とそれに基づく母系家族制度が再三にわたってその存続を脅かされた時期があった。いわゆる「文化大革命」（1966～1976年）における「一夫一婦制」の強制的施行である。

　R（男・39歳）さんは、母がある日、突然、「弟と妹を連れて嫁に行った」ことを覚えている。叔母も村の誰かに嫁いでしまい、結局、家には叔父と姉など5人が残り、大家族が小さな家族となってしまったという[2]。「村中のすべての成年男女を二列に並ばせ、強制的に妻や夫を選ばせるとともに、その場で結婚証明書を発行する」こともあった[3]。集会で「結婚登記」を迫られたり、親の結婚式に出席するため生徒が学校に休暇届を出したりするなど、滑稽なでき事が相次いだという。

　こうした一夫一婦制の導入は、1967年、1972年、そして1975年の3回にわたって強行された。従わない者に対しては食料や土地を与えなかっただけでなく、「労働点数」[4]を減らされたり、あるいは群衆の前で批判されたりすることもあった。その後、文化大革命が終了したことを受け、元の走婚関係を取り戻したカップルも多いが、そのまま一夫一婦制を維持して今日に至ったケースも少なくない。Nさん（女・74歳）もその中の1人だが、彼女のようなケースは泥鰌溝の下村だけでも、3世帯数えられる[5]。筆者が現地で出会った50代後半の「一夫一婦制」家族のほとんどは、「文化大革命」で強制的に結婚させられたケースであった。

この文革期のでき事に対して「人権」や「民族弾圧」の視点からの批判が多く見られるが、それらは必ずしも本質をついた批判とはいえない面がある。筆者は、当時、モソ人の走婚と母系家族が「社会主義にふさわしくない、野蛮で、遅れた、醜い風習」と見なされた点を重視したい。つまり、そうした蛮行の背景には文革独特の論理の他に、今でもなお根強く残る進化論的家族史観があったのである。このことは、モソ人の母系制を「活きた化石」（活化石）と称したことに象徴的に表れている。

中国におけるモソ人の母系制に関する研究は、進化主義的家族史観の影響が極めて大きい。ここではその流れを汲む初期の研究者たちの論理、中国におけるモルガン進化論の受容過程と問題点、そしてモソ人の母系制がいかなる位置づけをされてきたかについて考察したい。これは、実はモソ人の母系制の存続に直接に関わる問題である。つまり、モソ人の婚姻家族制度は、いずれ最も「卓越した制度」である一夫一婦制に進化していくはずの「野蛮で、遅れた、醜い」婚姻・家族制度なのか、それとも多様な家族形態の中の1つとしてその存続が正当化されるのか、モソ人の母系社会にとってこれらは単なる学問上の論争にとどまらない死活問題なのである。

## 1．母系制先行説と「活きた化石論」

### 母系制先行説の家族史観

宋恩常が1962年に「ナシ族の母系家庭」（『民族団結』1962年8月号）を発表して以来、モソ人の婚姻・家族制度は常に中国民族学界の注目の的となった[6]。宋がここでいう「ナシ族」とはモソ人のことである。

モソ人の走婚を「アシャ婚」（阿夏婚、阿肖婚）あるいは「アチュウ婚」（阿注婚）と名づけて定着させたのは、「初期

モソ人の文化が最も完全な形で残されているとされるリジャズイ村

第7章　モルガンの呪縛 ── モソ人の母系社会は「活きた化石」か ──　　139

の研究者」と呼ばれる厳汝嫻、宋兆麟のグループと詹承緒、王承権らのグループである。前者は「アシャ婚」、後者は「アチュウ婚」を用いたが[7]、これらのネーミングはその後の研究で広く借用された。主要な研究成果が1980年代に集中しているにもかかわらず、彼らが「初期の研究者」と呼ばれるのは、そのデータのほとんどが1950年代末から1960年代前半にかけて行った現地調査に基づいているからである。

　なかでも、詹承緒、王承権、李近春、劉龍初の共著である『永寧ナシ族の阿注婚と母系家族』（上海人民出版社、1980年）と厳汝嫻、宋兆麟の『永寧ナシ族の母系制』（雲南人民出版社、1983年）は、80年代の最も重要な研究成果といえる。なお、ここでいう「永寧ナシ族」とはモソ人のことである。モソ人に関する国内初の専門書であったこと、建国後初めての大規模な現地調査を踏まえたこと、民族学研究の最高機関である中国社会科学院民族研究所の学者を中心メンバーとしていたことなどから、当時の民族学研究に大きな影響を及ぼした。彼らの論文は国内の主要専門誌に続々と発表され、この分野の研究をリードしてきたのである。

　初期の研究者たちは、モソ人の婚姻と家族の形態を、原始母系社会が特殊な条件の下で今日まで生き延びた「婚姻家庭発展史における活きた化石」と称し、人類祖先の「太古の歴史」を反映したものとしてとらえた[8]。これは初期の研究者に共通に見られる傾向であった。「活きた化石論」は、まず母系家族から父系家族への移行を「人類の婚姻・家族史の変遷過程」[9]とする基本認識に立脚する。このことはもちろん当時の民族学者に限らず、今日においても中国の学界全体に見られる傾向であり、教育においても例外ではない[10]。

　そこに一貫しているのは、家庭形態の母系制から父系制への移行と、婚姻形態の集団婚から対偶婚、さらに一夫一婦制への移行を、人類が共通に経験する過程とした点である。これは、陳国強の「原始社会史の時期区分」[11]に最も典型的に表れている。陳は、人類の生活物資の生産と獲得、生産関係および社会関係は、

モソ人の母系大家族（リジャズイ村）

原始群、母系氏族、父系氏族の順で変容し、人類の婚姻・家族もまたそれと対応して、血縁家族、対偶婚家族、家父長家族を経て一夫一婦制家族に至ると見る。母系氏族社会が晩期に至ると、氏族の衰退に伴って、結束の緩い夫妻で構成される複数の対偶婚家庭が発生し、男性の地位が向上した結果、母系制から父系制への転換が始まったとされる。

　詹承緒、王承権らによると、「通常の状況」では、世界の大多数の母系氏族社会は「考古学で区分される旧石器時代の中期、後期から新石器時代の中期」に存在し、一部の民族においては「新石器時代の後期」まで生き延びる。一夫一婦制は、「氏族社会解体期に対偶婚家庭から発生し、階級社会の主な婚姻形態となった」という。対偶婚家族から一夫一婦制家族への移行は、「個別的私有制の確立と平行して完成した文明時代の産物」[12]であるが、モソ人の婚姻形態と母系家族制度は、「いくつかの原因」によって封建領主制の社会の中でも長期にわたって存続したという。その「いくつかの原因」とは、彼らによると、①特殊な歴史的条件、②低い生産力水準、③生産労働における女性の優位、④根強い血縁的繋がりと伝統、⑤支配階級の要因の５点となる。詹承緒らは、『永寧ナシ族の阿注婚と母系家族』において、モソ人の母系制の存続理由を次のように説明する[13]。

　まずは「特殊な歴史的条件」である。元代に始まる土司制度の実施に伴い、当該地域は父系氏族社会と奴隷制社会などの重要な歴史段階を飛び越えて、初期封建所有制が発生した。母系氏族社会から生まれた、この政治的に未熟で、生産力も未発達であった初期封建社会は、あらゆる領域において母系氏族社会の遺産を引き継ぐものであった。そのため、母系的血縁関係を断ち切り、原始的婚姻形態を変えるために必要な力を持ち合わせていなかった。母系氏族は、数世紀にわたる封建化の中で分裂を繰り返し、小規模の母系家族に分解されていった。つまり、母系家族は「変異」と「奇形的発展」を成し遂げることによって封建所有制に適合し、長期にわたって存続することができたのである。

　次は、「生産発展段階の制約」である。モソ人の社会は、近代に入っても母系氏

竹編みの生活用具（モソ民俗博物館）

族社会の遺産を多分に引き継ぎ、生産様式と生産力は未発達なままであった。土司をはじめとする封建領主土地所有制が形成されてからも、個人所有制の発達は不十分だったので、一夫一婦制の発展が阻害された。これが走婚と母系制家族が長く存続できた経済的要因である。

また、女性が生活資源の獲得において主要な労働力であったことも重要な理由の一つとして挙げられた。男性の労働は安定性を欠いていたため、食糧生産においてのみならず、麻の栽培、布織り、養豚…なども女性の労働に頼らざるを得なかった。これが走婚と母系家族が長期的に存続し得た社会的要因である。

血縁関係と伝統因習の影響も大きいという。長年にわたって、モソ人は走婚と母系家族を中心に氏族の再生産を続けてきた。全体的に女性の数が男性を上回り、母系の血縁観念が根強い。母系の血縁観念から派生した母系的道徳観と習慣および伝統は、結果的には婚姻・家族の進化を著しく阻害したのである。

最後に挙げられたのは、上部構造による影響である。土司等の支配階層は走婚を利用して「私欲」を満たし、一夫一婦制の発展を阻害した。走婚は、土司などの支配階層に加えてラマ教の僧侶、異民族の商人らに利用されることで存続し続けたのである。

次に、厳汝嫻、宋兆麟の『永寧ナシ族の母系制』を見てみよう。ここでも同様に次の5点が挙げられている[14]。

まず、「段階を飛び越えた歴史発展の影響」である。元朝に始まる土司制度は、当該地域が階級社会に進入したことを意味したが、その婚姻・家族制度には実質的な変化をもたらしていない。中央王朝が推し進めた「順俗施政」[15]は、永寧のモソ人の社会組織の内部構造と婚姻・家族制度の存続に有利に働いた。自らは父系制を導入した土司も母系制での統治基盤を強化するため、「妥協の姿勢」をとり続けた。また、貴族階級の男女が母系制の習慣を利用して「広くアシャと交際したこと」も母系制を存続させた要因となった。

次に、「生産条件の制約」が「決定的要因」として挙げられた。「原始的な生産道具と古い生産様式」、多くの時間を走婚に費やす男性労働力、村落から遠く離れた耕地などの生産環境には、他の家族形態より、「団結力」と「安定性」を持ち、また、「集団労働」と「役割分担」が可能な母系大家族の方が適していた。

女性が生産活動の主力であったことも理由の1つである。モソ人は、生産活動

において男子は牧畜、運輸、大工、製革、農作業の中の重労働、女子は農業生産、家畜の飼育、家事、紡績、造酒、製油というふうに役割を明確に分けているが、男性が実際に生産に参加できる時間は限られているため、女性が依然として中心的役割を果たし、その権限も増大した。男性の農業への従事を阻害した要因として、男子に占めるラマ教僧侶の割合が高かったこと（長期にわたってモソ人の家庭では、2人兄弟の場合は1人、3人兄弟の場合は2人の割合で僧侶になることが慣習だった）、「馬幇」（キャラバン）や行商に従事する者が多かったこと、男性が土司などの支配階級のための労役に使われることが多かったことなどが挙げられる。

　また、母系親族の持つ「一定の生命力」も存続の要因とされた。複雑で重い生産労働における労働力の確保、母系家族の団結と協力、女性特有の家庭運営能力、母系家族成員によって提供される自給自足の生活物資など、「モソ人が置かれた現有の生産条件の中」で、母系家族はやはり「比較的に良い選択」だったという。

　最後は、「母系血縁の伝統が果たした重要な役割」である。未発達な生産力と厳しい生存環境の中で、個人は母系家族に融合されて初めて生存が可能となる。母系の血縁以外の成員は排除され、母系家族内の団結と協力が最優先される価値観となる。根強い「母系的継承制と伝統観念」が母系制の存続を可能にしたのである。

　以上のように、モソ人の母系制が今日にまで存続し得た理由についての初期の研究者の見解は、厳汝嫻、宋兆麟が挙げた母系制の持つ「一定の生命力」を除けば、「特定の歴史条件」「低い生産力」「女子労働の重要性」「母系血縁の伝統」の4点においてほぼ共通している。彼らの論点は、一貫してモルガンの一系列的な家族発達段階説に基づくものであった。つまり、モソ人の母系制や走婚という婚姻形態は、本来ならば最も「優れた」家族制度である一夫一婦制の家族形態と婚姻形態に進化していたはずのもので、特殊な歴史的環境と低い生産力を背景に奇跡的に生き残ったが、遅かれ早かれ、一夫一婦制の発達線上に合流すると見る立場である。結局、彼らが検証しようとしたのは、母系制が長期に存続し得た積極的な理由でなく、一夫一婦制への進化を阻害した要因に他ならない。

　これらの要因が母系制存続の原因だとすると、それらの要因がなくなれば、特

に生産力の向上とそれに伴う男性労働の重要性が増してくることによって、現在の走婚と母系大家族制度は消滅に向かうことになる。しかし、結果はそうではなかった。永寧より生産力が立ち遅れた周辺地域、例えば加沢郷や拉伯郷ではいち早く一夫一婦制が進んだが、永寧地区では母系制が維持された。また、それらの諸条件はなぜモソ人にのみ働き、ほぼ同様の歴史段階にあった周辺諸民族には影響しなかったかという問題が残る。

### 土司制度とモソ人の母系制

「活きた化石論」によると、モソ人の母系制に変化の兆しが見えたのは元の初期であり、そのきっかけは中央王朝によって推し進められた土司制度の導入である。土司制度とは、中央王朝が西南少数民族地域に対して実施した間接的な統治制度のことである。この「夷をもって夷を制する」統治政策は、歴史が古く、秦の時代に始まったとされる。西南の少数民族の首長に官職と姓を授与して、その地の統治に当たらせたこの制度は、初めは緩やかなものだったが、元から明に至っては徐々に「改土帰流」（直轄化）を含む厳格な支配システムへと変わっていく。土司制度には、国家の統一、税収の増加、民族地域の安定化、漢文化の普及、辺境の防衛等の役割が期待されていた[16]。少数民族の集中する西南地域、特に四川省と雲南省には中央王朝から任命された土司の数が最も多く（四川612人、雲南587人）、土司総数の46.7％を占めていたのである[17]。

永寧における土司制度の導入は、1274年の元朝による州の設立に始まる。詹承緒は、当時の永寧は「まだ母系氏族社会の中・後期の段階にとどまり、婚姻形態は初期対偶婚あるいはもっと原始的だった可能性がある」と見る。明以降、土司制度は厳格化し、中央王朝から正式に任命されるようになるにつれ、権力の世襲が認められていた土司は、権力世襲の必要から先んじて一夫一婦の婚姻制度を導入するようになったという[18]。こうしたことから、永寧における一夫一婦制と父系家族への転換は、明から本格化したと見られる[19]。このような土司制度と

永寧土司の旧居

原始母系氏族社会の結合が、父系氏族社会と奴隷制社会を飛び越した「初期封建社会」の発生を可能にしたという。これが彼らの主張する「特殊な歴史的条件」である。

母系氏族社会を土台とした初期封建社会は、政治的にも経済的にも「未熟」で、「あらゆる領域に母系氏族社会の要素を大量に残した」ため、「従来の母系的血縁関係と原始的婚姻形態を打ち破るに十分な力」を有しなかった。生産力は、「木製の生産道具の大量使用」に表されるように未発達であり、私有制も発達しなかった。生活物資の獲得は、麻の栽培、織物、養豚など、主に女性の労働に頼り、20世紀に入ってからも男性の「馬幇」による収入などは女性の優位性を揺るがすまでには至らなかった。また、貴族や僧侶および商人にとって、モソ人の婚姻形態は、彼らの「私欲」を満たすのに都合のよいものであった。実際、土司は走婚を容認したばかりか、「むしろ一夫一婦制への過渡を阻んだ」のである。

詹承緒らは、20世紀50年代のモソ人の婚姻形態に「若干の集団婚の実例と遺風」が残されているとし、それをモソ人が「血縁婚、集団婚段階を経たこと」の根拠とした。彼らは、父系氏族の前に母系氏族段階が存在し、人類の婚姻形態は血縁婚から集団婚、対偶婚を経て一夫一婦制へと移行するとしたモルガン・エンゲルスの「歴史唯物論と弁証唯物論」の観点に立脚し、モソ人が「すでに、あるいは現在この移行を経験していること」、そして「初期対偶婚段階にある走婚が集団婚から発展してきたこと」は、「疑う余地もない」[20]と断言したのである。ここに「活きた化石論者」たちの立場がはっきり現れている。

## 2．中国における進化主義家族史観の受容

前述したように、「活きた化石論」の前提には、人類の家庭が母系制から父系制へ、婚姻形態は集団婚から対偶婚、さらに一夫一婦制へと変遷するという発展図式があり、モソ人の家族と婚姻の形態はそれを証明する絶好の事例だったのである。

かつて、スイスのローマ法学者バッハオーフェン（J. J. Bachofen）が、母権制社会先行説を唱え、人類は「娼婦制（乱婚制）の時代」から「デメテル的母権制

の時代」へ、さらに「父権制の時代」[21]へと発展してきたと想定したことは衆知の通りである。

この母権制先行説は、後のモルガンをはじめとする進化主義民族学に極めて大きな影響力を及ぼすことになる。特に、モルガンは、バッハオーフェンの想定した「母権制」の存在を証明すべく、家族発展史に関する壮大な理論図式の構築を試みたのである。その結晶が『古代社会』である。

築200年以上とされる古い民家（リジャズイ村）

モルガンは『古代社会』において、人類進化史を食料獲得が中心となる技術の進化、政治組織の進化、家族組織の進化、財産観念の進化という4つの視点からとらえ、総じて「野蛮」「未開」「文明」の順で各段階を辿ると考えた。モルガンが注目したのは、親族名称と婚姻制度との「時差」である。つまり、現存の親族名称からその前段階に存在した婚姻制度と家族の形態を推測することが可能であると見たのである。

こうしてモルガンは、乱交制（promiscuity）から「集団婚」へ、そしてさらに「対偶婚」を経て最後に「一夫一婦制」に至るという婚姻形態とそれに対応する家族の発展段階を構想し、人類最初の家族形態は「血縁家族」（Consanguineous Family）、そこから「プナルア家族」（Punaluan Family）、さらに「対偶婚家族」（Syndyasmian Family or Pairing Family）、「家父長制家族」（Patriarchal Family）を経て、最終的には「一夫一婦制家族」（Monogamian Family）に至ると考えたのである[22]。「原始乱交」と「集団婚」の下では、母と子の関係は確認できるが、父と子の関係は不明だから、血縁関係は母系的出自を辿らざるを得なくなり、母系社会が形成されたという。

『古代社会』を読んだ読者は、恐らく誰でもモルガンのその群を抜く構想力に圧倒されるであろう。しかし、彼が提示した婚姻・家族発展史の図式、特に「原始乱交＝集団婚説」や「原始母権制説」は後に激しい批判を受けることになった。主な批判は、「原始段階において一夫一婦制的な婚姻がすでに存在しており、また母権制も決して最古の親族組織ではなくて一定の段階に初めて現れたもの」

とするフィンランドの社会学者ウェスターマークの「原始一夫一婦制説」、原始社会でも「父子関係を確認し得るような婚姻がすでに存在しているのであり、また血縁関係も原初的には単に母子関係のみならず父子関係をも辿るいわゆる"双系的"な構成をとっていた」とするドイツの社会学者クノー、「母権制の以前に双系制が存在した」とするシュミット、原始集団婚説を排して一夫一婦説の立場をとったマリノフスキーなどから発せられた。このような「反モルガン学説」は、現在では「全世界の民族学会の一般的な趨勢」といわれるほど優勢を占めるようになったのである[23]。

ところで、モルガンの『古代社会』が中国に紹介されたのは、1920年代の末から1930年代の初めにかけてのことである。マリノフスキーに師事して社会人類学を学び、後に中国民族学の創始者の一人となった費孝通は、その著『生育制度』（1946年）において、「人類学におけるモルガンの貢献」を認めた上で、「親族呼称から婚姻形態を推測する方法」には検討すべき問題が存在することを指摘し、いわゆる「母権社会」は「進化論者がソファーで想像したもの」にすぎないと批判している[24]。筆者の見る限りでは、費は中国においてモルガン説に対して異議を唱えた最初の学者である。

しかし、費の『生育制度』が出版されてから3年後、中国におけるモルガン説への評価は肯定一辺倒に一変した。それを決定的なものにしたのは、1949年の社会主義体制の確立である。エンゲルスの『家族、私有財産および国家の起源』（以下『起源』）は、中国において「歴史唯物論の礎石」「民族学発展史上の画期的な意義を持つ一里塚」[25]と評価され、民族学研究に絶対的影響力を及ぼすことになった。そのエンゲルスがモルガンの学説を「生物学におけるダーウィンの進化論」「経済学におけるマルクスの剰余価値論」と同様の意義を持つと高く評価したことによって、モルガンの家族発展図式は社会主義中国において不動の地位を獲得したのである。

こうして、モルガン・エンゲルスの理論的枠組みにモソ人の事例を当てはめて、その理論の正当性を追認する研究が主流を占めるようになり、その傾向は少なくとも1990年代の前半まで続いた。例えば、民族学者の岑家梧はマルクス主義の原始社会史の時期区分法を整理した上で、モソ人の母系制を「原始公社初期の母権制の残余」と位置づけ、その婚姻形態を「集団婚と対偶婚が入り混じり、

集団婚から対偶婚への過渡期の特殊な形態」と見たのである[26]。

### 家族制度の化石

モルガンは、人類の歴史は「根源において一であり、経験において一であり、進歩において一である」という実に明快な単系列の歴史発展観に立脚する。つまり、「人類は起源を一にしていたから、その道程も本質的に一であり、すべての大陸において別々ではあるが斉一な経路をすすみ、人類のすべての部族および民族においてきわめて一様に、同一進歩の状態に至った」と見たのである。「未開民族」の制度、技術、発明および経験は「人類の記録の一部を形成するもの」であるから、それを調べることによって、「それと対応する状態にあったわれわれ自身の遠い祖先の歴史と経験」に近づくことができるというのである[27]。

「活きた化石」論者からすると、モソ人の母系制はまさに「母系氏族から父権制への過渡期における社会の基本的経済単位」の変遷過程と、「単一対偶家庭の発生と発展」を示す「活きた化石」であった[28]。このことは、民族学者の楊堃が「瀘沽湖畔の母系対偶家族は五、六百年の歴史を持つに過ぎないが、その家族婚姻発展史における位置は、五、六千年以上前の新石器時代に相当する」としたことに象徴される[29]。

モルガンとエンゲルスの理論的枠組みの権威性は、モソ人の走婚が「集団婚」か、それとも「対偶婚の初期段階」か、対偶婚の特徴とは何か等をめぐる論争[30]において、対立する双方がいずれもモルガンとエンゲルスの理論を論拠としていたため、最終的にはいずれも『起源』と『古代社会』に提起された概念の解釈をめぐる議論に陥らざるを得ない皮肉な結果となった[31]。

モルガンは、「人類の以前の経験と進歩のすべて」は最終的に一夫一婦制家族という「卓越した制度において最高潮に達し、また結晶した」[32]としている。「活きた化石論」は、モソ人の母系制は「人類の歴史と社会発展の必然的趨勢」[33]にしたがって、いずれこの「卓越した制度」へと進化するものと見た。こうした視点から、母系と父系が並存する双系家庭は、「母系から父系への過渡期に見られる家庭形態」[34]と解釈され、加沢郷において完成した一夫一婦制は「永寧地区における最も進歩した婚姻形式と家族組織」[35]と評価されることになる。具体的には、「集団婚から発展した対偶婚の初期形態」とされるモソ人の「アシャ別居

婚」は、「アシャ同居婚」（走婚関係にある男女が一時あるいは長期にわたって同居する形態）に移行し、さらに「婿入り」あるいは「娶る」形式の「一歩進んだ」婚姻形態に発展する道筋が推定されたのである[36]。

　モソ人の6代の家族形態を調べた詹承緒は、「大部分の家族形態」が表1に示された6つのパターンで母系と父系を「繰り返している」ことを指摘している[37]。興味深いのは、その「繰り返しの理由」に関する説明である。詹は、「母系と父系の繰り返し」を「母系残存勢力の根強さ」「進化過程における一時的現象」「過渡期の現象」と断言したのである。

表1　家族変遷の6形態

| | |
|---|---|
| a. | 母系 → 父系 → 母系 → 父系 → 母系 → 父系 |
| b. | 母系 → 母系 → 父系 → 父系 → 母系 → 母系 |
| c. | 父系 → 父系 → 母系 → 母系 → 父系 → 父系 |
| d. | 母系 → 母系 → 母系 → 父系 → 父系 → 父系 |
| e. | 父系 → 父系 → 父系 → 母系 → 母系 → 母系 |
| f. | 父系 → 母系 → 母系 → 母系 → 母系 → 母系 |

出典：詹承緒「永寧納西族的母系家庭」『史学月刊』1965年、
　　　第7期、36頁より整理。

## 3．モルガンの呪縛は解けたか

**進化主義家族観をめぐる論争**

　欧米諸国におけるモルガン学説に対する批判は、中国においては1970年代に至るまでほとんど取り上げられることはなかった。取り上げたとしても、陳鳳賢がウェスターマークやシュミットらのモルガン批判を「人類史発展の法則を否定することで、私有制と資本主義制度の永久性と正当性を証明しようとしたもの」と評したことに表れているように、イデオロギーの対立として片づけられる場合がほとんどであった[38]。しかし、文化大革命以降、特に1980年代に入ってからモルガンとエンゲルスの婚姻・家族理論に対してその限界を指摘する動きが見られるようになる。海外の民族学研究が紹介されるとともに国内研究者による批判が始まったのである。

第7章　モルガンの呪縛 — モソ人の母系社会は「活きた化石」か —　149

　M.チャールスは、1989年に中国で発表された2編の論文をモルガン、エンゲルス批判の動向の例として紹介している[39]。筆者の調べでも1980年代の初期にそうした動きが見られる。例えば、蔡俊生は1981年に「かつて人類に血縁家族が存在したか」という挑戦的な題目の論文において、モルガンの血縁家族やプ

自家製の酒麹を見せるダブ（リジャズイ村）

ナルア家族に関する学説を批判したソ連の学者の説を肯定的立場から紹介している[40]。また、M.チャールスが挙げた論文の他にも、対偶婚段階の夫方居住を家庭発展の重要な段階の1つと位置づけ、モルガンとエンゲルスの社会進化論が、対偶婚段階の夫方居住形態を軽視した点を批判した論文も見られる[41]。

　こうした動きがモルガンとエンゲルスの理論に立脚した「活きた化石」論者たちの中から現れたことは注目に値する。例えば、楊堃は「モルガンとマルクス主義の原始社会時期区分」について語る際、「モルガンの原始社会の時期区分に関する方法が時代遅れであることは、もはや疑う余地もなく、いかなる弁明も無用である」[42]と指摘している。楊は、さらに「濾沽湖畔の母系家族の家族婚姻史における地位と役割」において「モルガンの『古代社会』に誤りがあると認める一方、エンゲルスの『起源』を疑ってはならないとするのは、適切とはいえない」[43]と述べている。

　モソ人の親族関係とテューラニア式親族関係を比較し、親族制度の起源を探ることによってモルガンの理論の誤りを修正しようとした厳汝嫻、宋兆麟らの研究[44]を含めて、モルガンの提示した「血縁家族」「プナルア家族」の存在、親族制度のマレー制双系起源説を否定して母系単系起源説を提示した研究、氏族がプナルア家族から発生したとする説を否定し、先に氏族があって、家族は氏族から発生したとする研究が続々発表され、「モルガンの家族、婚姻、親族制度に関

水やバター茶を運ぶ皮袋

する理論を修正し、この領域の研究を新たな段階に高めた」ものとして評価されるようになる[45]。詹承緒自身も文化大革命以降の中国民族学研究の動向を整理した論文の中で、「血縁婚と血縁家族の存在」をめぐって「完全に対立する2つの見方」が存在していることや、血縁家族 ― プナルア家族 ― 対偶婚家族 ― 家父長家族 ― 一夫一婦制家族という家族発展段階論と母系制から父系制への過渡の問題をめぐって議論が分かれていることを認めている[46]。

中華民族の始祖とされる伏羲と女媧を兄妹とし、その兄妹の結婚によって人類が繁殖したとする神話は、かつて血縁婚家族が存在したことの証明として用いられる場合が多かった。しかし、近年、伏羲と女媧とは兄妹でなく、実は異なる氏族の代名詞だったとする説、伝説上の「兄」と「妹」は同胞兄妹でなく同一民族の男女を指すとする説[47]、洪水神話の兄妹結婚は血縁婚の存在を証明するものというより、むしろ血縁婚への否定であるとする説[48]も現れている。

葛兆光はその著『中国思想史』において、「人類の歴史は本当に同一の進化の軸の上で展開してきたのか」と進化主義人類学に異議を唱える[49]。瞿明安は、人類の初期段階に存在したとするいわゆる集団婚や乱交について次のように批判している。多くの学者が集団婚や乱交に関する証拠として重視する古文書は、周辺諸民族の風俗習慣を「男女雑遊、不媒不聘」と記載しているが、これは明らかに中原の人びとが周代以降形成した婚姻制度を基準とした見方であって、周辺少数民族に婚姻がなかったことを意味するものではない。「母を知るが、父を知らない」段階が存在したとしても、それは神話に多く見られる「天に感じて子を生む」といったような当初の生殖に関する知識を反映したものであって、必ずしも集団婚や乱交によるものではない[50]。

初期集団婚の証拠として詹承緒らが挙げた近親相姦の実例[51]に対しても検証のメスが入れられた。特に「母女共夫」（母と娘が同一男性を夫とする）の実例に対する周華山の反証は鮮やかである。詹承緒らによると、忠実郷巴奇村の女性と阿布瓦村の男性との走婚関係は10年前後続くが、後に男性はその女性の娘と走婚関係を結び、3人の子どもをもうけたという。

この「母女共夫」の実例では、すべて実名が使われていた。周華山は、その男性（81歳）を探し当て、確認した結果、驚くべき事実が明らかになった。男性は無実を主張したばかりでなく、当時、詹承緒をはじめとする調査チームのメン

バーに会ったことさえなかったという。後になって分かったことだが、当時の調査では、「モソ語と漢語の両方が話せる」王××という人物に案内者兼通訳を任していた。しかもその王は、モソ人に偏見を持ち、村でも「口が悪い」ことで噂の多かった漢族の人だったのである[52]。王はすでに死亡しており詳細は確認しようもないが、当初の研究には、本人に会うこともなく、モソ人に偏見を持つ異民族のインフォーマントを介して調査を進めたという問題もあったのである。

モソ人の母系制を原始母系社会の名残りとして論じる際、「活きた化石」論者たちが好んで引用する古文資料に『蛮書』や『雲南志略』がある。例えば、『蛮書』には、「磨些蛮」の居住地に母系制にちなんだものと見られる「大婆」「小婆」（今日の麗江地域内に位置する）などの地名が挙げられていること[53]、『雲南志略』には、嫁いだ女性が簡単に夫を換えたり、性に対して「淫乱、無禁忌」であったり、部落間の争いは最終的にたいてい婦人の調停で和解するなどの風習が記述されていることなどがその理由である。しかし、これらはモソ人の母系制を示唆することはあっても、その母系制が原始母系社会の延長であることの証明にはなっていないことはいうまでもない。


## 4．母系制の合理性を探る ── 若手研究者の台頭が意味するもの ──

近年、「活きた化石論」に対抗する形で、モソ人母系制の起源をめぐる論争に若手の研究者が加わってきた。
　ここでは、陳烈（ツェンレ）と泰振新（タイヅォンシンシン）の『最後の母系家園 ── 瀘沽湖摩梭文化』（1999年）と和鐘華の『生存と文化の選択 ── モソ人の母系制およびその変遷』（2000年）を取り上げる。その理由は、現在のところ、これらの研究は1990年代の後半から21世紀の初頭にかけての最も学術水準の高い研究成果だからである。この他に周華山（香港）の優れた研究があるが、まず中国大陸における研究を中心に見ることにする。
　まず、陳烈と泰振新は、母系制や走婚の風習が長期にわたって存続した理由を、古代から新中国成立までの時期と新中国成立以降の社会主義の時期に分けて論じ、第1期においては政治経済の要因が主に働き、第2期では伝統と慣習の要

因が大きく影響していると分析する[54]。つまり第1期においては、次のような要因が母系制の存続に有利に働いたという。

① 独特な民族的道徳観と心理的資質が母系制の長期存続を可能にした。

② 土司などの支配階級は、内部に対しては権力の世襲制と一夫一婦制を取り入れながら、外部に対しては母系制を黙認し、走婚を利用して自らの性的欲求を満たした。

イモを掘ってから野菜の種を蒔く

③ 貧困階層は妻を娶って家庭を築くための経済的余裕がなかったため、走婚の形態を取らざるを得なかった。

④ モソ人は古くから母親を崇拝し、母親のもとを離れることを拒んだ。

⑤ 母系家族は成員間の関係が単純で、嫁姑、嫁同士の不和がなく、睦まじかった。

⑥ 母系家族は労働力が多いため、役割分担において有利な面があり、規模の小さい封建経済に適していた。家計も他の形態の家族より裕福であった[55]。

一方、第2の時期に当たる社会主義の時代において、こうした婚姻と家族形態が維持できたのは、次の3つの要因が働いたからだという[56]。

第1は、女性崇拝の伝統的道徳観がその社会基盤となったことである。長い歴史の流れの中で形成されたモソ人の倫理道徳観は、女性崇拝を基調とする。女性崇拝の文化と心理によって母親崇拝の風習が形成された。女性、母親、母方オジに対する尊敬と賛美は「社会の倫理道徳の中心」であり、「走婚と母系大家族制度を存続させる重要な社会的基盤、または思想的根源」となったのである。

第2は、女神崇拝の信仰に基づく民族の心理である。これは走婚と母系制の精神的拠り所である。複数のアドゥを持ち、走婚をする女神は、代々女神を崇拝してきたモソ人にとって、婚姻・家族制度の手本となったのである。

第3は、母系的血縁家族経済が物質的基盤をなしたことである。自給自足の母系家族の生活は、母系的婚姻・家族制度が長期に存続した物質的基盤である。走婚関係の構築は経済関係を排除し、育児も女性側の家族の責任なので、婚姻と

第7章　モルガンの呪縛 ― モソ人の母系社会は「活きた化石」か ―　153

愛情は経済から開放され、自由となる。

　陳烈と泰振新の論理にはいくつかの疑問が残る。まず、2つの時期に区分して論じることの必要性とその根拠が不明であること、次は、①の「貧困階層は妻を娶って家庭を築くための経済的余裕がなかったため、走婚の形態を取らざるを得なかった」ことと、⑥の「母系家族は労働力が多いため、役割分担に有利な面を持ち、家計も他の形態の家族より裕福であること」を、ともに母系制存続の理由として挙げたことである。また、①の「民族的道徳観」「心理的資質」と④の「母親崇拝」との関係も説明を必要とする。さらに、第1期には「政治経済の要因」が主に働き、第2期では「伝統と習俗」が大きく働いたとする根拠もあいまいである。

昔の生活用具（モソ民俗博物館）

　一方、「活きた化石論」に対する批判の矛先は、まずその拠り所とされる母系先行論に向けられた。つまり、現在のモソ人の母系家族は太古の原始母系社会の名残りでなく、むしろ父系制の後に形成された家族形態であると主張する。この説の代表として和鐘華を挙げることができる。

　和は、その著『生存と文化の選択 ― モソ人の母系制とその変遷』において、各民族が置かれた自然環境、社会、政治、経済、歴史等の諸条件の違いによって、婚姻・家族制度も異なる変遷過程を辿るとし、「人類社会は、単一のプロセスで変遷するものでない」と見る。さらに和は、モソ人は秦の時代に河湟地区から南下した旄牛羌の子孫で、「古代の氐羌族群時代に、族群全体が母系制を営んでいた」が、秦の時期の南下に伴い「子孫がそれぞれ別れ、各自が種を為す」ようになり、定笮一帯に定住してから父系制ないし父権制に変容したという。

　現在のモソ人の母系制は、定笮から濾沽湖周辺に移住してきた部族のグループによって形成されたということは、モソ人の母系制は太古からの母系社会の残存でなく、「古代の氐羌族群時代」の母系制、「定笮一帯」の父系制の段階を経て今日に至ったことになる。和は、神話や伝説を手掛かりに、モソ人の母系制と走婚の風習は、漢代から元代にかけて確立した父系制の後に形成され、婚姻形態が「結婚」から「走婚」に変わったのは「婚礼税」などの経済的理由によるものと

見る。「永寧モソ人の母系制は長い歴史の道程において、さまざまな政治的、文化的、経済的衝撃を経験した。歴史的にチベット伝来の仏教文化の衝撃、中原主流文化の衝撃と干渉、異民族文化の包囲と商業経済の発展などは、モソ人の社会に影響を与えてきたが、モソ人の生活様式——母系家庭、走婚およびそれに伴う社会習俗を変えるには至らなかった」。和は、これを「母系制の生命力」と称し、次のように説明する[57]。

吊り橋

　第1に、モソ人の婚姻および家族制度自身の「優越性」である。和は、走婚および母系家族に対するモソ人の自信と誇りを重視し、モソ人自身がまとめた母系家族のメリットに注目した。それは、①資産と労働力の集中は生産の発展と家族の生活向上に有利である点、②家族が団結し和睦であり、子どもとお年寄りの生活が保障されている点、③隣人同士の仲が睦まじく、社会が安定する点、④近親結婚を避け、人口膨張を抑制し、子どもの成長と健康に有利である点、⑤分家を奨励しない大家族の生活は、土地の合理的使用を可能にする点などである。走婚のメリットについても婚姻自由、男女平等、愛と感情を基盤とした婚姻関係の3点から説明する。

　第2は、モソ人の母系制の柔軟性である。モソ人の母系制が長期にわたって衰えなかったのは、環境変化への順応と深く関係する。和は、歴史学者木芹（ムチン）の「母系家族と封建社会一体化の原因」[58]を引用しつつ、母系社会の適応性とその生存環境とが同一方向に向けて働いたことで、存続が可能となったと見る。

　第3は、母系制とモソ人文化の一致性である。和によると、モソ文化の特徴は、「人間性の自由と社会的安定への志向」であるが、モソ人の母系家族と走婚は「まさにそれを自然に融合し具現化したものであり、また二者を推し進める原動力」でもある。モソ人の文化を貫く和平と協調の精神は、階級の壁をも乗り越えて政治、経済、人間関係の各方面に浸透しているのである。

　第4は、性の平等である。和は、モソ人の男女は家庭においてはほぼ平等であるが、それが社会的地位の平等に直接つながっているとはいえないと見る。しか

し、他の社会の女性に比べ、モソ人の女性は性において平等である。外界から「遅れた原始社会」と見られるモソ人の社会において、文明が高度に発達した社会が目標とする「人間性の平等と性の調和」が現実となっているのである。

母系制の存続理由について、和は「活きた化石」論者のように進化を阻害した要因の究明でなく、存続を可能にした文化的合理性について追究した。和の論理にはいくつか論証を必要とするところはあるが、モルガンとエンゲルスの理論図式の束縛から解放された新しい見解として注目される。

このように1990年代に入って、前述の初期の研究者たちと異なる視点から母系制存在の理由を挙げる若い研究者が多数現れている。彼らに共通する特徴は、婚姻・家族制度の進化を阻害した要因の究明ではなく、母系制の存続を可能にした社会的文化的合理性の追究を行っている点である。

### モソ人の家族形態の変遷

モソ人の家族形態は通常、母系家族、双系家族、父系家族の3つに分類されるが、表2は、その割合の変遷を示したものである。1960年代から1990年代にかけて行われた3つの調査から得たデータ[59]であるが、ほぼ同一地域

表2 モソ人の家族形態の変遷

| 区分 | 母系 | 双系 | 父系 |
|---|---|---|---|
| 1956年 | 49.2% | 44.1% | 6.7% |
| 1984年 | 32.4% | 27.6% | 40.0% |
| 1996年 | 54.5% | 28.0% | 17.5% |

を対象とした調査なので、家族形態の変遷を大まかにとらえることができる。表2が示しているように、1956年度にそれぞれほぼ5割近く占めていた母系家族と双系家族の割合は、1984年度ではともに大きく減少する一方、父系家族の割合が最も高くなっている。これは文革期における一夫一婦制の強制的導入によるものと考えられる。

1981年、寧蒗県政府は、モソ人に対して一夫一婦制の婚姻を強要しないことを正式に表明した。それ以降、若い世代が再び走婚という婚姻形態を選択するにつれ、今度は父系家族の割合が減り、逆に母系家族が増加に転じたのである。四川省の涼山州が濾沽湖鎮で行った調査（1995年）でも、母系家族63％（走婚92％）という高い数値が示された[60]。モソ人の自文化に対する意識にも変化が見られる。特に走婚という婚姻制度と母系の家族制度は必ずしも遅れた恥ずかし

い風習ではなく、むしろ他の社会にはない長所を持ち合わせていることに気づかされたのである。次章でさらに詳しく言及することになるが、「家族が睦まじい」「男女平等である」「社会が安定する」「人口膨張を抑制する」「子ども虐待、高齢者孤独死などの問題が発生しない」「婚姻において愛情が最優先される」など、母系制の「優越性」を主張するモソ人が増えている[61]。

　モソ人の婚姻形態と家族制度を取り巻く環境は、政治的にも社会的にも、また経済的にも大きく変わりつつある。モルガンの進化主義家族史観が基盤を失いつつあり、文革でのように一夫一婦制を強制的に推し進めた蛮行はもはや過去のこととなった。こうしたなかで、自分の文化をいかに評価し、いかなる文化取捨を行うか、モソ人自らの選択が鍵となろう。


【注】
1）詹承緒「永寧納西族的母系家庭」『史学月刊』1965年第7期、28頁。
2）永寧郷でのインタビューより（2006年8月23日）。
3）沈澈著、譚佐強訳『西南秘境万里行』恒文社、1993年、19頁。
4）中国農村で人民公社制の実施期に、社員の労働量を計算する単位。労働の軽重、必要とされる技術の高低、仕事のでき栄えなどによって1人が1日に働く労働量を点数に直して計算する。年末にその1年間の合計点数によって年収が確定し、配分が行われる。
5）泥鰍溝下村でのインタビューより（2007年2月18日）。
6）胡陽全「建国以来永寧納西族母系制与婚姻家庭研究綜述」『広西民院学報』1997年、第12期、234-236頁。
7）例えば、厳汝嫻、宋兆麟の『永寧納西族的母系制』（雲南人民出版社、1991年）においては「阿肖婚」、詹承緒、王承権他『永寧納西族的阿注婚姻和母系家庭』（上海人民出版社、1980年）および王承権、詹承緒著『神秘的女性王国』（北方婦女児童出版社、1989年）では「阿注婚」が用いられている。
8）前掲『永寧納西族的阿注婚姻和母系家庭』6頁および『永寧納西族的母系制』4頁。
9）江応樑『民族研究文集』民族出版社、1992年、426頁。
10）例えば、馮天瑜らの『中華文化史』、劉達臨の『中国性史図鑑』、韓国磐らの『中華文明五千年』、張岱年らの『中国文化概論』、孫培青の『中国教育史』などでも、この立場は依然多くの学者に支持されているし、王斯徳の『世界歴史』などの教科書でも同様の傾向が見られる。
11）陳国強「関於人類起源及原始社会史的分期」『雲南社会科学』1984年第4期、53頁。
12）詹承緒、王承権他『永寧納西族的阿注婚姻和母系家庭』上海人民出版社、1980年、289頁。
13）前掲『神秘的女性王国』（190-202頁）。
14）前掲『永寧納西族的母系制』、418-435頁。

15) 歴代の中央王朝が少数民族地域や周辺地域に対して実施した政策方針で、それぞれの地域の民俗、風習に干渉しないという特徴を持つ。
16) 龔蔭著『中国土司制度』雲南民族出版社、1992年、153-163頁。
17) 同上、1460-1468頁。
18) 詹承緒「永寧納西族母系父系並存家庭試析」『中国社会科学』1981年第4期、217頁。
19) 詹承緒他「永寧納西族从初期対偶婚向一夫一婦制的過渡」『中国史研究』1980年第2期、105頁。
20) 前掲「永寧納西族的阿注婚姻和母系家庭」21-30頁。
21) 平田公夫「母権制」比較家族史学会編『事典 家族』弘文堂、1996年、755-757頁。
22) L. H. モルガン著、青山道夫訳『古代社会（下）』岩波書店、1961年、154-155頁および319-331頁。
23) モルガンの理論図式およびそれへの批判については、江守五夫2編の論文「《母権制》の発見とその波紋」（江守五夫著『母権と父権』弘文堂、1973年、30-62頁）、「原始乱交＝集団婚説の批判的検討」（江守五夫著『家族の起源 — エンゲルス「家族、私有財産および国家の起源」と現代民族学』九州大学出版会、2004年、129-145頁）を参照されたい。
24) 費孝通著『郷土中国 生育制度』北京大学出版社、1998年、166頁および195頁。
25) 張旋如等"新発現的群婚実例"補証」『社会科学戦線』1984年第4期、220頁。
26) 岑家梧『民族研究文集』民族出版社、1992年、328-349頁。
27) 前掲『古代社会(上)』20-22頁。
28) 厳汝嫻「家庭産生和発展的活化石」『中国社会科学』1982年第3期、204頁。
29) 楊堃『民族学概論』中国社会科学出版社、1984年、363頁。
30) この論争に関しては、『中国社会科学』（1985年第5期、1987年第2期）、『雲南社会科学』（1984年第1期と第5期）を参照。
31) 前掲『民族学概論』485頁。
32) 前掲『古代社会（下）』327頁。
33) 前掲「永寧納西族的母系家庭」36頁。
34) 詹承緒「永寧納西族母系父系並存家庭試析」『中国社会科学』1981年第4期、219頁。
35) 前掲「永寧納西族从初期対偶婚向一夫一婦制的過渡」104頁。
36) 秋浦「从永寧納西族的"阿注"婚談起」『雲南社会科学』1984年第5期、70-97頁。
37) 前掲「永寧納西族的母系家庭」36頁。
38) 陳鳳賢「母系氏族制」中国大百科全書編集委員会『中国大百科全書・民族』中国大百科全書出版社、1986年、339-340頁。
39) Charles F. Mckhann. The Naxi and the Nationalities Question, In Harrel, Steven(Ed). Cultural Encounters on China's Ethnic Frontiers, University of Washington Press, Seattle; 1995. p.39.
40) 蔡俊生「人類从前存在過血縁家庭嗎」『民族学研究』1981年第2期、200-204頁。
41) 李永采「論対偶婚从夫居形態及在家庭史上的地位」『歴史研究』1989年第6期、122-136頁。
42) 楊堃「論从摩爾根的原始社会分期法到馬克思主義的原始社会史分期法」楊堃著『民族研究文

集』民族出版社、1991年、330頁。
43) 同上、364頁。
44) 厳汝嫻、宋兆麟「納西母系親族制与易洛魁親族制的比較研究」『民族研究』1980年第2期、58-70頁。
45) 前掲『民族研究文集』(楊堃) 361頁。
46) 詹承緒「略説新時期的中国民族学」『民族研究』1997年第12期、92-109頁。
47) 王玉波「中国家庭史研究刍議」『歴史研究』2000年第3期、167頁。
48) 章立明「関於人類初期婚姻形態建構的話語権力説」『民族研究』2002年第3期、52-56頁。
49) 葛兆光『中国思想史(一)』復旦大学出版社、2001年、14頁。
50) 瞿明安「中国原始社会乱婚説質疑」『民族研究』2002年第4期、23-28頁。
51) 前掲『永寧納西族的阿注婚姻和母系家庭』22頁。
52) 周華山『無父無夫的国度?』光明日報出版社、2001年、74-85頁。
53) 尤中『雲南民族史』雲南大学出版社、1994年、178頁。
54) 陳烈、泰振新著『最後的母系家園 — 濾沽湖摩梭文化』雲南人民出版社、1999年、140-141頁。
55) 同上『最後的母系家園 — 濾沽湖摩梭文化』、136-137頁。
56) 同上『最後的母系家園 — 濾沽湖摩梭文化』、141-146頁。
57) 和鐘華『生存和文化的選択 — 摩梭母系制及其現代変遷』雲南教育出版社、2000年、65頁、73-85頁。
58) 木芹教授は、モソ人の婚姻と母系制が生存方法として選択されたこと、母系制が支配者に利用されたこと、走婚が民族の繁殖に有利であったこと、商品経済の衝撃が近代になってやっと及ぶようになってきたことなどから、「モソ人の母系制と封建社会が一体化した原因」を説明している。詳しくは、郭大列編『納西族研究論文集』(民俗出版社、1992年、359-366頁)を参照。
59) 表2に示された1956年のデータは前掲『永寧納西族的阿注婚姻和母系家庭』(142頁)、1984年度は『最後的母系家園 — 濾沽湖摩梭文化』(123-124頁)、1996年度は『生存和文化的選択 — 摩梭母系制及其現代変遷』(157頁)による。
60) 蔡華「従摩梭婦女的婚姻家庭状況看其在経済文化中的地位和作用」『西南民院学報』1999年第2期、66頁。
61) 石高峰「暮合晨離話走婚」『尋根』2003年第3期、30-31頁。

## 第8章 文字を持たない民族の文化伝承と学校教育
― 他民族の言語で自文化を伝えられるか ―

　西南高原の少数民族の学校教育を考える際、地域性と民族性の２つの視点からのアプローチが特に重要と思われる。

　まず、地域性は、都市とは異なる環境に置かれた農村部の学校が抱える教育の諸問題を扱う視点である。つまり、都市と農村の格差是正の視点から見る教育条件の問題、例えば、資格を持つ教師の不足、設備施設の不整備、就学率と進学率の低迷、卒業後の進路、実生活から乖離した教育内容の問題などがある。

永寧小学校の集会の様子。永寧郷の学校は多民族の生徒と教師によって構成されている。

　一方、民族性は、西南地域のほとんどの学校が多様な民族出自の児童生徒を抱えていることに起因する諸問題に着眼した視点である。例えば、教授用語の選択、民族文化の伝承、少数民族教員の確保、二言語教育などである。モソ人の母系社会における学校教育を理解するためにも、当然こうした地域性と民族性への配慮が求められる。

　地域性の問題は、西南少数民族の多くが山岳地帯に居住している現状からすると、抜きにして語ることのできない問題といえる。しかし、これは必ずしも少数民族特有の問題ではなく、中国農村部における教育が共通に抱えている問題なので、ここではとりわけ民族性の視点から少数民族の伝統文化と学校教育の関係に焦点を当てて考察することにしたい。

　少数民族の教育に関する研究は、中国国内においては主として中央民族大学をはじめとする民族系大学および各省・市・自治区に設立されている社会科学院な

どの研究機関等を中心に行われ、成果が蓄積されてきている。しかし、文化と教育の関係性を扱った研究は文字を持つ民族を対象とした「二言語教育」が中心で、文字を持たない民族を扱った研究は限られていることを指摘したい。特に、モソ人の教育に関しては、モソ人の母系家族と幼児発達との関係[1]、モソ人の伝統的な教育内容や教育方法[2]、モソ人の伝統的価値観と近代学校教育との関係[3]等を扱ったものが散見されるが、いずれも本書とは研究の関心領域が異なる。

洗濯する寮生（竹地村）

一方、日本における中国少数民族の教育に関する研究は、近年、着実に増えてきており、その代表的なものとして、民族教育の体制や言語政策に焦点を当てた研究[4]や、民族教育の政策理念を現場の具体的な実践と関連付けて考察した研究[5]などを挙げることができる。なお、モソ人に関する研究としては、神話と言語学の視点からナシ族（モソ人を含む）のルーツを探った研究[6]、現地で行ったインタビューを踏まえたモソ人の母系社会の紹介[7]、モソ人の歌掛けの調査記録[8]などがある。しかし、これらの研究において、モソ人の教育や文化伝承の問題などはほとんど言及されていない。本章では、初めてモソ人自身によって編纂された民族教材とその実施過程に焦点を当て、文字を持たない民族の文化伝承と学校教育の在り方を考える。

## 1. 言葉と文字と学校教育

### 国民の教育と民族の教育

中国における少数民族の教育は、国民国家の枠組みにおける「国民教育制度」と、民族文化の伝承を目指した「民族自らの教育制度」という「二重性」を持つといわれる[9]。前者が「国民教育」、後者は「民族教育」ということができるが、ここで問題にしたいのは学校教育が必ずしもすべての民族にとって「民族自らの教育制度」として機能するとは限らないという点である。

文化伝承を目指した「民族教育」には、「二言語教育」（双語教育）と「民族文化の教育」が含まれる。「二言語教育」は、中国において「民族教育の最も有効な手段」と位置づけられており、また、実際に「民族教育」の主たる担い手として機能している[10]。「二言語教育」は、教授言語の選択によって次の２種類に分けられる。すなわち、民族言語を教授用言語とした場合の「漢語導入型」と、漢語を教授用言語とした場合の「民族語導入型」である。ここでいう漢語とは、「普通話」と呼ばれる標準語である。

「漢語導入型」では、授業は通常、民族言語で行われ、民族語の教科（通常「語文」と呼ばれる）が設置されるほか、「漢語」を一教科として小学校の中学年段階から導入する。一方、「民族語導入型」は、漢語が広く使用される地域においてよく見られる形態で、この場合は逆に民族語が一教科として一定期間、学校教育に導入される。漢語と民族語の導入時期と導入期間は、各民族自治区域によって決められ、学校現場での対応はさらに多様な様相を見せる。なお、ここで指摘しておかなければならないのは、民族語の教育は、事実上、文字を持ち、しかもその文字が広く使用されている場合に限られるということである。

中国は、56 の民族から構成される多民族国家で、2000 年度のセンサスによると、漢族を除く 55 の少数民族の人口は 1 億 449 万人、人口の 8.41％を占めている。少数民族人口の 71％は、155 の民族自治区域（5 自治区、30 自治州、120 自治県、9 民族郷）に居住する[11]。現在、55 の少数民族の中で、回族と満族を除く 53 の少数民族は自分の言語（約 80 種類）を使用しており、その中の 21 の民族が民族独自の文字（30 種類）を持つとされる[12]。しかし、その文字の使用状況は民族によって異なっており、実際に広く使用されている文字は 12 民族の 17 種類にすぎない。

文字の有無によって「民族教育」の在り方は大きく変わる。自分の文字を持つ場合、学校教育において教科として教えられたり、教授用言語として用いられたりして、言語を媒体とした民族文化の伝承が可能になる（限界はあるが）。たと

漢字・トンパ文字・英語が用いられている方国瑜小学校内の看板（麗江）

え、ナシ族のトンパ文字のように日常生活でほとんど使われない文字であっても、それが存在することだけで意味を持つのである。

麗江市の方国瑜小学校では、トンパ文字を美術教育に生かす形で「民族の精神を伝え、民族の誇りを培う」ための教育を行っているが、唐秀珍校長によると、それを可能にするのは「トンパ文字の存在」である[13]。文字を持たない民族の場合、学校が民族文化の根幹をなす言語学習のための教育課程を提供することは困難である。つまり、少数民族教育の持つ「二重性」の「核心」[14]とされる教育内容に、民族文化が反映されにくいのである。

トンパ文字をモチーフにした生徒の作品

週に1時間トンパ文字の授業を設けている方国瑜小学校。ナシ族の校長先生自らが民族言語の授業を担当する。

文字を持たない民族にとって、本当の意味での「二言語教育」は成立しない。小学校低学年まで教授補助言語として用いられる民族言語も、結局、「学ぶ手段」であって「学ぶ内容」ではない。漢語による授業が可能になると、民族言語は直ちに教室から姿を消すのである。このように、学校教育は文字を持たない民族にとって、構造的に「民族文化の伝達・継承・発展を目指した民族自らの教育制度」として機能しにくい側面を持つ。「二言語教育」を中心とした「民族教育」の限界がここにある。ハイ・ルル氏の言葉を借りると、文字を持たない民族は、最終的には「他民族の言葉で他民族の文化を学ぶ」のである[15]。

この場合、受けた教育が高度であればあるほど、自文化から離脱して主流文化へ同化する傾向が強まる。つまり、文字を持たない民族からすれば、学校教育は民族文化に対する「忘却装置」あるいは「反逆装置」として機能することもあり得るのである。だからといって、人口規模が数千人から数万人しかないいわゆる「小規模民族」[16]が新たに文字を創出することは生産的でないし、仮にできたと

してもリスクは大きい。特に新たな文字の創出は、子どもたちに3種類の文字（民族の文字、共通語としての漢語、そして外国語）の習得を強いることにつながるのである。

### モソ人の「文字喪失神話」

モソ人の伝説の中には、文字を失った経緯を伝えるものがある。それによると、昔、モソ人は豚皮にダバ教の経文やモソの文字、歴史を書いていたが、洪水に逃げ道を断たれた2人のダバが飢餓をしのぐためにそれを食べてしまったので、文字が消失したという[17]。中国の南部および東南アジアの民族の間にはこれに類似した「文字喪失の神話」が伝わっている。大林が指摘しているように、「失われた文字」に関する伝説は「文字が書かれた皮革」を不運にも動物に食べられてしまうモチーフが多いようである[18]。ラフ族の文字喪失の神話はこう語るという。「神が文字を与えるために全民族を呼んだ。ラフは遅れて行ったために紙はもうなく、代わりに餅の上に文字を書いてもらったが、帰り道にお腹がすいて食べてしまった」と[19]。

モソ人の場合、ダバ教の経文はすべて口承で伝えられたとされるが、宋兆麟の調査では初期の象形文字で書かれた経書が数冊見つかっている。最近になって見つかった経書は、ダバが経文を記憶するために書いたもので、文字数が少なく、しかも一貫性を欠く初期の文字が用いられているという。ダバが占いに用いたと見られる絵や符号は、ナシ族のトンパ文字よりも古いと見られるが[20]、落水村のモソ民俗博物館では占いに用いられたとされる32文字が紹介されている。

学校教育における民族文化の伝承は、特に文字を持たない民族、あるいは文字を持っていても実際に使用範囲が限られている少数民族にとって大きな課題となる。二言語教育中心の民族教育の限界と新たな文字創出の非現実性を勘案すると、学校が文字を持たないモソ人の文化伝承のために何ができるのか、モソ人にとって学校が民族文化の「伝承装置」として、つまり「民族自らの教育制度」として機能し得るのかという問題は、興味深い課題といえる。

## 2．モソ人の母系社会への異文化の影響

費孝通が「民族廊下」[21]と呼んだこの高原地帯は、古くから中国西南、西北における民族移動の通路として、また民族融合の場所として知られる。「女国文化帯」ともいわれるこの地域に居住する諸民族の婚姻・家族制度、食文化、宗教、通過儀礼、音楽舞踊等には「女国文化」の影響が随所に見られる[22]。モソ人の母系社会とその文化も、この西南高原地域における民族間の交流と衝突の中で歴史的に形成されたのである。モソ人の異文化交流史の中で特筆すべき歴史的でき事として以下の4点を挙げることができる。

学校をやめ、寺でラマ僧の修業を始めた少年（右）

① モンゴル軍の南下とその残留兵士の影響

1253年、フビライの率いる10万人のモンゴル大軍は、大理国征服のため南征する途中、永寧平原に駐屯して休憩を取り、後にこの地域を統治するため一部の兵士を駐留させた。このモンゴル軍の駐留がモソ人の母系社会に「一夫一婦制」をもたらしたとする説や、当該地域の走婚の風習はモンゴル軍の駐屯によって形成されたとする説[23]も見られる。特に注目されるのは、元の初期に中央王朝によって推し進められた土司制度の導入である。永寧における土司制度は、1274年の元朝による州の設立に始まる。明以降、土司制度は徐々に厳格化し、中央王朝から土司が任命され、直轄化のシステムとなっていく。そして、権力の世襲が認められたことで、土司は権力世襲の必要から先んじて一夫一婦の婚姻制度を導入するようになったのである[24]。つまり、永寧における一夫一婦制と父系家族の形態はこうして始まったとする説である。

② チベットラマ教（蔵伝仏教）の伝来

永寧でのチベットラマ教の布教活動は1276年に始まり、1353年には寺院も建立される[25]。現在、モソ人全員がラマ教の信者であり、ラマ教はモソ人固有の自然宗教であるダバ教を遥かに凌ぐ宗教勢力として、モソ人の社会や生活に深

く浸透している。前章でも言及したように、チベット仏教の伝来と浸透によって、モソ人の信仰体系は大きく変化し、モソ人の文化の源流とされるダバ教に危機的状況をもたらしたのである。

③「文化大革命」の影響

濾沽湖周辺地域には、一家族の中に父系と母系が混在するいわゆる「双系家族」が少なくない。その中の一夫一婦制の多くが実は文化大革命の間、強制的に結婚させられた夫婦である。1966～1976年の間に婚齢期にあった男女が、当時の不当な「政治的圧力」で「一夫一婦制」の家族形態を取り、文革の終了後もその家族形態を残したため、「双系家族」が形成されたケースが多いのである。なかには、アヤ・ルルさんのようにラマ教の僧侶が強制的に結婚させられたケースも見られた（詳しくは拙著『結婚のない国を歩く――中国西南のモソ人の母系社会』を参照）。

④　近代化の衝撃

海抜4,000m級の山々に隔てられた秘境は、1950年代から1960年代の前半までは、モルガンやエンゲルスの社会進化論を証明する絶好のケースとして民族学者の注目を集めた。しかし、1990年代に入ってからはその美しい景観と走婚をベースにした母系制が世間一般に知られるにつれ、観光客が増え、開発が急ピッチで進んだ。経済の市場化、テレビ、携帯電話、インターネットなど情報化に象徴される近代化の波は、モソ人の伝統社会の隅々にまで押し寄せてきた。

このことは、「テレビには参った！」と嘆く老人の一言に集約される。例えば、モソ人の社会には厳しいインセストタブーが敷かれていて、囲炉裏のある母屋で「性に関すること」を語ってはいけないことになっている。異性の親族がいる場所では、「父」「妻」「婚姻」等の言葉自体も「性に関すること」とされ、禁忌となるほど厳しかったのである。しかし、囲炉裏を囲んで老若男女が一緒に見るテ

「村小」と呼ばれる簡易小学校。学校が遠いため、まず村に設置された簡易小学校に2年間通い、その後3～6学年が揃っている小学校に編入する。

レビの画面は、キスシーンやベッドシーンなどの性描写で溢れる。「そういう時は、その場を去ることにしている」と老人は言う[26]。モソ人の文化にとって、近代化は未曾有の事態といえる。モソ人の文化は十字路に立たされたのである。

近代化がもたらしたのは、「文化喪失の危機」のみではない。他者を意識する機会の激増に伴い、モソ人は自らの文化を相対化し、整理するきっかけを得たのである。モソ人とは何か、走婚をベースとした母系社会の文化をいかに説明し、その文化的正当性をいかに主張するか、エリートの間では議論は深まりつつあり、実際にいくつか注目すべき動向も見られる。例えば、観光開発の恩恵を最も受けている落水村では、ザシ・ピンツォ（34歳）をはじめとした若者たちによって「モソ民俗博物館」が建設され、モソ文化の調査と研究、文化財の保護と収集が進められている。この落水村では、民族色を前面に出す方針が村民委員会で決定され、民族衣装を「制服」（工作服）として着用することが義務づけられた。

また、永寧郷政府、寧蒗県婦女連合会、永寧郷教育関係者、モソ文化研究者などを中心とした「濾沽湖モソ人歴史文化研究会」「モソ教育文化研究会」が発足して活動を始めている。永寧郷で開かれた座談会を傍聴したことがあるが、そこでは祖先が残した28の文字[27]を基礎に文字創出を建議する人もいた。近代化の波に文化伝承の意識が喚起された感がある。この意味からして、モソ人の文化はさらに高次へと高められるための契機を得たともいえよう。

## 3．「民族教材」の開発 ― 内容構成と位置づけ ―

特に注目したいのは、2005年の3月より試行された民族教材 ―『神秘の永寧 ― モソ人の故郷』の編纂である。これは、モソ人の居住地区に近代学校が普及して以来、初めて学校教育に導入されたモソ人の文化に関する教材であることと、また史上初めてモソ人自身によって編纂されたことで、画期的なできごといえる。

特に、文字を持たない民族が学校教育において民族文化の伝承を試みた事例として注目される。筆者は、その教材を入手して内容分析を行うと同時に、執筆者を取材したり、教師と生徒および保護者にインタビューを行ったり、実際にモソ

人の文化を扱う授業を見学したりして、教材の実施過程を観察した。

### 民族教材開発の経緯

民族教材『神秘の永寧――モソ人の故郷』を執筆したのは、永寧郷教育弁公室主任のハイ・ルルである。高校卒業後、モソ人の居住地域で教師、校長などを務め、現在はこの地域の教育行政の責任者として活躍しているモソ人である。彼に対して数回にわたって取材し、民族教材を編纂するに至った背景や経緯についてインタビューを行った。

民族文化の教材を編纂したハイ・ルルさん

「観光開発と市場経済の急速な進展に伴って、モソ人の文化伝承は極めて厳しい状況にある」と、彼は言う。若者は都会の生活に憧れ、漢語を好んで話し、携帯電話の機種にこだわるが、自分の文化には興味を示さない。「まず学校で子どもたちに対して文化伝承の重要性を教え、しっかりした基礎固めを行う」というのが、教材編纂の動機だった。また、「子どもたちが自分の文化に興味を示し、理解を深めることは、家族をはじめとして大人社会に対しても刺激ともなる」ので、「その宣伝効果も期待した」という。

ハイ・ルルによると、教材開発は、財政的支援が得られなかったため進まなかったが、麗江市中英環境保護・貧困対策プロジェクトの中の環境教育の一環として位置づけられたことで大きく一歩を踏み出すことができた。2004年3月から9月までの間、ハイ・ルルが単独で執筆し、数回にわたって県教育部門やモソ人関係者の意見を聴取し、修正を重ねた上で、試行（2005年3月）に踏み切るに至ったのである。教材は、漢語で書かれているが、執筆に当たって、特に子どもに分かりやすくするため、身近な事例を挙げ、固有名詞等はできるだけモソ語の音読みを用いることに留意したという。

## 教材の構成とカリキュラムにおける位置づけ

『神秘の永寧 ― モソ人の故郷』は、以下の5つの章から構成されている。

第1章の「永寧 ― モソ人の故郷」では、永寧郷の地理的位置、行政区域、面積、人口および民族構成、永寧の地形的特徴、世界で最も海抜の高い米産地とされる永寧盆地、金沙江の支流とされる開基河、温泉河などの20本の河川、獅子山をはじめとする海抜3,000～4,500m級の山々、濾沽湖や中海子などの湖等が簡潔に紹介されている。

第2章の「永寧 ― 美しく豊かな土地」では、「高原赤米」の産地として有名な永寧盆地の3つの平原と農産物、「雲南松」をはじめとする樹木の種類、薬草、松茸、野生動物、雪茶、銀魚などの自然の恵み、ブッチャ[28]、スリマ酒などの有名特産品が挙げられる。ちなみに、松茸は一時、日本に大量輸出されたので、現地の人びとにとって大事な現金収入となった時期もあったという。

第3章の「観光名勝」では、ラマ教の最大寺院である札美寺、1253年フビライの率いるモンゴル軍の駐屯地として、そしてラマ教僧侶がチベット入りする際、壮行式を行った場所として有名な「日月和」、モソ人に人気のある天然温泉などが紹介されている。

第4章の「モソ人の風景」では、モソ人最大の祭りとされる「転山節」（山回り祭り）の由来、モソ人と女神山との関係、走婚という婚姻制度の特徴、走婚と母系家族との関係、母系大家族におけるダブ（女家長）と舅舅（母方オジ）の役割、母系家族の特徴、モソ人の成人式、お正月行事、客をもてなす作法、囲炉裏の意味、母屋の席順、民族の踊りなどを解説する。

第5章の「宗教信仰」では、モソ人が信仰するラマ教、モソ人の葬送儀礼とラマ教との関係、モソ人の生活に及ぼすラマ教の影響等が述べられている。

中国の教育課程は、「全国統一のカリキュラム」「地方編成のカリキュラム」と「学校編成のカリキュラム」の3段階で構成され、地方と学校が自らの必要に応じて教育課程を開発し編成することが

寮に住む子どもたちのために薪を運ぶ親たち（可口可楽希望小学）

第 8 章　文字を持たない民族の文化伝承と学校教育 — 他民族の言語で自文化を伝えられるか —　169

できるようになっている。民族的多様性からして全国統一の民族教材の編成は困難であるため、民族教育に関する教材の編成は、地方と学校に委ねられる。

『神秘の永寧 — モソ人の故郷』は、永寧中心小学校編纂、寧蒗県教研室検定となっているが、教育課程においては「学校編成のカリキュラム」として位置づけられている。この教材を用いた授業は各学級担任が担当し、まず瀘沽湖周辺地域の小学校第 3 学年から週 1 回（1 学期 18 週）、「総合実践活動」の時間において実験的に開講することとなっている。

### 教材が伝えるメッセージ

ここで注目したいのは、教材が子どもたちに何を伝えようとし、いかに伝えているかである。ここでは、第 4 章「モソ人の風景」の中から「転山節」「走婚」「母系制」の 3 項目のみを取り上げてみることにする。

「転山節」は、毎年の 7 月 25 日（農暦）に行われるモソ人最大の祭りである。筆者は、その祭りに参加し、一部始終を取材したことがあるが、モソ人の友人に「転山節を見ずにモソ人の文化を語るな」と言われたほど大事な祭りであった[29]。

『神秘の永寧 — モソ人の故郷』では、この祭りの由来を、「女神崇拝」「母親崇拝」などモソ人の母系制の根幹をなす価値観と結び付けて説明する。例えば、「モソ人は女性を崇拝し、瀘沽湖を"母なる湖"と称し、獅子山を"女神の山"と呼ぶ」「モソ人の居住地のすべての山や樹などには皆美しく人の心を打つ女神神話がある」「女神の保護を受けてモソ人は代々平和な生活を送る」「モソ人は女神の加護に感謝し……、毎年の 7 月 25 日（農暦）に転山節を行い、女神を盛大に祭る」「瀘沽湖周辺に住むモソ人は全員、民族衣装を纏い、獅子山に訪れ、女神を拝む」というふうにである。前述した女神神話は、この地域では「モソ人の母系制と走婚の由来」として伝えられるのである[30]。

走婚については、男は娶ることをせず、女は嫁ぐことをしないこと、男は夜になると女の家を訪ね、翌日の早朝に自分の

民族言語を使用することの重要性について語る教師（可口可楽希望小学校）

家に戻ること、生まれた子どもは母親の責任で育てられ、父親に養育の義務が課されないこと、男は父親でなく母方オジとして甥や姪の養育に責任を持つことなどを、「今日まで維持されてきた独特の風習」と位置づけている。そして、走婚の特徴として、財産や地位などより「愛情に基づいた婚姻関係」であることを挙げる。

また、母系制については、財産と姓が女系を辿って継承され、土地、家屋、財産等がダブ（女家長）の管理下に置かれること、社交と儀礼は母方オジが掌り、家計は母親が掌る（舅掌礼儀母掌財）という役割分担などが紹介される。続いて「母系大家族の成員は同一血縁なので、家族は睦まじく、互いに助け合う。隣人同士も助け合い、喧嘩や争いが非常に少ない」と評価し、その「文化的合理性」を強調する。

### 授業の実際

小学校の授業を数日観察したが、ここではＫ小学校６年生の「モソ人の住まい」（2005年3月29日）を取り上げ、教材の実施状況と授業の実際を見ることにしよう。この日の授業はＹ教師（モソ人）が担当し、「モソ人の住宅」を内容としたものであった。６年生になると、生徒は漢語の駆使能力が高く、教授用語は完全に漢語にシフトされている。しかし、この授業では、教師は頻繁にモソ語を使用していた。なお、『神秘の永寧 ── モソ人の故郷』は教師の参考書として用いられ、生徒には配られなかった。

授業は、「母屋」と「囲炉裏」を主に扱っていた。「母屋」に関しては①モソ人の住宅における母屋の位置づけ、②祖母のベッド、③女柱と男柱を取り上げ、「囲炉裏」に関しては①囲炉裏の構造、②囲炉裏とザバラ（祭壇）、③火崇拝の文化、④囲炉裏をめぐるタブーなどを中心内容としていた。授業の終わりには「最近、新築する家に母屋を設けない傾向も見られるが、どう思うか」を内容とした討論が行われた。

休憩時間にゴム跳びを楽しむ子どもたち（可口可楽希望小学校）

授業の詳細については言及する余裕がないので、ここでは以下にその特徴をまとめることにする。

まず、モソ文化の重要な概念である「母屋」と「囲炉裏」について、時間をかけて丁寧に教えていた点を挙げることができる。次に、教師はつねに漢語とモソ語の対訳に気を配り、授業中、モソ語を頻繁に使い、確認した点である。また、教師の説明が自らの体験に基づくものが多かったので、生徒は身近に感じ、積極的に自分の家のことや体験を発表していた。教師は、他の民族の生徒にも配慮し、随時、その民族の事例を挙げて、生徒全員の参加を促していた。例えば、「火崇拝」の文化を説明する時、イ族の生徒に配慮してイ族の「火把節」(松明祭り)を例として挙げ、周辺諸民族の間で共通して見られる火崇拝の文化について説明した。

言語の重要性を力説していたことも大きな特徴の１つである。例えば、教師の言説に次のようなものがあった。「モソ人の神話や伝説は、漢語よりモソ語で語った方が自然に話せます」「モソ人同士ではモソ語で交流した方が親近感を感じやすく、仲間意識が芽生えます」「家で祖母のモソ語を理解できない子もいるようだが、残念なことです」「漢語をしっかり勉強するだけでなく、モソ人の良い伝統も受け継がなくてはなりません。モソ人がモソ語をしゃべれなかったらどうなりますか」「イ族の皆さんも一緒です。できるだけ自分の言葉をしゃべりましょう」。最後は、「皆さん、家に帰ってからも自分の文化を守ることの重要性を皆に伝えましょう」と言って授業を終える。

### 民族教材の実施状況

『神秘の永寧―モソ人の故郷』は、文字を持たない民族が学校教育において文化伝承を試みた教材として評価できる。まだ、試行期にあり、評価するには時期尚早の感があるが、教材の内容と実施に限定していうならば、以下の問題点を指摘することができよう。

まず、内容構成上の主な問題点として、

低学年での授業風景。共通言語がまだ確定しない低学年では、教師と生徒、生徒と生徒の間の意思疎通が課題となる（恵源小学校）。

①モソ人の民族的ルーツとその歴史、モソ人特有の価値観（例えば和の精神、自然観など）に関する内容が欠如している点、②モソ文化の根源をなす宗教信仰について、チベット伝来のラマ教のみが取り上げられ、モソ人固有の宗教 ― ダバ教についてはまったく言及していない点、③モソ人の母系社会の最も顕著な特徴である母系大家族制度と走婚をベースにした婚姻制度に関する整理が不十分である点等を指摘することができる。特に、モソ人の文化の母体とされるダバ教についてまったく触れていないことは大きな問題点といわざるを得ない。

　実施上の問題点としては、まず、「民族教材」に対する学校現場の対応に大きな温度差が存在している点を挙げることができる。まったく興味を示さない学校や一学期の授業をまとめて済ませてしまう学校なども見られ、この新しい試みが今後も続けられる展望を持ちにくいのが実態であろう。次に、担当教師の民族出自、熱意、資質によって授業に大きな差異が見られたことも指摘できる。上述のK小学校の生き生きとした授業は「優秀な教師」といわれるY教師の能力に頼るところが大きかった（Y教師は翌年に抜擢され、永寧郷の中心小学校に転属）。最後に、永寧地区のすべての学校が多民族の学校であることを考えると、他の民族文化に対する配慮も課題となろう。

## 4．学校外の諸要因

　民族の文化を次世代に伝えることは、学校教育のみが担う使命ではないし、唯一、学校教育において扱われるべき問題でもない。モソ人の文化伝承に影響を及ぼす要因の中で、むしろ学校外の要因の方が大きく影響するので、学校をめぐる環境づくりが先決といってもよい。特に次の5点が課題となると思われる。
①　地域間・世代間に見られる民族意識の格差
　　モソ文化の保護と伝承を熱心に訴え、意欲的に行動するのは、観光地の住民とエリートたちである。濾沽湖の最大の魅力が自然景観でなく、母系社会という「人文景観」にあるという認識が定着したからだ。彼らは、モソ人の古い生産道具や生活用品を収集して展示したり、モソ人の間で伝わる古い民話、伝説などを発掘して整理したりして、文化の保護に意欲的に取り組む一方、外部に

対して「母系家族の五大長所」「走婚の三大メリット」など、母系文化の優位性をアピールする[31]。しかし、観光地から遠く離れた村では、自文化に無関心であるか、劣等感を持つ者が少なくない。

一方、若者は新しい物や外来の文化をほぼ無条件に受け入れる傾向がある。外の文化に興味を示し、昔からの習慣や村の掟に抵抗を感じる。民族衣装より、茶髪にして町で流行るファッションを追う。最新型携帯電話に興味を示し、夜はカラオケやバーに出かけ、ダンスや流行音楽を楽しむ。テレビの普及と観光客の増加によって漢語が流暢になる一方、モソ語は「明らかにおかしくなっている」のである。高年齢層にはラサが依然「チベット仏教の聖地」として人気があるが、若者は北京、上海などの大都市に魅力を感じ、都市の生活に憧れる。

② 価値観の変化

阮学武永寧郷長は、「最も危惧されるのは、モソ人の価値観の変化だ」[32]という。例えば、家族の和を大事にし、家族のニーズを最優先する「家族本位」の価値観が大きく変わろうとしている。筆者は、現地でダブや舅舅の一言で、学業をやめ、あるいは都市での仕事を辞めて家に戻って家業を継ぐ若者に多く出会った。自分の「出世」や「社会的成功」より、大家族の存続と繁栄が最優先されるのである。しかし、近年、家族より自分の「出世」や「成功」を重視する傾向が見られるようになってきた。「子どもの将来に有利であれば、家に戻らなくてもよい」とする親も増えている。少数ではあるが、高齢者のみが残された家族も見られた。

モソ人の母系社会の最大の「敵」は、この「個の覚醒」かもしれない。「モソの文化を大事にする教育より、大学に入れる教育をしてほしい」と言う保護者がいた。教師も「田舎の子どもは、町の子どもの倍以上、時間をかけて勉強するほかに、進学競争に勝てる術がない」と言う。事実、県内の名門高校への進学率の高さで評判のある永寧中学校の生徒は、夜間と土曜日の補習授業で、町の生徒より学校に拘束される時間が長くなっている。

国語の授業の様子（可口可楽希望小学校）

こうしたなかでは、民族教育は保護者や一部の教師の目に「余計なこと」と映る。近年、モソ人独自の文字創出を提案する動きも見られるが、筆者の調査では慎重論が優勢を占めていた[33]。文字創出案に対する最も激しい反発は、文字ができても結局は子どもたちに3種類の文字（漢語、英語、モソ語）の学習を強いることになるから、生徒の負担過重を招き、受験に不利という論理であった。

③　ダバ教の後継者不足

　前章でも言及したように、モソ人固有の宗教であるダバ教は、今、危機的状況に置かれている。「モソ人歴史文化研究会」設立のために開かれた座談会でも、「ダバはモソ文化の母体である。しかし、今、ダバ教は後継者不足で危機的状況にある。モソ人の文化はダバの消失とともに消えるかもしれない」と危惧する発言があった[34]。モソ人の文化におけるダバ教の重要性を考えれば、モソ文化の最緊急課題はダバの後継者確保かもしれない。

④　文化選択をめぐる民族間の攻防

　忠実村の慧源小学校は、近年、イ族や漢族の子どもも数人入ってくるようになったが、数年前までは生徒全員がモソ人の子どもだったという。しかし、これは永寧地区では極めて珍しいケースである。永寧地区のほとんどの小中学校は、モソ人、チベット族、プミ族、イ族、ナシ族、チワン族、漢族など多様な民族的出自の生徒で構成されている。

　永寧中学の場合、少数民族の生徒が占める割合が72％となっている（2004年10月現在）。このような多民族の学校における民族教育は、まず、どの民族の文化を選択して取り上げるのか、そしてその他の民族の文化をどう扱うかが問題となる。ナシ族の子どもが最も多く在籍している麗江市方国瑜小学校の民族教育に対して、当該地区の教育行政官であるＺ氏（ペー族）は「なぜペー族の子どもがナシ族の象形文字や言葉、そして"七星羊披"（ナシ族女性の民族衣装）について勉強しなくて

ラジオ体操の時間にモソ人の踊りを学ぶ（浪放小学校）

はならないのか」と、不満の意を露わにしていた[35]。永寧地区において試行されている民族教材――『神秘の永寧――モソ人の故郷』に対しては、まだ他の民族からの異議の申し立てが見られない。しかし、遅かれ早かれ問題になることは簡単に予想できる。

⑤ 「描かれる側」から「描く側」への転換

近年、モソ人の文化に関する研究が着実に増えているが、1980 年代まではそのほとんどが「外部の者」によるもので、モソ人自身によるものは皆無に等しかった。前章でも触れているように、詹承緒、王承権、厳汝嫻、宋兆麟らが1950 年代から1960 年代の初期にかけて行った研究は、モルガンの社会進化観と理論図式を忠実に踏襲したとしてその限界が指摘されてはいるが、モソ文化研究の先駆的成果であることには変わりがない[36]。

1990 年代に入って、「描かれる側」から「描く側」への転換の兆しが見え始めている。ヤンアルチェナムの『女児国を出る』、アイド・ルンセンの『女神の恋』などの自伝書、ラム・ガトゥサの『夢幻濾沽湖』のようなエッセイ、詩集[37]を皮切りに、本格的な研究成果も一部見られるようになった。しかし、モソ人の母系社会に関する研究のほとんどが外部の研究者によるものであるという現状は変わっていない。したがって、民族教材の編纂も外部の研究に頼らざるを得ない状況にある。モソ人が自らの立場から自文化を整理し、独自の視点から伝統と文化を表象していくことが、これからの大きな課題といえよう。

【注】

1）丁湘「雲南寧蒗県永寧摩梭母系家庭幼児教育調査」『民族教育研究』2002 年第 4 期、74-77 頁。
2）羅明軍、蔡葵「濾沽湖摩梭人的伝統教育」『中南民族大学学報』2003 年第 2 期、99-102 頁。
3）么加利「濾沽湖地区摩梭人基礎教育類型考察及問題分析」『民族教育研究』2004 年第 4 期、22-27 頁。
4）岡本雅享著『中国の少数民族教育と言語政策』社会評論社、1999 年。
5）小川佳万著『社会主義中国における少数民族教育――「民族平等」理念の展開』東信堂、2001 年。
6）諏訪哲郎著『西南中国納西族の農耕民性と牧畜民性――神話と言語から見た納西族の原像』第一法規出版株式会社、1988 年。
7）遠藤織枝著『中国雲南摩梭族の母系社会』勉誠出版、2002 年。

8) 遠藤耕太郎著『モソ人母系社会の歌世界調査記録』大修館書店、2003 年。
9) 王錫宏著『中国少数民族教育本体理論研究』民族出版社、1998 年。
10) 孫若窮『中国少数民族教育学概論』中国労働出版社、1990 年。
11) 「人民日報」（海外版）2005 年 3 月 1 日。
12) 社科院民族研究所、国家民委文宣司編『中国少数民族言語使用情況』中国蔵学出版社、1994 年、1-15 頁および国家教委外事司編『中国教育概覧』北師大出版社、1997 年、82-83 頁。
13) 2005 年 9 月 5 日のインタビューより。
14) 前掲『中国少数民族教育本体理論研究』99 頁。
15) 2005 年 3 月 24 日のインタビューより。
16) 『人民日報』（2006 年 5 月 20 日）によると、22 の民族が人口 10 万人以下の小規模民族である。
17) 李達珠、李耕冬著『未解之謎：最後的母系部落』四川民族出版社、1999 年、58 頁。
18) 大林太良『神話と神話学』大和書房、1975 年、131-132 頁。
19) 西本陽一「文字を喪失する神話」日本文化人類学会編『文化人類学事典』丸善株式会社、2009 年、282 頁。
20) 宋兆麟著『走婚的人们—五訪瀘沽湖』（団結出版社、2002 年）125 頁および「達巴教」『東南文化』（2001 年、第 2 期）75 頁を参照。
21) 石碩『蔵彝走廊：歴史与文化』四川人民出版社、2005 年、3 頁。
22) 王懐林「神秘的女国文化帯」『康定民族師範高等専科学校学報』2005 年第 4 期、1-5 頁。
23) 劉逐海「摩梭的母系家庭和阿夏婚姻探源」『西南民族大学学報』2004 年第 9 期、40-43 頁。
24) 詹承緒「永寧納西族母系父系並存家庭試析」『中国社会科学』1981 年第 4 期、217 頁。
25) 雲南省社会科学院宗教研究所編『雲南宗教史』雲南人民出版社、1999 年、266 頁。
26) 2006 年 8 月 24 日のインタビューより。
27) この 28 の文字記号は、ナシ族のトンパ文字より歴史が古いとする見解もある（郭大烈編『中国少数民族大辞典・納西族巻』広西民族出版社、2002 年、164 頁）。
28) 「プッチャ」とは、除毛した豚の腹を割き、内臓を取り出し、塩などを入れて縫い合わせた後、乾燥させたもので、冠婚葬祭などの儀礼食として多用される。
29) 2005 年の「転山節」は 8 月 29 日（農歴 7 月 25 日）に行われたが、筆者はある中学生の一日を追うかたちで祭りの全過程を取材している。
30) 楊世光「獅格干姆」中華民族故事大系編委会編『中華民族故事大系第 9 巻』上海文芸出版社、1995 年、910-912 頁。
31) 石高峰「暮合晨離話走婚」『尋根』2003 年第 3 期、27-32 頁。
32) 2006 年 8 月 23 日のインタビューより。
33) 例えば、筆者は 2005 年 8 月 30 日に永寧郷で開かれたモソ文化研究会発足会議に参加する機会を得たが、その会議で一部の参加者からモソ文化保護および発展のための具体策として文字創出に触れ、現存する原始文字を基にすべきとする意見が出されたが、筆者の調査では多くの人が文字創出は非現実的と否定的であった。
34) 2005 年 8 月 30 日に開かれた座談会における郷長の発言。
35) 2005 年 9 月 4 日のインタビューより。

第 8 章　文字を持たない民族の文化伝承と学校教育 ― 他民族の言語で自文化を伝えられるか ―　177

36）参考文献の『永寧納西族的阿注婚姻和母系家庭』および『永寧納西族的母系制』を参照．
37）拉木・嘎吐薩著『夢幻瀘沽湖 ― 最後一個母性王国之謎』雲南美術出版社、1996 年、楊二車娜姆、李威海『走出女児国 ― 一個摩梭女孩的闖蕩経歴和情愛故事』中国社会出版社、1997年および和紹全著『女神之恋』雲南人民出版社、2001 年。2009 年だけでも、拉木・嘎吐薩著『天堂之愛 ― 摩梭里面的情愛生活』『霊性香格里拉 ― 欄瀾滄江河谷蔵家生活実録』『格庄 ― 一個摩梭村落的生存記録』や楊麗芬著『受傷的沈黙者 ― 一個摩梭女人眼中的文化研究現象』、楊建国著『蔵着的摩梭史 ― 母系家園最後的滇稟玫瑰』（雲南人民出版社、2009 年）など、モソ人による著書が多く出版されている。

## 第9章 モソ人の母系社会は余命20年か
― 注目される伝統文化の行方 ―

マードックが250の代表的な社会に関する研究において、家族の「最も基本的なタイプ」として「核家族」(nuclear family)を挙げたことはあまりにも有名である[1]。「核家族」の知名度は、もはやその生みの親を遥かにしのいだ感があるが、J.ジェイコブズは、「核家族」が現在、制度として「深刻な困難に直面している」と指摘し、「2000年以降、アメリカで急激に多様化し拡大している世帯は、刑務所である」と警告する[2]。合理性と利便性を追求する近代化、そして急速に進むグローバル化の中で、家族を取り巻く環境が大きく変化し、各国でさまざまな問題を露呈し始めたのである。

観光開発で豊かになった落水村

香港の学者周華山は、長い間、家族問題を中心とした6つの社会問題が近代社会を悩ませてきたと見る。その6つとは、①高齢者の孤独死、②男女差別、③現代人が抱える性の悩み、④性暴力と社会犯罪、⑤現代人のエゴ、⑥家族の不和である[3]。近代社会を悩ませてきた社会問題を上記の6つに限定することが果たして妥当かどうかは見方によろう。ただここで注目したいのは、周が、世間から「未開」で「原始的」と見られてきたモソ人の母系社会において、上述の「社会問題」はほぼ解決済みだとした点である。今世紀に入って、周と同様、「母系制優越論」を唱える研究者が少なくない。

第9章　モソ人の母系社会は余命20年か ― 注目される伝統文化の行方 ―　179

## 1.「母系制優越論」の台頭

　こうした「母系制優越論」は、概していわゆる現代社会が露呈した家族制度の弊害を指摘することとセットになって主張される。外部からの学者だけではなく、モソ人自身も走婚と母系家族制度の優れた点を主張する時、「他の社会」の家族が抱えている問題を指摘することを忘れない。ここではまず、周がまとめたモソ人の母系社会が持つとされる「優れた特徴」を見ることにしよう。

「ジャツォ舞」と呼ばれる踊り（落水村）

### モソ人の母系制の「優れた特徴」
周華山は、その「優れた特徴」について次のように説明する。
① 　モソ人の家族は団結し仲睦まじい。モソ人が一番誇りとするのは家族の団結と和睦で、大家族の成員は祖母や母親、舅舅をはじめとする年長者を尊敬し、家族の団結と和睦を自分の責任とする。財産の紛糾、兄弟の争い、嫁姑の不和などは存在しない。
② 　高齢者の孤独死などは存在しない。高齢者の扶養は家族と若者の当然の義務とされる。お年寄りを虐待したり、扶養を拒んだりすることは、家族だけでなく村の恥とされる。永寧の敬老院（老人ホーム）に入居した老人の中にはモソ人はいない。道で老人に出会うと、若者は馬から下りてあいさつする。
③ 　強盗、窃盗、詐欺などの社会犯罪が少ない。モソ人は、夜ドアを閉めず、道で物を拾わないこと（夜不閉戸、路不拾遺）を誇りとする。モソ人の犯罪率は県内で最も低い。

永寧郷の養老院（老人ホーム）

④　男女を問わず老後への不安がない。

⑤　経済的圧力がない。他の民族のように分家するたびに財産と土地が分割されるようなことがないから、資源の集中投入と役割分担が可能となり、効率的に生産活動を行うことができる。

⑥　男女は平等である。女系の出自を辿るため、女性差別の風習がない。だからといって男性の地位が低いこともない。ここでは「尊女重男」である。

⑦　男女は感情を優先し、自由である。走婚関係は経済力や出身などより双方の愛情を重視する。

⑧　走婚は「優生優育」の原理と合致する。

⑨　人口膨張を抑制する。一家の存続に必要な子どもが生まれれば、他の姉妹は必ずしも自分の子どもを産もうとはしないし、産まなければならないというプレッシャーも感じない。その甥や姪たちが実の母親と同様、老後の面倒を見てくれるからだ。実際にモソ人の人口増加は周辺民族に比べて著しく緩慢である。

モソ人の婚姻・家族制度のメリットに関する考察は他にも多く見られる。楊玲（ヤンリン）も、モソ人の婚姻・家族制度が「主流社会における"社会問題"の大部分を解決している」とし、次のように述べている。「モソ人の婚姻・家族の在り方は、新しい婚姻・家族の発生と発展のために、そして人類社会が性について見直すためのモデルとして貴重な情報を提供し、現代社会の独身主義、単親家庭、親族制度等の研究に対して極めて高い学術的価値を有する」[4)]。

ちなみに、周が走婚の特徴として語った「優生優育」論は、かつての「優生学」を思わせて気になるところだが、この点を強調する人はモソ人を含めて少なくない。優秀な男性と美しい女性が結ばれる走婚では、健康で賢く、可愛い子どもが生まれるという論理であるが、裏を返せば、それは生涯に異性との交渉に恵まれない男女が存在する不平等の問題でもあるという見方も不可能ではない。実

「お茶でもいかが？」と、家の前を通る見知らぬ著者に声をかけてくれた女性（リジャズイ村）

際、筆者は現地で異性と性関係を持った経験のない中高年の男女に会ったことがある。つまり、「優秀な男性と美しい女性」の範疇から外された男女である。L村で男たちが冗談半分で、ある「もてない」中年男の走婚を実現させるため方策を練っている場面に出くわしたことがある。すでに40代に突入したその男はまだ異性との交際を経験したことがなかったのである。

### モソ人が語る「母系制のメリット」

　モソ人の母系制に対する学界の関心が日増しに高まり、また当地を訪れる観光客が増えるにつれ、モソ人の自文化に対する考え方や態度にも変化が見られるようになった。観光収入で豊かになってきた落水村と、観光客がほとんど足を運ばない山奥の村との間では大きな温度差が見られることは事実だが、総じていえば、モソ人が自分の文化に自信を持ち、外部に対して主張しようとする動きが活発になってきている。母系の大家族制度と走婚は、必ずしも原始的で遅れた、恥ずかしいものでなく、実は外部の社会にはない多くの長所を持っていることに気づいた（あるいは気づかされた）のである。外部の学者によって指摘される現代社会の「文明病」、そしてそれとの比較で浮き彫りになったモソ文化の「優越性」である。

　ここではモソ人の詩人ラム・ガトゥサによってまとめられた「走婚と母系家族のメリット」について取り上げる。彼は母系制のメリットを次のようにまとめている[5]。

① 母系制では家族の絆を大事にする。

　　モソ人の家族は母系の血縁を守り、すべての成員が一人の母の出自を辿る者で構成されるから、家族関係が単純で、嫁姑の不和、嫁同士のしがらみなどが生じない。数世代が同じ屋根の下で生活し、関係が親密で、仲が睦まじい。

② 男女の関係は感情を基礎に築かれる。つまり、政治的、経済的、宗教的、社会的要素などより互いの愛情が重んじられ、性に自由である。

③ モソ人の社会では、子どもも老人も障害者も生活への不安がない。家族のために生涯働いてきた年長者に対して、家族が面倒をみることは当然のことであり、逃れることのできない責任である。モソ人の社会には誰も面倒をみな

いような孤独な老人は存在しない。仮にそのようなことがあったとしても、部族の掟で懲罰が与えられ、その老人は他の家族によって扶養される。

④　人口膨張を抑制する。モソ人の人口は周辺民族と比べて安定している。寧蒗県内のモソ人は年平均25人程度しか増えていない。モソ人の社会では男子によって代を継ぐとは思わないし、必ず自分の子どもをもうけなければならないという観念もない。姉妹の子どもはすなわち自分の子どもである。

⑤　走婚は家柄、経済、地位などの制約をあまり受けず、互いの感情と美貌、才能が重要視され、優秀な男性と女性が結ばれる。「優生優育」である。

⑥　財産が分散しない。母系家族は普通の家族より規模が大きく、支出も大きいが、財産が集中しているため、投資が容易となる。モソ人の居住地域において先に豊かになったのは母系家族であり、多くの一夫一婦制家族が母系家族に戻る現象が見られる。

⑦　家庭の役割分担が明確である。家族内の労働力が多いため、家事をする者、生産労働に従事する者、放牧をする者、商売をする者など、それぞれ役割を分けて担うから、各自の個性と得手を生かすことができ、効率的で負担が軽い。

⑧　社会の安定に有利である。生活に秩序があり、民風が素朴であるため、「夜ドアを閉めず、路上で拾い物をしない」ことが現実となる。生活が安定し、社会不安が少ない。

歴史的に押し付けられた劣等感から優越感に一変した感はあるが、ルヘン・ロンプの言葉を借りると、モソ人の婚姻形態は母系大家族が「最適の生存環境」を求めて進めて来た「自己調整」の結果であり、その文化が今日にまで存続し得たのはそれなりの「メリット」があったからだ。彼はその著『濾沽湖　モソ人』において、ラム・ガトゥサと同様、母系家族の8大メリットを挙げている[6]。モソ民俗博物館を訪れた時、館長のザシピンツォさんからも同様の説明を受けたことがある[7]。現地の調査では、このように走婚と母系家族のメリットについて語る人によく出会う。しかも、モソ人であることに誇りを持ち、「われわれモソ人は…」を連発する場合が多い。

ゴワ・ソンナピンツォさん（男、73歳）は、モソ文化の特徴を次の16文字にまとめることができるという。つまり、それは「団結互助、尊老愛幼、勤労善

良、熱情好客」（団結して互いに助け合うこと、老人を尊敬し幼きをいたわること、勤勉で善良であること、親切で好んで客をもてなすこと）である[8]。特にモソ人の家族の睦まじさと近隣同士の親密な関係は、モソ人の村に数日滞在すれば、誰でも気づくことである。シャンヌン・ドゥマさん（女、16歳）は、「モソ人として誇りを感じる時」とは、「みんなが穏やかで、いつも仲が良く、何かあると皆で助け合うのを見る時だ」と言う[9]。

四川省側瀘沽湖畔でも開発が急ピッチで進む（木跨村）

　Y・Cさん（男、43歳）は、現在、2人の子どもを持つ核家族だが、結婚生活の煩わしさについていつも愚痴をこぼし、かつての走婚の時代と大家族の時代を懐かしがる。道で会うと、よく自宅に誘われたが、その誘い方がユニークである。「私のあの、一夫一婦制の家に遊びに来ませんか」である。彼にしてみれば何もしなくてもよかった走婚の時代が懐かしい。今は家族のこと、実家のこと、また妻の実家のことで、心配事が絶えない。「共産党の一夫一婦制のお陰で人生はもう、めちゃくちゃです」というのが彼の口癖である。

　一方、郷政府で婦女主任を務めるダスラツォさんは、大家族のメリットを教育的見地から語る。「外に出ていろいろ見てきたが、モソの文化も良い文化だと信じるようになりました。子どもがモソ文化の中で育ち、その影響を受けることは子どもたちの成長に必ずプラスに働くと思います。モソ人の文化では人を侮辱する言葉も人を罵る言葉も、また汚い言葉も非常に少ないです。モソ語をしゃべることで、民族の心というか精神というものが育つはずです。私は、子どもが漢語を習い、多くのことを学びながら、モソ文化の良い所を理解し、継承してほしいと思います。大学に行って専攻を選ぶなら、1人は是非、民族学を選ぶように勧めたい。卒業後、モソの文化を研究してほしいからです」[10]。

## 2. 故郷の異変 ― 動揺する母系社会 ―

歌手のヤンアルチェ・ナムは、モソ人の中で「有史以来最も遠くまで出かけた人」である。彼女は、13歳の時に濾沽湖を離れ、後に上海音楽学院を卒業し、中央民族歌舞団の歌手を務めるが、1990年度からアメリカ、ヨーロッパ、香港、台湾等で歌手、モデルとして活躍した。後に彼女が自分の体験を綴った自伝『女児国を出る』は大きな反響を呼び、外の世界がモソ人の社会と文化を知るきっかけとなった。

モソ人の村では男性に比べて働く女性の姿が目立つ

しかし、その本がモソ人の間で物議をかもすことになるとは彼女自身も予想しなかったであろう。彼女がメディアの好奇心に迎合したとする批判である[11]。モソ人の「無知」と「原始性」を誇張した点や、モソ人として標榜した開放的な性観念、次から次へと相手を替えて外国人青年と交際したことを告白したことなどにも批判が集中した。しかし、「最後の王妃」として知られる肖淑明は、この「国際走婚」の風雲人物に対して「感情を何よりも優先し、大胆に愛し、個性的で、誠実で、勇敢な良い娘」と評価し、「自分の青春と知恵で濾沽湖の知名度を高めた彼女の功績」を称えた[12]。

筆者は、ナムの書いた数冊の本の中で、『女児国を出る』と『女児国に帰る』はモソ人の社会と文化についてモソ人自身が語った貴重な資料として評価すべきであると考える[13]。本章のテーマである母系社会の行方を考える上で特に注目したいのは、ナムが『女児国に帰る』において描いた家族の葛藤である。

### 楽園に迫ってきた嵐

ナムは9年に及ぶ長い外国での生活の中で、つらい時はいつも「静かで、平和で、暖かい楽園」に思いを馳せたという。それは「恨みも、争いも、差別も、陰謀もなく、人と人の間に友情が溢れ、家族が仲睦まじい」故郷だった。故郷で

は、「何かを企むことも、また何かを防備する必要もなければ、名利のために苦心する必要」もなかったのである。長い外国での生活から故郷に戻る途中、ナムが想像したのは、久しぶりに会う娘を抱きしめて、泣いて喜ぶ母の姿であった。

しかし、いざ家に着いてみると、母は娘との再会にそれほど感激する様子でもなかったし、兄と弟が見せる気まずそうな素振りも普段とは違っていた。夜、囲炉裏の傍で母と話し合う中で、ナムは「やがてこの家に迫ってくる暴風」を予感する。それは母系家族の伝統を頑なに守ろうとする母とそれに反発するナムの兄弟との間に生じた葛藤であった。

ビリヤードに興じる男たち（リジャズイ村）

発端は母がナムの兄弟の結婚に反対したことだった。母は、長男の走婚を支持し、子どもが生まれてからはたびたび見に行ったりしていた。しかし、長男が彼女と正式に結婚して一緒に住みたいと言い出した途端、母の態度は一変した。母は、「走婚賛成、結婚反対」だったのである。実は、気の強いナムの母も親の反対を押し切って大家族を出て就職し、結婚した経歴を持つ。結婚して苦労を経験した母は、年取ってから「やはり大家族がいい。やはり走婚がいい。一夫一婦制ではろくなことはない」と言い出し、子どもたちの結婚に反対するようになったのである。

ナムの兄は、結局、母の意思に従い、結婚を諦めたが、弟の方は母との全面対決の姿勢を崩さなかった。自分の部屋に香港の歌手や映画俳優のポスターを飾り、外国の音楽を聴き、オートバイでアシャの家に通う弟は、「堅くて時代遅れ」の母の考え方が理解できない。自分は外で商売をし、妻が家で母の面倒を見れば自分も安心だし、母も楽だろうに、母は分かってくれない。母から見ると、心の中に彼女しかなく、彼女の奴隷になっていく息子が情けない。世の中に女性は彼女一人ではあるまいし、なぜ彼女を妻にして家に引き取ろうとするのか、分からないのである。

ナムの立場からすると、両方にそれなりの理屈がある。しかも困ったことに、母も兄弟もみな、ナムが相手を説得することを期待しているのである。ナムはこ

のことから、故郷に「その根元から、そして血脈から異変が生じていること」[14] を実感するのである。

## 男たちの「陰謀」と女たちの「反乱」

モソ人の価値観の中で最優先順位を占めるのは家族である。母あるいは舅舅から「家のためだから戻って来なさい」という電話一本で、町での仕事を辞め、あるいは学業をやめて故郷に戻った若者に現地で数多く出会った。家に労働力が必要だったり、あるいはダブの後継者が必要だったりすると、それを優先するのである。

しかし、近年女性の出稼ぎが増えてきたことでモソ人の家族の在り方に少なからぬ変化が出始めた。ラム・ガトゥサは、若い女性の出稼ぎが走婚の存続を脅かす要因の一つであると指摘する。「現在、都会では女性が男性より職を得やすい実態があります。男性は何か特殊な技能を持たなければ職を探すのは難しい。守衛の仕事もそうたくさんあるわけでもないですし。しかし、女性は違う。レストラン、旅館、民族村など選択肢が男性より多いのです。また、モソ人の女性は働き者ですから、人気があります。…外の世界を見た若者はなかなか村に戻ろうとしないし、異民族に嫁いでしまうケースだって多く見られます。都会の便利さと楽しさを覚えれば、当然、田舎で牛や馬と汗まみれになって働くのが嫌でしょうから」[15]。これを「女たちの反乱」[16] という人もいた。

モソ人の村を歩いてよく目にする光景がある。男たちが太陽の下で気持ちよさそうにひなたぼっこをしたり、4、5人集まっては「闘地主」(ドォウディジュ)(トランプで遊ぶゲームの一種で、若者の間で人気がある)を楽しんだり、ビリヤードで遊んだりしていて、のんびりと過ごしている姿である。一方、女性たちはいつも籠を背負ったり、道具を担いだりして働きに出かける。モソ人の女性は実によく働く。

モソ民俗博物館に勤めるアルチェラツォさんは、モソの女性は「地位は高いが、苦労が多い」という[17]。「地位は高

夜間学校で標準中国語を学ぶ女性たち(達祖村)。瀘沽湖を訪れる観光客が増えるにつれ、標準語を話す必要性も高まっている。

いが苦労するというが、もしかしたら、このような母系制は男たちの陰謀だったのではないでしょうか」と友人に冗談を言ってみたら、「面白いですね。われわれの先祖は賢かったかも」と言って友人は笑った。この社会における男女の地位について、モソ人はよく「尊女重男」（女は尊重され、男は重んじられる）という表現をする。しかし、見方によっては「女性の地位が高いとは限らない、男性の地位は低いとはいえない」ということもできるかもしれない。

　母系社会であっても男性が政治的権力を握ることは、多くの民族誌の調査で明らかになっている[18]。ゴワ・アピン（女、50歳）によると、1950年代の後半から1960年代の前半にかけて、モソ人居住地域における生産隊長[19]を女性が担った時期もあったが、その時期を除けば、ほとんどの場合、男性によって占められているという。女性の識字率が男性より低かったことに加えて「男は外、女は内」という役割意識が女性の社会進出を阻害したのである[20]。

　今、モソ人女性の意識は大きく変わろうとしている。まず、「男は外、女は内」という固定的な役割分担の伝統に挑戦し始めたのは学校教育を受けた女性たちである。学校教育によって彼女たちは外の世界を目指す自信と能力を与えられたのである。筆者が麗江の古城でインタビューした出稼ぎのモソ人女性たちの中には未就学者がいなかった。昆明で出会った事業に成功したモソ人女性の企業家も大学出だった。

　一方、親側の意識にも変化が見られる。落水上村のジャア・ゲルユンチンさん（女、11歳）の将来の夢は「外で働くこと」だと言う。それに対して若い母親の意見を聞いたら、「成績が良く、能力があれば、家を出て就職してもかまいません。それが子どもの将来に有利であれば」と言う[21]。ムル・チェラツォさん（女、39歳）は、長女が昆明の大学に進学し、次女が県内の名門高校に入学している。娘2人は夏休みや冬休みに帰省すると、親が何も言わなくても「手が荒れるほど」家事を手伝っている。次女は、学業成績が優秀なため学費免除の進学コースに入っていて、大学への進学は心配ないと

最新の教育内容と方法は遠距離教育設備によって普及

いう。「学歴が高いほど、家に戻る確率は低くなりますよね」という筆者の言葉に、ムル・チェラツォさんは「2人ともここに帰って来なくても仕方のないことです。子どもにとってその方がよければ無理して家に戻る必要はありません」と答えた[22]。

　出生率の低下も懸念されている。1992年の永寧のモソ人の人口は8,800人程度だったが、10年後は6,700人で、約2,000人減少している。阮学武郷長の話によると、「独生子女証」（一人っ子証明書）の受領者は、当該地域の他の民族は1人もいないのに、モソ人の女性の場合は100人以上に上るという（国の政策では子どもが1人の場合、その親は60歳以降、毎月6百元の手当てを支給されることになっている）[23]。

　中国では1979年度から産児制限を狙いとしたいわゆる「一人っ子政策」を推し進めているが、少数民族自治区域においては独自の人口政策の実施が認められている。なかには、新疆ウイグル自治区や内モンゴル自治区のように産児制限の不実施を明文化している自治区域もある。例えば、新疆ウイグル自治区の「『婚姻法』実施に関する補充規定」（1980年）は、「少数民族に対しては産児制限を提唱しない。産児制限を行うか否かは個人の意思に委ねる」（第9条）と明確に定めており、その翌年の1981年には内モンゴル自治区も「モンゴル族およびその他の少数民族に対しては産児制限を提唱しない」（第6条）と定めている[24]。しかし、モソ人の居住地域では、政策で認められる子どもの数も産まない女性が増えているのである。

## 3. もはや秘境は存在しない ―「世界の屋根」に及んだ変化の波―

　モソ人の村には、よそ者の目には奇異に映る風景がいくつかある。例えば、中庭に設置された丸い衛星テレビ受信用のアンテナがそれである。古く、質素な木造の住宅と最新のハイテクを駆使した衛星受信設備の組み合わせは、見る者を時代錯誤の世界に陥れる。

　携帯電話の普及も著しい。確か、麗江から永寧に至るまでの険しい山道でも一部の区間を除いてほとんどの区域で通話が可能であった。バスの窓からは山頂の

第9章　モソ人の母系社会は余命20年か ― 注目される伝統文化の行方 ―

モソ民俗博物館長のザシ・ピンツォさん

モソ民俗博物館（落水村）。現在は財政的理由で規模が縮小されている。

所々に聳(そび)え立つ電波中継塔を見ることができる。若者はカメラ付きの携帯電話を持ち、インターネットから情報を得たりもする。新型モデルに興味を示し、機種を頻繁に替えるため、連絡が取れない時も少なくない。「録象庁(ルシャンティン)」と呼ばれる店で外国の映画を鑑賞したり、「舞庁(ウーティン)」で社交ダンスを踊ったり、ビリヤードを楽しんだりする若者もよく見かける。

若者の意識と態度は明らかに変わりつつある。泥鰌溝村で74歳の女家長を取材していた時のことである。50歳前後と見られる婿が入ってきて額づいて新年のあいさつをした。その直後に、20歳前後の孫がムーンウォークの軽快なステップで入ってきたので、老人は呆れた顔をする。この「ジーミ」と呼ばれる母屋は家族の長老の女性が起居する場所であり、また先祖を祀り、神を敬う場所でもあるので、頭を下げて入ることで、長老と母屋に対する敬意を表すのが礼儀だからである。

モソ人は、かつては黒い髪、黒い肌を「美」としていたが、今は茶髪の若者によく出会うし、日焼け防止のため、スカーフで顔を隠す若い女性も多い。国内外から寄せてくる観光客、テレビに映し出される色白の美女、そして毎日流される美白化粧品の広告の攻勢の前で、モソ人女性の美意識も変わりつつあるようだ。

瀘沽湖に行く途中、「皇帝遠山荘」という看板を見たことがある。皇帝（中心）から遠くかけ離れた山奥の山荘という意味であろう。しかし、押し止めがたい変化の波は、富士山と同じ高さの山が峰を連ねたこの秘境の地にも確実に及んだ。先に述べたナムの家族が直面した葛藤や「女性たちの反乱」は、その近代化の波がもたらした変化の一部にすぎない。

「何よりもまず、モソ語が危ないです」と永寧郷教育担当主任のハイ・ルルさんは言う。「子どもたちは毎日テレビを見、学校で漢語を学ぶから、漢語はみるみるうちに上達し、あっという間に親たちのレベルを超えるのです。うちの娘なんかは、『父さんの漢語は"普通話"(普く通じる言葉、標準語)というより"不通話"(通じない言葉)だね』と言って親を馬鹿にするのです。しかし、彼女のモソ語は確実におかしくなっています」[25]。

しかし言葉の問題は、必ずしも子どもたちだけのことではないようだ。ある日、母屋にある「祖母床」(祖母のベッド)をモソ語でどう呼ぶかと尋ねたところ、子どもたちのモソ語を心配していたハイ・ルルさんが、もうすっかり忘れてしまって思い出せないという。そこに一緒にいたもう1人の中学校の教師も思い出せないからと言って、母親に電話をかけて確かめる。その様子を見たハイ・ルルさんは「われわれでさえ、こんな調子なんだから」と苦笑いをする。

ダスラツォさんの長女は、「モソ語をしゃべると、友達ができない」と言って、幼い頃から漢語を使っているという。家の近くに漢族の子どもしかいないからだ。永寧の学校はほぼ全部多民族の学校で、子どもたちは学校では漢語を共通言語とするしかない。しかし今、学校から家に帰ってモソ人の友だち同士で遊ぶ時にも、モソ語でなく漢語を使うケースが増えてきたという。

## 4．民族意識の喚起と迫られる選択

しかし、前章でも触れたように、近代化がもたらしたのはもちろん、こうした「文化喪失の危機」のみではない。他者を意識する機会の激増に伴い、モソ人は自らの文化を相対化し、整理するきっかけを得たのもまた事実である。モソ人とは何か、走婚をベースとした母系社会の文化をいかに説明し、その正当性をいかに主張するか、エリートの間では議論は

文化保護の在り方について議論する役場の職員と教育関係者(永寧郷)

第9章　モソ人の母系社会は余命20年か─注目される伝統文化の行方─　　*191*

深まりつつあり、実際にいくつか注目すべき動きも見られる。例えば、観光開発でいち早く豊かになった落水村では、ザシ・ピンツォ（34歳）をはじめとした若者たちによって「モソ民俗博物館」が建設され、モソ文化の調査と研究、文化財の保護と収集が進められている。また、「瀘沽湖モソ人歴史文化研究会」「モソ教育文化研究会」が発足して活動を始めて

環境保護のため、救命用以外にはモーターボートの使用が禁止となっている

いる。永寧郷で開かれた座談会を傍聴したことがあるが、そこでは祖先が残した28の文字[26]の扱い方、ダバ教の後継者の問題、学校教育における伝統文化の扱い方など、モソ人の文化をいかに保護し、伝えていくかが真剣に議論されていた。

　怒涛のごとく迫って来る近代化の波に、民族的アイデンティティの意識が喚起されたのである。モソ人は自分の文化をさらに高い次元へと昇華させるための契機を得たともいえる。

　モソ文化の保護と伝承に熱心なのは、エリートたちだけではない。落水村では、民族色を全面に出す方針が村民委員会で決定され、民族衣装を「工作服」（制服）として着用することが義務づけられた。観光収入がすでに年収の80％を超え（1996年）[27]、村民の所得水準が県平均を大きく上回るようになった村民たちは、瀘沽湖という自然景観に母系社会という「人文景観」を加えることの意味を認識し始めたのである。落水村で「母系家族の五大長所」「走婚の三大メリット」などを堂々と語るのは、必ずしも村長など村の幹部だけではない。旅館を経営する女性の支配人も、観光客相手に記念品を売る店主も、「猪槽船」を漕いで観光客を湖の島に運ぶ若者も、皆何らかの形で母系文化の優位性をアピールするのである。

　阮学武郷長は、モソの文化が異文化の包囲網の中で今日まで生き残ったのは、それなりの合理性が

落水村では、観光客を対象とした民族舞踊、馬乗り、ボート漕ぎなどは民族衣装の着用を義務づけている。

あったからだとしながらも「近代化の衝撃は深刻である」と認め、「文化の保護は子どもの時から始めなければならないので、学校教育においてどうすべきかもっと研究すべきだ」という認識を示した[28]。しかし、すでに見てきたように学校における民族教育は多くの課題を抱えているといわざるを得ない。

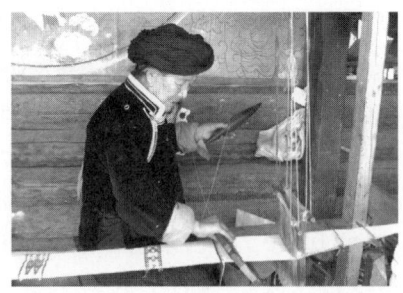

機織りの女性（木跨村）。厚みがあり、素朴な味わいのあるマフラーなどは観光客に人気があり、現在は、現金収入源にもなっている。

モソ人の母系社会はあと20年で崩壊すると予測する人もいる。この余命20年論を、阮学武郷長にぶつけてみたところ、「私は、文化はそんなに簡単に消滅するとは思いません。文化の核心は、価値観だからです。モソ文化の保護は1つの家族や文化財の保護でなく価値観の保護だと思います。モソ人の家に関する考え方、こうした価値観があるから、私たちは春節に家に帰り、舅舅を尊敬し、年寄りを大事にします。この価値観がなくなるとすべてがなくなります。これがなくなると文化は本当の化石となり、生き生きとした文化ではなくなると思います。価値観の消失は時間を必要とします。私は漢族の女性と結婚し、子どもは学校で漢族の教育を受けていますが、彼らは家に帰るとモソの文化を受け入れる。一民族の文化は服を洗うように短期間に洗い流すことはできないでしょう。次男は漢族が強い民族だから漢族になりたいと思っているらしい。民族帰属については最終的に自分で選択し、決定すればよいのですが、時間をかけてゆっくり話し合おうと考えています」[29]。

翌年、もう一度、郷長にインタビューする機会を得た。その時、郷長はモソ文化の将来に自信を見せた。「私はモソ文化の将来に楽観的です。もちろん、多くの課題を抱えていますが、一番大事なのはモソ人自身が自文化の価値を認識し、誇りを持ち、保護しようとするようになったことです」[30]。

モソ人の母系社会の将来について語る阮学武郷長

モソ人のエリートたちの努力は続いている。モソ人として初めて軍の司令官となった和紹全、モソ人の最も著名な文人であるラム・ガトゥサなどは、いずれも漢族の女性と結婚して都会暮らしをいるが、子どもの成人式は故郷に帰って「モソ式」に盛大に行っている。和紹全は「アンナ（娘）が13歳の時にわざわざ故郷に連れて戻って、モソ人の伝統に則って成年儀礼を行い、モソ式の洗礼を受けさせた」のである[31]。この「漢人の女性と結婚し、大都会に住む司令官」の行為は、村に「言葉で表せない興奮」をもたらし、「賞賛の声が村中に広まった」という。つまり、将軍として出世しても民族のルーツを忘れず、伝統を大事にすることへの称賛である。また、成人式の体験を綴ったアンナの作文「私の成人式」は、後に全国小学生作文コンクールで一等賞に輝いたという。

民族の文化は真空管で生まれ育つものではない。人類の社会に絶対純粋な文化などは存在しないのである。世界のいかなる文化も例外なく異文化との交流、衝突、融合を繰り返す中で形を変えながら個性をつくり上げてきた。これからも同様である。

文化は一定不変のものではなく、絶えず変容を伴う。文化の変容はまた陣痛を伴う場合もあり、その変容が急激であればあるほど、大きな痛みを伴い、多くの代価を払うことになる。モソ人の社会はまさにこの急激な文化変容の真っただ中に立たされている。麗江を訪れた観光客は商業化された古城の姿に失望し、落水村を訪れた観光客は「本当のモソ人はどこに行ってしまった？」と聞く。しかし、現地の人びとの生活は観光客の好奇心を満たし、その好みに合わせるためにあるのではない。モソ人にも当然自分の生活様式を選択する権利がある。モソ人の社会の在り方は、伝統と未来をめぐってモソ人自身がいかなる選択をするかに大きく関わってくることはいうまでもない。

【注】

1）G. P. マードック著、内藤莞爾監訳『社会構造 ― 核家族の社会人類学』新泉社、1978年、23-24頁。
2）J. ジェイコブス著、中谷和男訳『壊れゆくアメリカ』日経BP社、2008年、37-54頁。
3）周華山著『無父無夫の国度？』光明日報出版社、2001年、18頁。
4）楊玲「摩梭母系制婚姻家庭的和諧内涵解析」『西南民族大学学報』（人文社科版）2005年、第

8期、40頁。
5）石高峰「暮合晨離話走婚」『尋根』2003年、第3期、30-31頁。
6）汝亨・龍布著『濾沽湖　摩梭人』中国民族撮影芸術出版社、2001年、20-21頁。
7）民俗博物館におけるインタビューより（2004年10月13日）。
8）落水村でのインタビューより（2006年9月11日）。
9）永寧中学でのインタビューより（2005年3月23日）。
10）永寧郷でのインタビューより（2006年9月3日）。
11）前掲『無父無夫的国度？』、258頁。
12）馮学敏、梅子著『濾沽湖畔的摩梭王妃』現代出版社、2002年。228頁。
13）楊二車娜姆『走出女児国 ─ 一個摩梭女孩的闖蕩経歴和情愛故事』中国社会出版社、1997年および『走回女児国』長安出版社、2003年を参照。
14）楊二車娜姆著『走回女児国』長安出版社、2003年、1-2頁、7頁、10頁。
15）落水村でのインタビューより（2006年8月19日）。
16）永寧郷でのインタビューより（2006年9月8日）。
17）落水村摩梭民俗博物館でのインタビューより（2004年10月13日）。
18）須藤健一著『母系社会の構造 ─ サンゴ礁の島々の民族誌』紀伊国屋書店、1990年、18頁。
19）中国農村で人民公社を構成する最も基本的な集団経済組織であるが、現在は村民委員会に改編されている。
20）ゴワ・アピンが2005年7月に開かれた雲南省「発展途上にある雲南の女性」シンポジウムで発表した資料（摩梭伝統文化保護与婦女発展現状思考）による。
21）落水上村でのインタビューより（2004年10月10日）。
22）落水村でのインタビューより（2007年2月14日）。
23）永寧郷政府でのインタビューより（2006年8月23日）。
24）王懐安、顧明、林准、孫琬鐘主編『中華人民共和国法律全書』（第1巻、吉林人民出版社、1989年、307-309頁）に収録された新疆ウイグル自治区と内モンゴル自治区の「『婚姻法』実施に関する補充規定」を参照。
25）永寧郷でのインタビューより（2005年3月22日）。
26）永寧地区に伝えられてきた28の文字記号は、ナシ族のトンパ文字より歴史が古いとする見解もある（郭大烈主編『中国少数民族大辞典・納西族巻』広西民族出版社、2002年、164頁）。
27）李錦「聚落生態系統変遷対民族文化的影響 ─ 対濾沽湖周辺聚落的研究」石碩主編『蔵彝走廊：歴史与文化』四川人民出版社、2005年、340-341頁。
28）2006年8月23日のインタビューより。
29）永寧郷政府でのインタビューより（2005年8月30日）。
30）永寧郷政府でのインタビューより（2005年8月23日）。
31）和紹全著『女神之恋』雲南人民出版社、2001年、46頁。

## 参 考 文 献

単行本

(一) モソ人・ナシ族関係（年代順）

Rock, J. F. (1947). The Ancient Na-khi Kingdom of South-west China. Harvard University Press

詹承緒、王承権、李近春、劉龍初著『永寧納西族的阿注婚姻和母系家庭』上海人民出版社、1980年。

厳汝嫻、宋兆麟著『永寧納西族的母系制』雲南人民出版社、1983年。

雲南省編輯組『納西族社会歴史調査』（二）雲南民族出版社、1986年。

雲南省編輯組『永寧納西族社会及母系制調査 ― 寧浪県納西族家庭婚姻調査之三』雲南人民出版社、1986年。

諏訪哲郎著『西南中国納西族の農耕民性と牧畜民性 ― 神話と言語から見た納西族の原像』第一法規出版株式会社、1988年。

王承権、詹承緒著『神秘的女性王国』北方婦女児童出版社、1989年。

雲南省民間文学集成弁公室編『雲南摩梭人民間文学集成』中国民間文芸出版社、1990年。

Shih, Chuan Kang. (1993). The Yongning Moso: Sexual Union, Household Organization, Gender and Ethnicity in Matrilineal Duolocal Society in Southwest China, Phd, Stanford University.

楊学政『蔵族、納西族、普米族的蔵伝仏教』雲南人民出版社、1994年。

木麗春著『東巴文字掲秘』雲南人民出版社、1995年。

拉木・嘎吐薩著『夢幻濾沽湖 ― 最後一個母性王国之謎』雲南美術出版社、1996年。

李近春、王承権著『納西族』民族出版社、1996年。

浅川滋男『雲南省ナシ族母系社会の居住様式と建築技術に関する調査と研究（1）（2）』丸善株式会社出版事業部、1996年。

楊二車娜姆、李威海著『走出女児国 ― 一個摩梭女孩的闖蕩経歴和情愛故事』中国社会出版社、1997年。

拉木・嘎吐薩著『走進女児国 ― 摩梭母系文化実録』雲南美術出版社、1998年。

陳烈、泰振新著『最後的母系家園 ― 濾沽湖摩梭文化』雲南人民出版社、1999年。

佐野賢治編『西南中国納西族・彝族の民俗文化 ― 民俗宗教の比較研究』勉誠出版、1999年。

麗江地区教委編『麗江地区教育志』雲南民族出版社、1999年。

李達珠、李耕冬著『未解之謎：最後的母系部落』四川民族出版社、1999年。

約瑟夫・洛克著『中国西南古納西王国』雲南美術出版社、1999年。

馬継典、羅桑益世著『女児国誕生的活佛 ― 羅桑益世活佛回憶録』雲南民族出版社、1999年。

郭大烈主編『納西族文化大観』雲南民族出版社、1999年。

劉学朝編著『走進神秘的東方女児国』雲南民族出版社、1999年。

李躍波、拉木・嘎吐薩『瀘沽湖、母親湖 — 摩梭文化探秘』雲南人民出版社、2000年。
鐘宗憲編『2000環瀘沽湖区域摩梭村塞民間故事』2000年9月。
和鐘華著『生存和文化的選擇 — 摩梭母系制及其現代変遷』雲南教育出版社、2000年。
拉木・嘎吐薩著『打開女湖』雲南人民出版社、2001年。
Cai Hua. (2001). A Society Without Fathers or Husbands :The Na of China. Zone Books.
周華山著『無父無夫的国度？』光明日報出版社、2001年。
和少英著『納西族文化史』雲南民族出版社、2001年。
和紹全著『女神之恋』雲南人民出版社、2001年。
納西族調査組編『納西族 — 麗江黄山郷白華村』雲南大学出版社、2001年。
汝亨・龍布著『瀘沽湖　摩梭人』中国民族撮影芸術出版社、2001年。
丁鳳来著『神秘的女児国』中国社会出版社、2002年。
蓋明生著『霊魂居住的地方』中国工人出版社、2002年。
宋兆麟著『走婚的人们 — 五訪瀘沽湖』団結出版社、2002年。
楊福泉著『納西文明 — 神秘的象形文古国』四川人民出版社、2002年。
馮学敏、梅子著『瀘沽湖畔的摩梭王妃』現代出版社、2002年。
遠藤織枝著『中国雲南摩梭族の母系社会』勉誠出版、2002年。
楊二車娜姆著『我的女児国』長安出版社、2003年。
遠藤耕太郎著『モソ人母系社会の歌世界調査記録』大修館書店、2003年。
和健全著『瀘沽湖　女児国』雲南大学出版社、2003年。
楊二車娜姆著『走回女児国』長安出版社、2003年。
王廷珍著『モソ人風情画』天馬図書有限公司、2003年。
宋兆麟著『走婚 — 女児国親歴記』西苑出版社、2004年。
王琳著『母系家族 — 瀘沽湖采訪手記』四川人民出版社、2004年。
銭鈞華著『女人国 — 中国母系村落利家嘴』中国青年出版社、2004年。
楊福泉著『納西人的聖山与情山 — 玉龍雪山』雲南民族出版社、2005年。
鄧啓耀著『瀘沽湖紀事』中国旅遊出版社、2006年。
陳暁玲著『神秘王国的馬幇路：走進木里』四川人民出版社、2006年。
拉他咪・達石主編『摩梭社会文化研究論文集（1960-2005）』（上冊・下冊）雲南大学出版社、2006年。
直巴爾車編著『解読摩梭風情』雲南民族出版社、2006年。
馬継典著『瀘沽湖摩梭母系文化風情実録』雲南人民出版社、2006年。
布雨翰青編著『瀘沽湖紀事』成都時代出版社、2006年。
和家修著『搶婚・逃婚・跑婚 — 一戸納西人家的奇異婚俗』雲南人民出版社、2006年。
牛耕勤『神奇的納西東巴風情』雲南民族出版社、2006年。
李躍波、拉木・嘎吐薩『消逝中的風情：恋恋摩梭』上海錦绣文章出版社、2007年。
木麗春編著『納西族民間故事集』雲南人民出版社、2007年。
習煜華、丁立平編著『納西族社会与婚姻形態』雲南人民出版社、2008年。
史純武、朱世銘、景文連、張俊芳著『創世記』雲南人民出版社、2009年。

宋兆麟著『瀘沽湖畔的普米人』雲南教育出版社、2009 年。
楊麗芬著『受傷的沈黙者 ── 一個摩梭女人眼中的文化研究現象』雲南人民出版社、2009 年。
李瑞著『女児山的貴族後裔 ── 浪渠納人的親属制度』雲南人民出版社、2009 年。
拉木・嘎吐薩著『天堂之愛 ── 摩梭里面的情愛生活』雲南人民出版社、2009 年。
楊建国著『蔵着的摩梭史 ── 母系家園最後的蓢葉倍玫瑰』雲南人民出版社、2009 年。
拉木・嘎吐薩著『霊性香格里拉 ── 欄瀾滄江河谷蔵家生活実録』雲南人民出版社、2009 年。
拉木・嘎吐薩著『格庄 ── 一個摩梭村落的生存記録』雲南人民出版社、2009 年。


(二) 一般

エム・オ・コスヴェン著『原始文化史概説』理論社、1956 年。
B. マリノウスキー著、青山道夫、有地亨訳『未開家族の論理と心理』法律文化社、1960 年。
L.H. モルガン著、青山道夫訳『古代社会』（上下）岩波書店、1961 年。
E.B. タイラー著、比屋根安定訳『原始文化 ── 神話・哲学・宗教・芸能・風習に関する研究』誠信書房、1962 年。
Cohen, Yehudi A. (1964). The Transition from Childhood to Adolescence. Chicago: Aldine Publishing Company.
Frank W. Young. (1965). Initiation Ceremonies: A Cross-Cultural Study of Status Dramatization. Indianapolis・New York: The Bobbs-Merrill Company.
重松敬一著『父性と母性について』番町書房、1966 年。
M. R. Allen. (1967). Male Cults and Secret Initiations in Melanesia. Victoria. Melbourne University Press（中山芳男訳『メラネシアの秘儀とイニシエーション』弘文堂、1978 年）。
藤澤義美著『西南中国民族史の研究』株式会社大安、1969 年。
中根千枝著『家族の構造 ── 社会人類学的分析』東京大学出版会、1970 年。
E. A. ウェスターマーク著、江森五夫訳『人類婚姻史』社会思想社、1970 年。
クロード・レヴィ＝ストロース著、荒川幾男訳『人種と歴史』みすず書房、1970 年。
B. マリノウスキー、R. ブリフォールト著、江守五夫訳・解説『婚姻 ── 過去と現在』社会思想社、1972 年。
クロード・レヴィ＝ストロース著、荒川幾男・生松敬三・川田順造・佐々木明・田島節夫訳『構造人類学』みすず書房、1972 年。
瀬川清子著『若者と娘をめぐる民俗』未来社、1972 年。
江守五夫著『母権と父権 ── 婚姻にみる女性の地位』弘文堂、1973 年。
村松一弥著『中国の少数民族 ── その歴史と文化および現況』毎日新聞社、1973 年。
ラドクリフ＝ブラウン著、青柳まちこ訳『未開社会における構造と機能』新泉社、1975 年。
クロード・レヴィ＝ストロース著、大橋保夫訳『野生の思考』みすず書房、1976 年。
M. ミード著、畑中幸子・山本真美訳『サモアの思春期』蒼樹書房、1976 年。
AD. E. イェンゼン著、大林太郎・牛島厳・樋口大介訳『殺された女神』（人類学ゼミナール 2）弘文堂、1981 年。

村武精一編『家族と親族』未来社、1981年。
G. ミッチェル著、鎮目恭夫訳『男と女の性差 ― サルと人間の比較』紀伊国屋書店1983年。
欧潮泉著『民族学探索』青海人民出版社、1988年。
綾部恒雄編『女の文化人類学 ― 世界の女性はどう生きているか』弘文堂、1982年。
宋兆麟等著『中国原始社会史』文物出版社、1983年。
楊堃著『民族学概論』中国社会科学出版社、1984年。
雲南省編集組編『雲南方志民族民俗資料瑣編』雲南民族出版社、1984年。
M・セガレーヌ著、片岡幸彦・陽子訳『儀礼としての愛と結婚』新評論、1985年。
烏丙安著『中国民俗学』遼寧大学出版社、1985年。
綾部恒雄編著『新編　人間の一生 ― 文化人類学の視点』アカデミア出版会、1985年。
何新著『諸神的起源 ― 中国遠古神話与歴史』三聯書店、1986年。
陶立璠著『民俗学概論』中央民俗学院出版社、1987年。
江原昭善著『人間性の起源と進化』日本放送出版協会、1987年。
江守五夫著『日本の婚姻 ― その歴史と民俗』弘文堂、1987年。
古島琴子著『中国西南の少数民族』サイマル出版会、1987年。
楊知勇、秦家華、李子賢編『雲南少数民族生葬誌』雲南民族出版社、1988年。
合田濤編『現代社会人類学』弘文堂、1989年。
費孝通等著『中華民族多元一体格局』中央民族学院出版社、1989年。
馮天瑜、何暁明、周積明著『中華文化史』上海人民出版社、1990年。
須藤健一著『母系社会の構造 ― サンゴ礁の島々の民族誌』紀伊国屋書店、1990年。
エドマンド・リーチ著、青木保・井上兼行訳『人類学再考』思索社、1990年。
楊知勇、秦家華、李子賢編『雲南少数民族生産習俗志』雲南民族出版社、1990年。
孫若窮主編『中国少数民族教育学概論』中国労働出版社、1990年。
宋恩常主編『雲南の少数民族』雲南人民出版社（日本放送出版協会発行）1990年。
王錫宏主編『中国辺境民族教育』中央民族学院出版社、1990年。
谷苞著『民族研究文選』新疆人民出版社、1991年。
B. Lincoln. (1991). Emerging From The Chrysalis Rituals of Women's Initiation. New York and Oxford: Oxford University Press.
楊堃『民族研究文集』民族出版社、1991年。
総合女性史研究会編『日本女性の歴史 ― 性・愛・家族』角川書店、1992年。
龔蔭著『中国土司制度』雲南民族出版社、1992年。
雲南省教育委員会教育志弁公室編著『雲南民族教育発展情況』雲南大学出版社、1992年。
江応麟『民族研究文集』民族出版社、1992年。
馬学良『民族研究文集』民俗出版社、1992年。
岑家梧『民族研究文集』民俗出版社、1992年。
エドワード・W・サイード著、板垣雄三・杉田英明・今沢紀子訳『オリエンタリズム』（上下）平凡社、1993年。
吉田敦彦著『縄文土偶の神話学 ― 殺害と再生のアーケオロジー』名著刊行会、1993年。

沈澈著、譚佐強訳『西南秘境万里行』恒文社、1993年。
時蓉華、劉毅編著『中国民族心理学概論』甘粛民族出版社、1993年。
中央民族学院民族学系、民族研究所編『民族・宗教・歴史・文化』中央民族学院出版社、1993年。
顔恩泉著『雲南苗族伝統文化的変遷』雲南人民出版社、1993年。
周錫銀、劉志栄著『羌族』民族出版社、1993年。
B. マリノフスキー著、梶原景昭訳『性・家族・社会』人文書院、1993年。
覃光広等編著、王汝嫺訳、伊藤清司監訳『中国少数民族の信仰と習俗』（上下巻）第一書房、1993年。
市川茂孝著『母権と父権の文化史 — 母神信仰から代理母まで』農山漁村出版協会、1993年。
陳来生著『無形的鎖鏈 — 神秘的中国禁忌文化』上海三聯書店、1993年。
李子賢主編『文化・歴史・民俗』雲南大学出版社、1993年。
須藤健一、杉島敬志編『性の民族誌』人文書院、1993年。
韓国磐、鄭学檬主編『中華文明五千年』天津人民出版社、1993年。
戴慶廈著『語言和民族』中央民族大学出版社、1994年。
林語堂著、郝志東、沈益洪訳『中国人』学林出版社、1994年。
張岱年、方克立主編『中国文化概論』北京師範大学出版社、1994年。
ジャン・キュイズニエ著、樋口淳・野村訓子・諸岡保江共訳『ヨーロッパの民族学』白水社、1994年。
張誌亜著『西南民族教育文化溯源』上海教育出版社、1994年。
国家民族事務委員会政策研究室編『中国共産党主要領導人論民族問題』民族出版社、1994年。
尤中著『雲南民族史』雲南大学出版社、1994年。
周錫銀、郎維偉編著『民族政策教育綱要』四川民族出版社、1994年。
職慧勇、彭謙、周泓『少数民族史話』（上）中央民族大学出版社、1994年。
劉海琦、李自然『少数民族史話』（下）中央民族大学出版社、1994年。
高崎通浩著『世界の民族地図』作品社、1994年。
山極寿一著『家族の起源 — 父性の登場』東京大学出版会、1994年。
アノルト・ファン・ヘネップ著、綾部恒雄・綾部裕子訳『通過儀礼』弘文堂、1995年。
ジョルジュ・オリヴィエ著、河辺俊雄訳『人類生態学』白水社、1995年。
張爾駒著『中国民族区域自治史綱』民族出版社、1995年。
清水昭俊編『家族の自然と文化』弘文堂、1995年。
潘光旦『民族研究文集』民族出版社、1995年。
中華民族故事大系編委会編『中華民族故事大系』上海文芸出版社、1995年。
耿金声、崔斌子著『中国少数民族教育史』（当代巻）吉林教育出版社、1995年。
厳汝嫺主編『民族婦女 — 伝統与発展』雲南人民出版社、1995年。
中国民族学会編『民族学研究』（第11集）民族出版社、1995年。
松原孝俊・松村一男編『比較神話学の展望』青土社、1995年。
西川長夫著『地球時代の民族＝文化理論 — 脱「国民文化」のために』新曜社、1995年。
クロード・レヴィ＝ストロース著、大橋保夫訳『神話と意味』みすず書房、1996年。

小林孝信著『民族の歴史を旅する―民族移動史ノート』明石書店、1996年。
賈春増主編『民族社会学概論』中央民族大学出版社、1996年。
楊照輝著『普米族文学簡史』雲南民族出版社、1996年。
方燕梅主編『中国少数民族禁忌大観』広西民族出版社、1996年。
徐万邦、祁慶富著『中国少数民族文化通論』中央民族大学出版社、1996年。
厳汝嫻主編、百田弥栄子・曽士才・栗原悟訳、江守五夫監訳『中国少数民族の婚姻と家族』（上中下）第一書房、1996年。
ベネディクト・アンダーソン著、白石さや・白石隆訳『想像の共同体』NTT出版株式会社、1997年。
彭兆栄著『西南舅権論』雲南教育出版社、1997年。
寧浪彝族自治県教育局編『寧浪彝族自治県教育志』雲南民族出版社、1997年。
河合隼雄著『母性社会日本の病理』講談社、1997年。
蒼銘著『雲南民族遷徙文化研究』雲南民族出版社、1997年。
王亜南著『口承文化論―雲南無文字民俗古風研究』雲南教育出版社、1997年。
陶天麟著『怒族文化史』雲南民族出版社、1997年。
新村拓著『出産と生殖観の歴史』法政大学出版局、1997年。
フランシス・ウッド著、栗野真紀子訳『マルコ・ポーロは本当に中国へ行ったのか』草思社、1997年。
恵西成、石子編『中国民俗大観』（上下）広東旅遊出版社、1997年。
夏建中著『文化人類学理論学派―文化研究的歴史』中国人民大学出版社、1997年。
費孝通著『郷土中国　生育制度』北京大学出版社、1998年。
林道義著『父性の復権』中央公論社、1998年。
M.エリアーデ著、堀一郎訳『生と再生 ― イニシエーションの宗教的意義』東京大学出版会、1998年。
王錫宏著『中国少数民族教育本体理論研究』民族出版社、1998年。
呉仕民主編『中国民族政策読本』中央民族大学出版社、1998年。
王嶸、王力東著『最後的秘境 ― 走進雅魯蔵布大峡谷』作家出版社、1998年。
青木保著『儀礼の象徴性』岩波書店、1998年。
金龍哲編『中国少数民族教育政策文献集』大学教育出版、1998年。
マリノウスキー著、泉靖一、蒲生正男、島澄訳『未開人の性生活』新泉社、1999年。
郭浄、段玉明、楊福泉朱編『雲南少数民族概覧』雲南人民出版社、1999年。
張継焦著『中国少数民族礼儀』中央民族大学出版社、1999年。
鉄木爾・達瓦買提主編『中国少数民族文化大辞典』民族出版社、1999年。
岡本雅享著『中国の少数民族教育と言語政策』社会評論社、1999年。
徐傑主編『雪球―漢民族的人類学分析』上海人民出版社、1999年。
雲南省社会科学院宗教研究所著『雲南宗教史』雲南人民出版社、1999年。
顧定国著、胡鴻保、周燕訳『中国人類学逸史 ― 従馬林諾斯基到莫斯科到毛沢東』社会科学文献出版社、2000年。

レヴィ＝ストロース著、川田順造訳『悲しき熱帯』（上下）中央公論社、2000 年。
アダム・クーパー著、鈴木清史訳『人類学の歴史 — 人類学と人類学者』明石書店、2000 年。
河合隼雄総編集『心理療法1 心理療法とイニシエーション』岩波書店、2000 年。
巴莫阿依、黄建明編著『国外学者彝学研究文集』雲南教育出版社、2000 年。
G. P. マードック著、内藤莞爾監訳『社会構造』新泉社、2001 年。
川田順造編『近親性交とそのタブー — 文化人類学と自然人類学のあらたな地平』藤原書店、2001 年。
川田順造著『無文字社会の歴史』岩波書店、2001 年。
張誌亜主編『西南民族生死観』雲南教育出版社、2001 年。
ピーター・メトカーフ、リチャード・ハンティントン著、池上良正、池上冨美子訳『死の儀礼 — 葬送習俗の人類学的研究』未来社、2001 年。
杉島敬志編『人類学的実践の再構築 — ポストコロニアル転回以後』世界思想社、2001 年。
小川佳万著『社会主義中国における少数民族教育 — 「民族平等」理念の展開』東信堂、2001 年。
馮承鈞訳『馬可波羅行紀』上海書店出版社、2001 年。
馬凌諾斯基著、梁永佳・李紹明訳『西太平洋的航海者』華夏出版社、2002 年。
陳慶江著『明代雲南政区治所研究』民族出版社、2002 年。
マリノウスキー著、青山道夫訳『未開社会における犯罪と慣習』（新版）新泉社、2002 年。
中根千枝著『社会人類学 — アジア諸社会の考察』講談社、2002 年。
扎西東珠、王興先編著『〈格薩爾〉学史稿』甘粛民族出版社、2002 年。
郭大烈主編『中国少数民族大辞典・納西族』広西民族出版社、2002 年。
王孝廉著『嶺雲関雪 — 民族神話学論集』学苑出版社、2002 年。
郝時遠主編『中国少数民族分布図集』中国地図出版社、2002 年。
「中国原始宗教百科全書」編纂委員会編『中国原始宗教百科全書』四川辞書出版社、2002 年。
加藤泰著『文化の創造力 — 人類学的理解のしかた』東海大学出版会、2002 年。
鎌澤久也著『雲南最深部への旅』株式会社めこん、2002 年。
クロード・レヴィ＝ストロース著、福井和美訳『親族の基本構造』青弓社、2003 年。
スチュアートヘンリ編『「野生」の誕生 — 未開イメージの歴史』世界思想社、2003 年。
江渕一公・小野澤正喜・山下晋司編著『文化人類学研究 — 環太平洋地域文化のダイナミズム』放送大学教育振興会、2003 年。
青柳まちこ編・監訳『「エスニック」とは何か』新泉社、2003 年。
森岡清美・望月嵩著『新しい家族社会学』培風館、2003 年。
江応樑著『滇西擺夷之現実生活』徳宏民族出版社、2003 年。
李鑑踪著『姻縁・良縁・孽縁 — 中国民間婚恋習俗』四川人民出版社、2003 年。
雲南日報理論部編『雲南文史博覧』雲南人民出版社、2003 年。
閻明恕著『中国古代和親史』貴州民族出版社、2003 年。
江応樑（撮影）、江暁林（文）『滇西土司区諸族図説』徳宏民族出版社、2003 年。
劉達臨著『中国性史図鑑』時代文芸出版社、2003 年。
呉天明著『中国神話研究』中央編訳出版社、2003 年。

夫巴主編『麗江与茶馬古道』雲南大学出版社、2004年。
彭暁主編『見証歴史的巨変 — 雲南少数民族社会発展紀実』雲南美術出版社、2004年。
鴻宇『婚嫁』宗教文化出版社、2004年。
ジョイ・ヘンドリー著、桑山敬己訳『社会人類学入門 — 異民族の世界』法政大学出版局、2004年。
青木富太郎訳『マルコ・ポーロ　東方見聞録』文元社、2004年。
関一敏・大塚和夫編『宗教人類学入門』弘文堂、2004年。
河合隼雄著『父親の力　母親の力』講談社、2004年。
瀬川昌久著『中国社会の人類学 — 親族・家族からの展望』世界思想、2004年。
小島毅著『東アジアの儒教と礼』山川出版社、2004年。
ミルチャ.エリアーデ著『聖と俗 — 宗教的なるものの本質について』法政大学出版局、2004年。
江渕一公・松園万亀雄編著『文化人類学』放送大学教育振興会、2004年。
江守五夫著『家族の起源 — エンゲルス「家族、私有財産および国家の起源」と現代民族学』九州大学出版会、2004年。
徐傑舜主編『中国民族団結考察報告』民族出版社、2004年。
何琼著『西部民族文化研究』民族出版社、2004年。
何斯強、蒋彬主編『羌族 — 四川汶川県阿爾村調査』雲南大学出版社、2004年。
胡紹華著『中国南方民族発展史』民族出版社、2004年。
施惟達、段炳昌等編著『雲南民族文化概説』雲南大学出版社、2004年。
胡紹華著『中国南方民族発展史』民族出版社、2004年。
陳長平、陳勝利主編『中国少数民族生育文化』（上・下）中国人口出版社、2004年。
綾部恒雄監修、末成道男、曾士才編『世界の先住民族 — ファースト・ピープルズの現在　東アジア』明石書店、2005年。
アラン・バーナード著『人類学の歴史と理論』明石書店、2005年。
王文光、龍暁燕、陳斌著『中国西南民族関係史』中国社会科学出版社、2005年。
竹沢泰子編『人種概念の普遍性を問う — 西洋的パラダイムを超えて』人文書院、2005年。
J.クロガー著、榎本博明編訳『アイデンティティの発達 — 成年期から成人期』北大路書房、2005年。
川野明正著『中国の〈憑きもの〉— 華南地方の蠱毒と呪術的伝承』風響社、2005年。
万建中著『中国民間禁忌風俗』中国電影出版社、2005年。
図斉等著『喜馬拉雅的人与神』中国蔵学出版社、2005年。
黄光学、施聯朱主編『中国的民族識別 — 56個民族的来歴』民族出版社、2005年。
顧久幸著『長江流域的婚俗』湖北教育出版社、2005年。
石碩主編『蔵彝走廊：歴史与文化』四川人民出版社、2005年。
李陽泉著『中国文明的秘密档案 — 我們歴史的另一張面孔』百花文芸出版社、2005年。
瞿明安、鄭萍著『溝通人神 — 中国祭祀文化象徴』四川人民出版社、2005年。
劉達臨、胡宏霞著『雲雨陰陽 — 中国性文化象徴』四川人民出版社、2005年。
鄧啓耀著『衣装秘語 — 中国民族服飾文化象徴』四川人民出版社、2005年。
易中天著『中国的男人和女人』上海文芸出版社、2006年。
J. S. ラ・フォンテイン著、綾部真雄訳『イニシエーション — 儀礼的"越境"をめぐる通文化的研

究』弘文堂、2006 年。
楊恩洪著『西蔵婦女口述史』中国蔵学出版社、2006 年。
明晰著『美人谷』中国蔵学出版社、2006 年。
郝時遠、王希恩主編『中国民族発展報告』(2001-2006) 社会科学文献出版社、2006 年。
テリー・イーグルトン著、大橋洋一訳『文化とは何か』松柏社、2006 年。
内田伸子著『誕生から死までのウェルビーイング ― 老いと死から人間の発達を考える』金子書房、2006 年。
山折哲雄著『死の民俗学 ― 日本人の死生観と葬送儀礼』岩波書店、2006 年。
トーマス・ハイランド・エリクセン著、鈴木清史訳『エスニシティとナショナリズム』明石書店、2006 年。
内堀基光、山下晋司著『死の人類学』講談社、2006 年。
河合隼雄著『神話の心理学 ― 現代人の生き方のヒント』大和書房、2006 年。
江原由美子、山崎敬一編『ジェンダーと社会理論』有斐閣、2006 年。
J. G. フレイザー著、吉川信訳『金枝篇』(上下) ちくま学芸文庫、2007 年。


二、論文

(一) モソ人・ナシ族関係 (年代順)
詹承緒「永寧納西族的母系家庭」『史学月刊』1965 年、第 7 期、28-36 頁。
詹承緒「"永寧納西族的母系家庭"一文的補充」『史学月刊』1965 年、第 8 期、51 頁。
方国瑜、和志武「納西族的淵源、遷徙和分布」『民族研究』(第 1 期) 1979 年、33-41 頁。
厳汝嫻、宋兆麟「納西母系親族制与易洛魁親族制的比較研究」『民族研究』(第 2 期)、1980 年、58-70 頁。
王承権「永寧納西族的民間伝説和女神崇拝」『思想戦線』1980 年、第 2 期、64-66 頁。
王承権「従婚礼看永寧納西人的一夫一妻婚」『民族研究』(第 4 期) 1980 年、46-49 頁。
謝剣「試論雲南永寧納西族的阿注婚」『社会科学戦線』1980 年、第 3 期、237-243 頁。
詹承緒、李近春「永寧納西族従初期対偶婚向一夫一妻制的過渡」『中国史研究』1980 年、第 2 期、98-109 頁。
厳汝嫻、宋兆麟「論納西族的母系 "衣杜"」『民族研究』(第 3 期)、1981 年、17-25 頁。
詹承緒「永寧納西族母系父系並存家庭試析」『中国社会科学』(第 4 期) 1981 年、209-220 頁。
之乾「納西族母系 "衣杜" 的社会性質問題」『民族研究』(第 5 期)、1981 年、59-62 頁。
李世義「奇異的 "女性王国" ― 訪雲南摩梭人的母系大家庭」『瞭望』1981 年、第 4 期、24-25 頁。
王承権「試析寧蒗納西族的葬俗」『思想戦線』1981 年、第 4 期、71-77 頁。
厳汝嫻「家庭産生和発展的活化石 ― 濾沽湖地区納西族家庭形態研究」『中国社会科学』(第 3 期) 1982 年、187-204 頁。
楊学政「摩梭人和普米族、蔵族的女神崇拝」『世界宗教研究』1982 年、第 2 期、104-114 頁。
楊福泉「納西族的古典神話与古代家庭」『思想戦線』(第 4 期) 1982 年、74 頁。

陳啓新「也談納西族的母系"衣杜"和易洛魁人的"奥華契拉"」『民族研究』1982年、第1期、72-80頁。
秋浦「従永寧納西族的"阿注"婚談起」『雲南社会科学』(第5期) 1984年、70-97頁。
楊学政「摩梭人伝統生育観与人口規律試探」『雲南社会科学』(第1期) 1985年、56-63頁。
李子賢「東西方女児国神話之比較研究」『思想戦線』(第6期) 1986年、41-48頁。
趙蔚楊「永寧納西母系制和阿注婚起源問題商榷」『雲南社会科学』(第2期)、1987年、39-45頁。
詹承緒「永寧納西族的阿注婚不属於群婚範疇 — 対『母系制実例研究的可喜成果』一文的両点商榷意見」『中国社会科学』(第2期) 1987年、50-54頁。
王承権「也論永寧納西母系制和阿注婚的起源 — 兼答趙蔚楊先生」『雲南社会科学』(第4期) 1989年、64-75頁。
張磊「"阿夏婚"併非群婚」『中央民族大学学報』(哲学社会科学版) 1989年、第6期、28頁。
諏訪哲郎 (姜銘訳、李子賢校正)「従創世神話看納西族的遊牧民性与農耕民性」『雲南民族学院学報』1989年、第2期、34-42頁。
李平「寧浪彝和摩梭人人口発展問題比較研究」『雲南社会科学』(第3期) 1989年、71-78頁。
王徳祥、羅仁貴「走婚制的由来」『民族』(第10期) 1990年、27頁。
佳水「也談永寧納西族親族制」『民族研究』(第6期) 1990年、45-52頁。
林向蕭「納西族族源新説三疑 — 与諏訪哲郎先生商榷」『雲南民族学院学報』1991年、第4期、23-27頁。
李暁娟「濾沽湖摩梭民居初探」『建築学報』1992年、第12期、34-37頁。
諏訪哲郎「再論納西族的成立過程 — 答和発源先生及林向蕭先生」『雲南民族学院学報』1992年、第2期、37-44頁。
胡陽全「当代永寧納西族母系制与婚姻家庭研究綜述」『雲南学術探索』1993年、第6期、53-55頁。
楊啓昌「"摩梭"称謂応還其歴史本来面目 — 兼談納西族的他称和自称」『今日民族』1994年、第6期、26-27頁。
Charles F. Mckhann. (1995). The Naxi and the Nationalities Question, In Harrel, Steven(Ed). Cultural Encounters on China's Ethnic Frontiers (pp.39-62) Seattle: University of Washington Press.
楊福泉「納西族的霊魂観」『思想戦線』1995年、第5期、48-53頁。
翁乃群「蠱,性和社会性別 — 関於我国西南納日人中蠱信仰的一個調査」『中国社会科学季刊』(香港) 秋季刊、1996年、42-54頁。
沙毓英「従摩梭人的詞匯看人類概念的発展」『心理学報』1996年、第3期、328-333頁。
劉龍初「俄亜納西族安達婚姻及其与永寧阿注婚的比較」『民族研究』1996年、第1期、41-47頁。
胡陽全「建国以来永寧納西族母系制与婚姻家庭研究綜述」『広西民族学院学報』(哲学社会科学版) 1997年 (12月増刊号)、234-236頁。
呉象「摩梭人母系家庭的待解之謎」『炎黄春秋』1997年、第9期、71-75頁。
蒋志敏「"女児国"趣事」『記者観察』1998年、第9期、44-45頁。
Charles F. Mckhann. (1998). Naxi, Reekua Moso, Meng: Kinship, Politics and Ritual on the Yunna-Sichuan Frontier. In Oppitz, Michael and Elisabeth Hsu (Ed). Naxi and Moso

Ethnography (pp.23-45) Zürich: Völkerkundemuseum.

和鐘華「固定專偶走婚 — 永寧摩梭人婚姻的当代変遷」『浙江学刊』（双月刊）1998年、第5期、68-71頁。

楊福泉「論唐代吐蕃与麼些的関係」『西蔵大学学報』1999年、第1期、6-11頁。

蔡華「従摩梭婦女的婚姻家庭状況看其在経済文化中的地位和作用」『西南民族学院学報』（哲学社会科学版）1999年、第2期。

馮文俊「乾母女神神話与西王母神話相似性研究」『尋根』1999年、第5期、34-36頁。

拉木・咕薩「最後的達巴老人」『民族団結』2000年、第6期、39-40頁。

Clifford Geertz. (2001). The visit. The New York Review of Books, October 18 p.27-30.

宋兆麟「達巴教」『東南文化』2001年、第2期、66-75頁。

趙心愚「納西族的成人礼」『中国民族』2001年、第11期、54-55頁。

甘雪春「西方学者与納西族的文化人類学研究」『思想戦線』2001年、第3期、82-87頁。

狄華「在摩梭人家見識"成年礼"」『華人時刊』2002年、第2期、60-61頁。

鐘継剛・景志明「論摩梭"花楼"与"衣柱"的関係」『西南師範高等専科学校学報』2002年代1期、116-119頁。

宋明「尋訪今日蒙占族母系村落」『旅遊』2002年、第6期、9-11頁。

楊福泉「論唐代吐蕃本教対東巴教的影響」『思想戦線』2002年、第2期、53-57頁。

施伝剛（楊春宇、胡鴻保訳）「摩梭是"無父無夫的社会"嗎？」『世界民族』2002年、第2期、55-57頁。

丁湘「雲南寧蒗県永寧郷摩梭母系家庭幼児教育調査」『民族教育研究』2002年第4期、74-77頁。

鐘宗憲「現階段環濾沽湖区域摩梭村的口伝文学及其民俗文化現象」『湖北民族学院学報』（哲学社会科学版）2002年、第2期、1-11頁。

石高峰「今日濾沽湖：高亢与失落」『今日民族』2002年、第3期、8-14頁。

石高峰「遭遇濾沽湖」『華夏人文地理』2002年、第6期、126-127頁。

蔡華「婚姻制度是人類生存的絶対必要条件嗎？」『広西民族学院学報』2003年、第1期、2-3頁。

羅明軍、蔡葵「濾沽湖摩梭人的伝統教育」『中南民族大学学報』（人文社会科学版）2003年第2期、99-102頁。

Koen Wellens. (2003) Revisiting the Na of Southwest China. Asian Ethnicity, Volume 4, Number 1, February; p.147-149.

石高峰「暮合晨離話走婚」『尋根』2003年、第3期、27-32頁。

白庚勝「摩梭為"母系社会活化石"説質疑 — 摩梭文化系列考察之一」『雲南民族大学学報』（哲学社会科学版）2003年、第6期、73-76頁。

鐘継剛、景志明「論摩梭女性地位在走婚制中的巩固与消解」『西昌師範高等専科学校学報』2003年、第3期、151-153頁。

施伝剛（胡鴻保、周燕節訳）「関於"核心家族"概念和"婚姻"定義的探求討 — 学術史回顧及摩梭走訪制引発的思考」『湖北民族学院学報』（哲学社会科学版）2003年、第1期、1-11頁。

楊学政、劉婷「女児国的女神崇拝」『尋根』2003年、第3期、33-39頁。

劉逐海「摩梭的母系家庭和阿夏婚姻探源」『西南民族大学学報』（人文社科版）2004年、第9期、

40-43頁。
李曉斌、楊麗宏「摩梭人的婚姻家庭形態与農業生態的関係 — 以永寧八珠村為例」『農業考古』2004年、第1期、175-178頁。
趙心愚「納西族先民的遷渉路線及特点」『西南民族大学学報』（人文社科版）2004年、第2期、17-20頁。
楊福泉「略論納西族和蔵族的歴史関係」『雲南民族大学学報』（哲学社会科学版）2004年、第3期、55-60頁。
何博伝「人心的底層是什么？—摩梭人的神喩」『社会科学論壇』2004年、第11期、60-63頁。
馬永清、胡鴻保「蔡華《中国的納人》評論綜述」『西南民族大学学報』（人文社会科学版）2004年、第12期、47-49頁。
么加利「濾沽湖地区摩梭人基礎教育類型考察及問題分析」『民族教育研究』2004年、第4期、22-27頁。
趙光「今日"女児国"探秘」『丝绸之路』2004年、第6期、14-18頁。
王玉波「"雑乱性交"時代"活化石"置疑 — 性史発微」『中国性学』2004年、第12期、31-33頁。
李舒「摩梭人 — 現代文明衝撃下的"女児国"」『記者観察』2004年、第11期、37-39頁。
陳斌「摩梭人家庭角色的現代沖擊」『雲南師範大学学報』2004年、第2期、18-22頁。
周建清「格姆女神与摩梭文化」『雲南芸術学院学報』2005年、第3期、79-80頁。
楊玲「摩梭母系制婚姻家庭的和諧内涵解析」『西南民族大学学報』（人文社科版）2005年、第8期、37-40頁。
王懐林「神秘的女国文化帯」『康定民族師範高等専科学校学報』第14巻、2005年、第4期、1-5頁。
和勇「永寧地区者波村摩梭人宗教文化調査」『民族芸術研究』2005年、第1期、74-80頁。
呉暁蓉、楊東「濾沽湖鎮摩梭児童輟学原因調査及分析」『西南師範大学学報』（人文社会科学版）2005年、第4期、90-93頁。
周華山「一個没有父親和丈夫的社会 — 中国納西族」『西北民族研究』2006年第3期、169-171頁。
蔡華「一個無父無夫的社会 — 中国的納人」『決策与信息』2006年第3期、66-68頁。
徐斌「現代社会対濾沽湖摩梭文化的衝撃」『中央民族大学学報』（哲学社会科学版）2006年第4期、45-49頁。
李輝南「濾沽湖母系族群的人類学采風与認知」『広西右江民族師専学報』2006年第4期、15-18頁。
風行水上「愛在夏天里的濾沽湖」『医学心理指導』（校園心理）2006年第5期、50-52頁。
陳興貴「摩梭人与火」『今日民族』2006年、第8期、26-28頁。


(二) 一般
岑家梧「黎族母系氏族制的遺跡」『史学月刊』1957年、第9期、13-14頁。
杜国林「中国西南諸民族氏族公社的歴史考察」『思想戦線』1980年、第1期、68-76頁。
蔡俊生「人類从前存在過血縁家庭嗎 — 介紹一個論点、談一点感想」『民族学研究』1981年、第2期、200-204頁。

唐呐「関於民族起源的神話初探」『青海社会科学』1983 年、第 5 期、96-102 頁。
王建華「羌族婚姻述略」『西南民族学院学報』(社会科学版) 1986 年、第 3 期、41-45 頁。
彭兆栄「論 "舅権" 在西南少数民族婚姻中的制約作用」『貴州民族研究』(季刊) 1989 年、第 2 期、92-98 頁。
胡鴻保「略説拉祜西家庭制度中的母系制原則」『雲南社会科学』1987 年、第 3 期、70-74 頁。
高啓安「裕固族的幾種儀礼及其賛辞」『社科縦横』1991 年、第 5 期、55-58 頁。
趙曦「岷江上遊羌族残存母系制婚俗談片」『文史雑誌』1993 年、第 1 期、42-43 頁。
丹柯「瑶族的包頭帕和度戒成丁礼」『民俗研究』1995 年、第 1 期、60 頁。
徐学書「嘉絨蔵族 "鍋庄" 与羌族 "鍋庄" 関係初探」『西蔵芸術研究』1995 年、第 3 期、13-16 頁。
阿強「浅談川西北蔵族先民神話」『西蔵芸術研究』1995 年、第 3 期、51-52 頁。
徐暁光「再論羌族神話与日本神話」『中国比較文学』1995 年、第 1 期、108-123 頁。
道捷「少数民族成年礼在個体社会化中的作用」『中国社会工作』1996 年、第 2 期、44-45 頁。
Whitehouse, H. (1996). Rites of Terror: Emotion, Metaphor and Memory in Melanesian Initiation Cults, Journal of the Royal Anthropological Institute. 2(4). p.703-715.
何光華「彝族走向成熟的成年礼」『山区開発』1996 年、第 5 期、67 頁。
詹承緒「略説新時期的中国民族学」『民族研究第十二輯 — 中国民族学学会第六届学術討論会論文集』1997 年、92-109 頁。
紀蘭慰「南方少数民族的喪葬習俗与喪葬舞蹈」『中央民族大学学報』(社会科学版) 1997 年、第 3 期、17-23 頁。
顔思久「布朗族的母系制及其演変探遡」『雲南社会科学』1998 年、第 4 期、52-59 頁。
賀衛光、鐘福祖「裕固族与蔵族関係述論」『西北民族学院学報』(哲学社会科学版) 1998 年、第 3 期、16-20 頁。
金少萍「雲南少数民族女子成年礼探微」『思想戦線』(雲南大学人文社会科学学報) 1999 年、第 2 期、105-108 頁。
孫信茹「少数民族喪葬礼儀 — 一種独特的文化伝播方式」『広西右江民族師専学報』2000 年、第 3 期、18-21 頁。
楊福泉「略論滇西北的民族関係」『雲南社会科学』2000 年、第 5 期、50-56 頁。
石碩「一個隠含蔵族起源真相的文本 — 対蔵族始祖伝説中 "獼猴" 与 "羅刹女" 含義的釈読」『中国社会科学』2000 年、第 4 期、167-208 頁。
鄭友生「丹巴蔵家的婚礼」『西蔵民俗』2001 年、第 4 期、45-46 頁。
朱冬「論雲南少数民族喪葬習俗的文化薀涵」『北京大学学報』(国内訪問学者・進修教師論文専刊) 2001 年、234-249 頁。
王紅曼「対我国少数民族風俗習慣的分類」『満族研究』2001 年、第 4 期、74-78 頁。
楊国君「甘孜羌族的分布、来源及其遷徙原因」『康定民族師範高等専科学校学報』2002 年、第 1 期、4-7 頁。
温軍「中国少数民族喪葬的類別、成因及改革建議」『西北民族学院学報』(哲学社会科学版) 2002 年、第 2 期、26-30 頁。
楊国君「甘孜羌族的分布、来源及其遷渉原因」『康定民族師範高等専科学校学報』2002 年、第 1

期、4-7頁。

耿直「"千碉之国"的誘惑」『民間文化旅遊雑誌』2002年、第1期、12-21頁。

肖挙梅「丹巴県嘉絨蔵族的人生儀礼及択偶習俗」『西南民族大学学報』（人文社科版）2003年、第11期、23-25頁。

周羿翔「探秘"走婚"大峡谷」『西蔵旅遊』2003年、第6期、44-49頁。

楊建軍「羌族起源神話考」『西北民族研究』2003年、第4期、135-136頁。

林慶「雲南少数民族伝統宗教与民族意識」『雲南民族大学学報』（哲学社会科学版）2003年、第4期、168-172頁。

李吉和「論中国古代西北少数民族遷渉的主要特徴」『西北民族大学学報』（哲学社会科学版）2003年、第5期、74-77頁。

周興茂「土家族的四大礼儀及其人文価値」『重慶三峡学院学報』2003年、第5期、5-9頁。

徳吉卓嘎「試論嘉絨蔵族的族源」『西蔵研究』2004年、第2期、51-56頁。

沈桂萍「部分地区民族幹部民族意識調研報告」『中央民族大学学報』（哲学社会科学版）2004年、第1期、79-83頁。

林継富「人生転折的臨界点——母題数字"十三"与蔵族成年礼」『青海民族研究』2004年、第1期、20-24頁。

柏天明「浅述瑶族男性成人礼儀式的基本程序」『文山師範高等専科学校学報』2004年、第3期、205-206頁。

劉家強・楊立壮・蒋華・唐代盛「羌族生育文化研究」『西南民族大学学報』（人文社科版）2004年、第1期、21-27頁。

趙心愚「蔵彝走廊古代通道的幾個基本特徴」『中南民族大学学報』（人文社会科学版）2004年、第3期、76-79頁。

李紹明「従石崇拝看禹羌関係」『阿壩師範高等専科学校学報』2005年、第2期、1-4頁。

朱和双・李金蓮「雲南少数民族創世神話中的生殖主題」『文山師範高等専科学校学報』2005年、第1期、5-9頁。

邢海珍「関於蔵族起源羅刹女与猿猴結合伝説的民俗学解読」『青海民族研究』2005年、第3期、69-73頁。

胡小安「西南少数民族同根意識芻議」『社会科学戦線』2005年、第6期、161-163頁（胡小安「西南少数民族同根意識芻議」『広西民族学院学報』（哲学社会科学版）2001年12月、158-161頁)。

李偉峰「中国各民族安葬方式及其社会意義初探」『新疆師範大学学報』（哲学社会科学版）2005年、第3期、74-76頁。

李星星「論"民族走廊"及"二縦三横"的格局」『中華文化論壇』2005年、第3期、124-130頁。

李紹明「蔵彝走廊研究中的幾個問題」『中華文化論壇』2005年、第4期、5-8頁。

馮敏「川西蔵区的扎垻母系制走訪婚」『民族研究』2006年第1期、41-50頁。

李姝「雲南少数民族女性文化的興起与発展」『昆明理工大学学報』（社会科学版）2006年第2期、101-104頁。

## あ と が き

　レヴィ＝ストロースは『人種と歴史』の中で、「諸々の人類文化の差異」は「諸集団の孤立の結果というよりも、諸集団を結びつける諸関係の結果である」と指摘した。「人間の諸社会は、決して単独ではない」という。こうした視点からすると、モソ人の文化的特異性を必要以上に誇張することは適切でない。
　事実、走婚およびそれをベースとした母系制は、必ずしもモソ人の「専売特許」ではない。マードックが世界 563 の民族の中から分類した 84 の母系社会の中には、中国で唯一、母系社会を営む民族としてナシ族が挙げられている。そのナシ族とは、本書で取り上げたモソ人のことを指していることは間違いないが、西南高原にはモソ人と似通った風習を持つ民族が他にも存在する。中国の社会学者費孝通が「蔵彝走廊(ツァンイヅォウラン)」と名付けた西南高原地帯は、古くから南の民族が北上し、北の民族が南下した民族移動の重要な通路であり、異なる文化が交流と衝突と融合を繰り返した場所であった。特に、四川省側の丹巴、扎坝、木里、雲南省側の濾沽湖一帯は、婚姻と家族の形態および生活習慣に母系制の痕跡を色濃く残している民族が多い地域である。「女国文化帯」と称される所以である。例えば、四川省の扎坝地域に住むチベット族もモソ人と同様に、男は娶らず、女は嫁がないという妻問い婚と、女家長を中心に据えた母系家族を営んでいるのである。
　歴史学者の任建新は、「扎坝の人びとの風俗習慣は歴史上伝えられている"東女国"と非常に似ている」とし、「扎坝人は、歴史から消え去った、かの有名な"東女国"の残余部落」だと見る。扎坝人は妻問い婚を「爬房子(パファンズ)」というが、「爬」とは「攀じ登る」意味で、「房子」は「家」のことである。扎坝人の妻問い婚では、相手のことを互いに「ジャイ」と呼ぶ。「伴侶」という意味である。男は夜、相手の女性の家の壁を攀じ登って部屋に入り、翌朝、自分の家に戻って日常の生活を営む。生まれた子どもは母親の姓を受け継ぎ、母親家の成員として育てられる。男には、子どもを養育する責任と義務がない代わりに、母方オジとして姉妹の子どもの面倒をみるのが義務となる。母親は「家族の核心」とされ、母方オジは権威を保ち、家族の皆から尊敬される。

「一家の大事なことは、すべて囲炉裏を囲んで決められる」という言い方に象徴されるように、囲炉裏をめぐる文化も瀘沽湖畔のモソ人と似通っている。「プッチャ」を「豊かさのシンボル」とし、「客への最高のもてなし」とする慣習も、その制作方法等に見られる若干の違いを除けばほぼ同様である。このほか、木里俄亜ナシ族自治郷では、一夫一婦制家族が優勢を占めているが、瀘沽湖のモソ人の走婚とほぼ同様の「アンダ婚」の風習が残っている。「アンダ」とは「友たち」の意味であるが、「アンダ婚」は、モソ人の走婚とあまり変わらない。

トンネルのない山道

しかし、本質主義の罠を警戒しつつも、瀘沽湖に通じる山道を辿るたびに、こうしたよそ者を容易に寄せつけない高くて険しい地形が、モソ人の独特の文化を守ったのだと信じたくなる。デコボコの石畳の道は、片側はいつ落ちるか分からない岩石が所々にむき出している急斜面の山、もう一方は見下ろしても底の見えない断崖絶壁である。トンネルのない山道は3,000mから4,000m級の山を上っては下る。土石流で道が流され、途中で立ち往生し、道の修復を待つことがたびたびあった。瀘沽湖に訪れる観光客が増えるにつれ、道の舗装も進みつつあり、土石流に備えてブルドーザーなど大型機械が常時待機するようになっている。今は、土石流が発生してもたいてい一時間くらいで車が通れるように修復される。数年前に道の両側に植えられたポプラの木もだんだん茂り始め、数年後にはある程度、保護柵として期待できそうである。

瀘沽湖へは、いつもまず成田から上海まで飛び、翌日に雲南省の省都である昆明を経由して、ナシ族の故郷である麗江に出るコースを選んだ。「活きている象形文字」として知られるトンパ文字の看板が立ち並び、明代の古い町並みで有名な麗江の古城は、世界文化遺産に登録された、中国でも有数の観光地である。昆明から麗江までは40分程度のフライトで連結されるが、麗江からはバス以外に交通手段はない。近年、瀘沽湖まで直行するバスの便ができているが、それでも寧蒗で昼食のために休憩をとるので、結局9時に出発しても午後の4時頃着くことになる。中国に着いてから、片道で丸2日かかるのである。

毎回、同じルートで同じ場所を訪れては同じ人に会った。しかし、濾沽湖には訪れる人を飽きさせない魅力がある。初めはトイレのない山奥の村の生活に戸惑ったこともあった。現地の料理が美味しく感じられるまで、いく度となくお腹を壊したことを覚えている。四川省側のリジャズイ村に向けて山を登った時には、高山病の症状が出て激しい頭痛に襲われた。カメラやノート、タオルが入ったくらいのリュックが今まで体験したことのない重荷と感じられ、途中で何度も行くことを諦めかけたことがあった。しかし、モソ人の村にはそれらすべてを帳消しにしてくれる何かがある。ゆったりとしたリズムと静かで穏やかな佇まいは、訪れる者に自分が慣れ親しんだ社会や文化を相対化させ、いったん立ち止まって内省させる余裕を与えてくれるのである。

38人のルームメート

観光地としていち早く開発が進んだ落水村とリゲ島は、1990年代以降、目まぐるしく変貌し、生活水準はあっという間に全国農村の平均水準を超えた。しかし、濾沽湖周辺の山奥の村は訪れる観光客も少なく、人びとの暮らしは依然苦しい状況にある。

子どもを取り巻く教育環境も厳しい。永寧郷中心小学校に遠村から入学してくる子どもたちの多くは、月曜日から金曜日にかけては学校の寮に泊まり、土日だけ自分の家に帰るが、薄いベニヤ板の壁でできた簡易な宿舎は、冬は寒く、夏は雨漏りしたりする。筆者が訪れた時、女子生徒の寮には部屋が1つしかなく、しかも同じ部屋に38人の生徒が寝泊まりしていたが、その中の36人が風邪をひいていた。校長先生は病気の伝染を最も危惧していた。

そこで、日本に戻ってからすぐ「支援の会」を立ち上げ、新しい宿舎の建設資金を集めることとなった。翌年にはその資金で、5つの部屋を持ち、40人が入居

「桜花寮」の庭にて（永寧中心小学校）

できる女子宿舎を建てることができた。8月に訪れたときには、清潔で、安全な寮に住んでいる子どもたちの明るい表情を見ることができた。

「寮の名前はぜひ日本の友人の皆さんに付けてほしい」との要請を受けて、支援の会の会員に寮名を募った。提案された複数の寮名の中から現地の皆さんに選定してもらったのが、日本の桜にちなんだ「桜花寮」だった。

その後、「支援の会」の活動は、モソ人の口承文化の記録保存、図書の贈呈、奨学金の設置など、さらに範囲を広げた。「支援の会」の提案で「モソ文化教育研究会」が発足し、休日を利用して村の長老を訪ね、モソ人の神話、昔話、故事、諺、歴史物語などの口承文化を録音し、中国語に訳して保存する作業を進めた。モソ人は独自の言葉を持つが、文字を持たないので、口承の文化は消失が懸念されたからである。「支援の会」は、携帯用テープレコーダーなど必要機材と活動資金を提供することで協力した。

また、ほとんどの小学校に図書室がなく、子どもたちは教科書以外に読み物がない現状に鑑みて、清華大学附属小学校（北京）の教師と生徒たちに協力を要請し、郵送費を支援の会が負担する形で3,000冊を贈呈することができた。北京の子どもたちが読み終わった本の中から「自分が最も大事にし、気に入っている良い本」を選んで送っているので、現地の子どもたちにも人気のある本ばかりだった。

2006年には「桜花教育基金」を設け、貧困家庭の子どもの就学を支援することを目的とした「助学金」と、勉学に励む生徒を奨励することを目的とした「奨学金」とに分け、永寧郷で唯一の中学校に支給することになった。「助学金」と「奨学金」の受給者の選考と配分などは、現地の教師に任せている。

このほかに、永寧地区でも生徒の通学範囲が最も広い可口可楽小学校の寄宿生徒の炊事係の給料に対する補助金、民族混合学校の就学前教育補助金がある。例えば、浪放小学校は、呂家湾村、普樂村、山跨村、王家湾村、浪放村の5つの村から漢族、イ族、プミ族、チワン族、ナシ族、リス族、モソ人など、7民

就学前クラスの子どもたち（浪放小学校）

族の生徒を受け入れているため、新入生のクラスにはまず全員が理解できる共通語が存在しない。そこで、学校は数年前から就学前クラスを設け、教授用語である漢語（標準中国語）の教育を1年間行うことにしている。この就学前クラスで1年間の漢語の教育を受けた子どもたちは、1年生になった時には、教授用語

イモ掘り（落水村）

をある程度理解できるようになっているので、順調に1年生の勉強を始めることができるのである。しかし、このクラスは義務教育ではないため、国からの補助もなく、教師の給料も保護者が負担しなくてはならなかった。現在、「支援の会」がその半分を負担することにしている。

　この「支援の会」の活動を現地への恩返しとは思わない。現地の皆さんから得たものがあまりにも大きく、簡単に返せるものとは思わないからである。現地が抱えている問題について皆と一緒に悩み、一緒に方法を考えるなかで、皆との一体感を得られたことは何よりも大きい収穫だった。仲間に入れてもらうことができたのである。家庭訪問を終えて「来年またお邪魔してよろしいですか」と聞いた時、「その質問は間違っています。ここはもうあなたの家ですから、好きな時に来ればよいのです」とダブにいわれ、心の底からうれしく思った。今では、現地を訪れると「お帰りなさい」、離れる時は「いつ帰ってくるの？」と声を掛けられる。

　見知らぬ土地での研究調査は、誤解や葛藤を避けることができない。しかし、相手の文化に対して敬意を抱き、知ろうとする熱意を示し、溶け込もうとする姿勢を見せ、ありのままの自分を曝け出す勇気があれば、いかなる障碍も必ず乗り越えられるものである。ここでは信頼関係が重要な意味を持つ。ある日、インフォーマント一家のイモ掘りの手伝いを終えた後、女主人はお茶を入れながら言った。

　「初めは、どうせ仕事をするふりをして、ポーズをとって、写真を撮ってしまえば、さっさと帰ってしまうんじゃないかと思っていました。最後まで手伝ってくれるとは。それに、あなたは大学教授を辞めても農業で十分やっていけると思

いました」。

　モソ人はお客さんを好んでもてなし、村で見知らぬ人に出会ってもお茶を勧めたり食事に誘ったりする。言葉でより行動で誠意を示す人が多く、1年ぶりの再会にそっけない挨拶しか交わさない人でも、困っている時にはいつも本気になって助けてくれるのである。原稿を読み直すたびに、誠実で飾り気のない村人の笑顔が浮かんでくるが、ここであえて彼らの名前を挙げるようなことは避けたい。本書の出版を研究の終了でなく、これからのさらなる付き合いの始まりと位置づけたいからだ。それに、モソ人は過分な感謝の言葉をあまり好まない。

　2008年の10月30日、「最後の王妃」の肖淑明さんは脳出血で倒れ、そのまま帰らぬ人となった。遺体はモソ人の慣習に則って火葬に付され、遺骨は遺言にしたがって濾沽湖の島に撒かれたという。数奇な人生に終止符を打ち、彼女は静かに去った。新聞報道も一切なく、ネット上で淡々と描かれた小さな記事を見つけただけである。落水村の知人から偶然にこの悲報を聞き、目の前に広がる濾沽湖がいつもと変わらない穏やかな表情を見せていた時、得体の知らない脱力感に襲われたことを覚えている。本書をもって「王妃との約束」を果たしたことになれば幸いであるが、モソ人の社会はまだまだ未知の世界といわざるを得ない。モソ人のリズムに合わせてゆったりと構え、彼らとともにこの母なる湖の過去、現在そして未来について考えていければ幸いである。

　2011年　夏

　　　　　　　　　　　　　　　　　　　　　　　　　　　　金　龍哲

■著者紹介

金　龍哲（JIN Longzhe）

1955 年　中国吉林省生まれ。
1982 年　東北師範大学卒業、教育部大連外国語学院赴日予備校を経て、同年10 月政府派遣留学生として来日。
1988 年　広島大学大学院教育学研究科博士課程修了後、帰国。
　　　　中国教育部中央教育科学研究所副教授。
1995 年 4 月　広島大学教育学部助教授
2003 年 4 月　神奈川県立保健福祉大学教授
2011 年 4 月　神奈川県立保健福祉大学保健福祉学部長
　　　　教育学博士、比較教育学専攻

主な著書
『東京大学』（湖南教育出版社、1992）
『国際教育縦横』（【共】人民教育出版社、1994）
『中国少数民族教育政策文献集』（大学教育出版、1998）
『二一世紀の社会と学校』（【共】協同出版、2000）
『義務教育投資国際比較』（【共】人民教育出版社、2003）
『"先賢の志" に学ぶ ― 21 世紀の教育を問う』（【共】ジャパン総研、2004）
『世界の学校』（【共】学事出版、2006）
『こんなに違う！　世界の国語教科書』（【共】メディアファクトリー、2010）
『結婚のない国を歩く ― 中国西南のモソ人の母系社会』（大学教育出版、2011）

# 東方女人国の教育
### ― モソ人の母系社会における伝統文化の行方 ―

2011 年 8 月 31 日　初版第 1 刷発行

■著　者――金　龍哲
■発 行 者――佐藤　守
■発 行 所――株式会社 大学教育出版
　　　　〒700-0953　岡山市南区西市855-4
　　　　電話(086)244-1268代　FAX(086)246-0294
■印刷製本――モリモト印刷㈱

©Jin Longzhe 2011, Printed in Japan
本書のコピー・スキャン・デジタル化等の無断複製は著作権法上での例外を除き禁じられています。本書を代行業者等の第三者に依頼してスキャンやデジタル化することは、たとえ個人や家庭内での利用でも著作権法違反です。

ISBN978－4－86429－083－8

## 好評発売中

# 結婚のない国を歩く
― 中国西南のモソ人の母系社会 ―

著＝金　龍哲
A5判　144頁　定価1,890円
〔ISBN978-4-86429-056-2〕

中国西南のモソ人の母系社会には走婚という婚姻形態と結婚という婚姻形態が併存している。本書では，モソ人の母系社会における「教育文化」，伝統文化の伝承の在り方等を考えるための基礎研究として，婚姻・家族制度を紹介する。

■目次

1 モソ人とは何か／2 女神の神話とモソ人の妻問い婚／3 マルコ・ポーロも見たモソ人／4 走婚の感情最優先原則／5 男は通い、女は待つ／6 恋人が100人以上？／7 男に子どもを養育する義務がない／8 夫婦ごっこをしない／9 混浴温泉の騒動／10「父さん」も「性に関する言葉」／11 女の柱と男の柱のある母屋／12 囲炉裏で継がれる家／13 女は「一家の根」／14 強いられた一夫一婦制／15 母系の包囲網の中の父系家族／16 別々にお正月を迎える夫婦／17 女神を信仰し、母を崇拝する／18 オジが礼を掌り、母は財を掌る／19 議員になった最年少のダブー／20 走婚はいつ、なぜ始まったか／21 モソ人の母系制が生き残った理由／22 母系制は男たちの陰謀？